敦煌艺术

敦煌
艺术十讲
TEN LECTURES
ON DUNHUANG ART

赵声良 著

文物出版社

图书在版编目（CIP）数据

敦煌艺术十讲／赵声良著．—北京：文物出版社，
2020.1（2023.6重印）

ISBN 978 - 7 - 5010 - 5774 - 0

Ⅰ.①敦…　Ⅱ.①赵…　Ⅲ.①敦煌石窟—美术考古
—研究　Ⅳ.①K879.214

中国版本图书馆 CIP 数据核字（2018）第 233618 号

敦煌艺术十讲

著　　者：赵声良

选题策划：刘铁巍
责任编辑：许海意　张晓曦
责任印制：张道奇
装帧设计：马吉庆

出版发行：文物出版社
社　　址：北京市东城区东直门内北小街 2 号楼
邮　　编：100007
网　　址：http：//www.wenwu.com
经　　销：新华书店
印　　刷：宝蕾元仁浩（天津）印刷有限公司
开　　本：710mm×1000mm　1/16
印　　张：19.5
版　　次：2020 年 1 月第 1 版
印　　次：2023 年 6 月第 4 次印刷
书　　号：ISBN 978 - 7 - 5010 - 5774 - 0
定　　价：88.00 元

序

樊锦诗

　　敦煌研究院六十年来，经过几代人的辛勤调查与研究，基本上弄清了敦煌石窟"是什么"的问题。但"为什么是这样"则还有待于研究。我们知道同样是源于佛教的内容，印度、中亚和中国表现的是大不相同的，即使是在中国境内，克孜尔石窟、敦煌石窟、云冈石窟、龙门石窟、大足石窟的表现也是各有不同。我们从佛教经典的调查考证，可以弄清楚石窟壁画和雕塑的内容。通过历史考古分析，可以探明其时代。至于同一内容为什么会有迥然不同的表现形式？就牵涉美术史和美学等问题。

　　赵声良是学美术史专业的，这本书就是从美术史的角度对敦煌艺术的探讨，内容涉及敦煌石窟壁画和彩塑艺术以及敦煌写本书法艺术等方面。本书的新思维主要体现在三个方面：

　　其一，我们说敦煌艺术是中国传统艺术的一个代表，可是，很多人会觉得敦煌壁画与中国传统的绘画（即通常所说的"国画"）是完全不同的，那么这两者到底有什么关系呢？在本书第二讲《敦煌壁画与中国传统绘画》中，我们可以看到作者对这个问题富有启发性的探索。此外，本书在对敦煌壁画风格的探讨、对故事画、壁画的空间构成以及对敦煌书法等方面的研究中，都强调了中国传统艺术精神在敦煌艺术中的体现。

　　其二，本书特别注意到印度及中亚艺术的影响问题。我们知道佛教和佛教艺术都是从印度传来的，但在中国长期的发展中，由于文化背景、审美思想的不同，中国的佛教艺术逐渐改变，与原来的印度艺术相去甚远。以至我们在面对中国佛教艺术时，似乎很难联想到印度艺术了。但是印度艺术毕竟影响过中国的艺术，从敦煌艺术中探寻印度及中亚等外来影响，从而了解中国古代是怎样吸收外来文化并进而创造出具有本民族文化特色的艺术，对于认识中国美术发展史来说是十分有益的。

其三，敦煌艺术吸引着越来越多的美术工作者，那么怎样继承这一祖国传统艺术，从而创作出具有中国特色的新时代的艺术？这是很多美术工作者十分关心的问题。本书第十讲《敦煌艺术与中国现代美术》研究和分析了中国 20 世纪美术发展中，很多画家及美术研究者与敦煌的密切关系，探讨了敦煌艺术对中国现代美术发展的影响问题。对于当前的美术发展来说不无裨益。

赵声良同志于 2003 年在日本取得博士学位后，回到敦煌继续从事敦煌艺术的研究工作。近年来，他不仅要负责敦煌研究院编辑部的工作，还在东华大学做兼职教授，培养研究生。同时还承担着国家和省上的社科研究课题，并不断参加敦煌研究院对外学术交流活动。尽管工作繁忙，他始终没有停止研究和著述。特别是在 2004 年考察云冈石窟遇到车祸以后，身体严重受损的情况下，依然以顽强的毅力继续学术研究工作。这本著作就是赵声良回国后的新作，也是从美术史的角度对敦煌艺术进行探讨的一项成果。敦煌美术研究任重而道远，希望他不断取得新的成果。

2006 年 8 月

目
录
Contents

第一讲

敦煌艺术与中国传统文化

　　一种艺术的产生和发展，绝不会是一项孤立的活动，必然会与它的历史传统、地理位置以及当时与之相互动的各种社会因素相关联。中古时代，在敦煌这个西北地区的文化中心，经过了一千多年不断营建而形成了一处独特的佛教石窟——敦煌石窟。它的意义已经远远超出了单纯的宗教或者艺术的范畴，而是多元文化的集合体。那么敦煌艺术是在什么样的历史文化背景中产生，又是如何体现着中国传统文化的精神的呢，这是我们将要探讨的问题。

一　交流促进繁荣——敦煌艺术的产生

1. 敦煌的地理环境与历史背景

　　敦煌位于甘肃西部，古代河西走廊西端，是沙漠中的绿洲。由祁连山上的冰雪融化而形成的党河水，由南向北流到敦煌，滋养着这一片小小的绿洲。西北的农业以灌溉为主，即使天不下雨，利用地下水的优势，可以说是旱涝保收。因此自古以来，这里就是水草丰茂、宜农宜牧、富饶而充满生机的绿洲。

　　西汉时代，由于汉武帝注重经营西北，多次派兵西北与匈奴作战。从元鼎二年（前115年）开始，相继在河西建立了武威、张掖、酒泉、敦煌四郡，也就是有名的"河西四郡"。敦煌位于最西端，后来又设立了阳关和玉门关，成了中国通向西方的门户。

　　公元前138年，张骞第一次出使西域，本来的目的是要联合被匈奴人赶走了的大月氏夹击匈奴，但张骞刚入河西就被匈奴抓获，拘留达10年之久，当他终于到达西域时，大月氏已无意东归，张骞的使命没有完成。但张骞给中国带来了有关西域的各种重要信息，这一点有着十分重要的历史意义。公元前119～前115年，张骞第二次出使西域，这时汉武帝对匈奴的征伐已经取得了决定性的胜利，所以这次出使主要是与西域诸国建立了友好往来的关系，以张骞的出使为契机，汉朝与当时的乌孙、大宛、安息、身毒等国进行了政治、经济、文化等方面的交流。此后，中国与西域诸国的交往日益频繁，西域诸国与中国的使者不断相互往来，丝绸之路日渐繁荣。而不论是政府使节还是商业的往来，都必须要经过敦煌，在这样形势下，敦煌便成为一个政治、经济和文化的都市。

《史记》曾记载，贰师将军李广利率兵征伐大宛之时（前104年），由敦煌出盐水，越过塔里木盆地，由于粮食不足，征战不利，终于撤退到敦煌。汉武帝闻讯大怒，派使者将他们阻止在玉门关，不许回师，于是李广利不得不留在敦煌作休整。一年以后，当他重整旗鼓，再次出敦煌时，率六万大军，并带着十万头牛，三万匹马，兵精粮足，浩浩荡荡，终于征服了大宛。[①]也许历史记载对汉朝的武功会有所夸张，但这一件事可以看出敦煌在当时已成为了军事给养的基地，那么，敦煌一地的富饶也是可想而知的。

后来，汉朝又一度把酒泉都尉设置在敦煌郡，加强了敦煌在政治、军事上的地位。敦煌逐渐成为汉朝控制西域的基地，征和四年（前89年），由于大夫桑弘羊的建议，在敦煌和以西的轮台等地实行屯田，[②]既有军事的目的，客观上也促进了当地经济的发展。

王莽新政时代及后汉末期，天下大乱，只有河西一带却保持着安定和富足，很多中原的名士纷纷逃往河西，这种状况一直持

① 《史记》卷一百二十三，《大宛列传》。
② 《汉书》卷九十六，《西域传下》。

续到三国时代，于是，包括敦煌在内的河西一带逐渐成为文化繁荣之邦。东晋时代，北方由于少数民族的战乱，各地相继成立了十六个小国，也就是所谓的"五胡十六国"。而这十六个国家当中，就有一个西凉是以敦煌为首都的国家，其国王李暠是汉族人，他以儒家礼教思想来治国。虽然在强大的北凉军队打击下灭亡了，但西凉时代可以说是敦煌文化发展的一个高峰，反映了汉代以来中国传统文化在敦煌已发展到根深蒂固的程度。

正因为如此，魏晋南北朝到隋唐时期，虽然中国西北的局势常常发生变化，敦煌以东的凉州（今武威）、甘州（今张掖）以及敦煌以西的高昌（今吐鲁番）时常被少数民族政权所控制，但敦煌在较长时期内归属中央政权，或者保持着与中央政权的密切联系。而在隋唐时代，中央政府对西域的控制较强时，敦煌与长安等都市的来往十分频繁，长安、洛阳的时尚会很快流行于敦煌。这样的政治形势决定了敦煌文化特性，虽然敦煌在历史上由于多民族杂居，存在着少数民族文化的特点，但在总体上与中原地区的汉民族文化是一致的。从敦煌石窟中所表现出来的文化特性来看，也说明了它在主导方面与中原文化的一致性。那么通过敦煌文化，我们就可以了解当时中原文化的特性。在今天中原文化遗存较少的情况下，就显示出它的重要参照意义。

汉至唐代的丝绸之路由长安出发，沿河西走廊向西，到敦煌而分为南北两路。然后穿越大漠而达西域诸国，如隋朝裴矩所说："总凑敦煌，是其咽喉之地。"[①]可见敦煌在地理位置上的重要意义。

由汉至唐宋，在中西经济文化频繁交流的时代，由西域而来的使团、商人等穿越大漠，历经艰辛，来到敦煌，就是进入了中国的大门，在敦煌可以跟中国人进行各种诸如宗教、文化、商业

① 《隋书·列传第三十二》，《裴矩》。

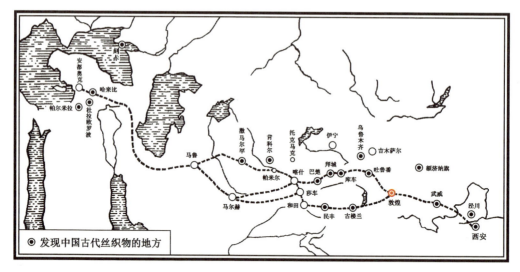

图 1　丝绸之路示意图

等方面的交流。而中国人由中原来到敦煌，不需再向西进，就可以与西域各国进行交流（图1）。所以史书上说敦煌是"华戎所交一都会也"。①

因此，当佛教传入中国后，敦煌较早时期就成了佛教传播的要地。

2. 周边文化的互动（佛教对敦煌影响）

丝绸之路的开辟，促成了中西文化的交流。西域的文明便经丝绸之路源源不断地传入了中国，而与此同时，中国文明也不断地影响到了西域。在公元1~2世纪，正是佛教在印度兴盛的时代，已经流行到中亚一带的佛教沿丝绸之路继续向东传播也是必然的事。

佛教的创始人是乔达摩·悉达多（约前566~前486年），他出生于古印度迦毗罗卫国（约在今印度、尼泊尔边境区），本是净饭王的太子，但宫中的生活不能使他愉快，他一直思索着人生的意义，苦思不得其解，便决定出家修行，在山林中苦修了六年，

① 《后汉书·郡国志五》注引《耆旧记》曰："国当乾位，地列艮墟，水有县（悬）泉之神，山有鸣沙之异，川无蛇虺，泽无兕虎，华戎所交，一都会也。"

据说后来在菩提树下他一下子大彻大悟了，从此开始传道说法，人们尊称他为释迦牟尼，意思是释迦族的圣人。他不断弘法，有许多弟子。他倡导和平慈爱、自我牺牲、克制欲念、禁戒残暴、诚信无私，反对种姓制度，主张人生平等。释迦牟尼生活的时代大致与中国的孔子同时，那个时候，印度存在许多小国，释迦牟尼死后很久，佛教势力仍不太强大。公元前 3 世纪左右，孔雀王朝的阿育王统一印度。阿育王十分崇信佛教，大力支持佛教的发展，据说他曾建造八万四千佛塔。这一时期佛教得到了空前的发展，在全印度都有佛教僧伽组织，此后，佛教开始逐渐影响到中亚以及中国。

　　公元前 1 世纪时，佛教经中亚传入了西域的于阗一带。史载汉武帝攻打匈奴的时候，曾缴获匈奴的"祭天金人"，很多人认为这个"祭天金人"就是佛像，如果真是那样，就说明那时的匈奴人已经信仰佛教了。①大约在公元前后，佛教正式传入了中国，实际上在此之前，由于丝绸之路的开辟，佛教已经在民间流传了。史载永平十年（67 年）汉明帝曾派遣蔡愔等人到西域迎接高僧摄摩腾、竺法兰到京都讲佛法，次年于洛阳城建立白马寺，作为高僧们宣扬佛法之地，白马寺就是正史上记载的中国最早的寺庙。但佛教初传中国时，受到了儒家思想和道家思想的强烈抵抗，佛教与儒、道之争一直持续了很长时间。而北方的少数民族则没有太强烈的儒家思想观念，佛教信仰很快就流行开了。所以在东晋十六国时期，北方佛教石窟如雨后春笋般发展起来。

　　十六国时期著名高僧鸠摩罗什就长时期在凉州传道。鸠摩罗什出生于龟兹，从小就出家当了和尚，并受过严格的教育，后来成为著名高僧。鸠摩罗什的名声传到了中原，当时前秦王苻坚十

①汉武帝获匈奴祭天金人事，见于《史记·匈奴列传》和《卫将军骠骑列传》，但未提与佛教的关系。一般认为首先提到这件事与佛教相关的是《魏书·释老志》，该书记载了同样的事件，并指出："此则佛道流通之始也。"

分羡慕鸠摩罗什深通佛法，决定把他弄到长安，于是派大将军吕光伐龟兹。他对吕光说："朕闻西国有鸠摩罗什，深解法相，善闲阴阳，为后学之宗，朕甚思之。圣贤者，国之大宝，若克龟兹，即驰驿送什。"①公元383年吕光击败龟兹，得到鸠摩罗什和2万多峰骆驼，全胜而归。可是当他回到凉州时，苻坚已在淝水之战兵败后被杀。吕光不再东进，于386年在凉州建立了后凉政权。吕光不信佛教，因此也不重视鸠摩罗什。直到后秦姚兴于401年派兵打败了后凉吕隆，鸠摩罗什才得以入关。姚兴待罗什以国师之礼，让他在长安的西明阁及逍遥园讲经和译经。鸠摩罗什于409年逝世，在他的晚年除了讲授佛经外，还十分勤奋地翻译佛经，共译经74部384卷，并有弟子达3000人，对于佛学在中国的发展做出了杰出的贡献。

十六国时代佛教在中国北方发展到了一个高峰，统治者不仅大力提倡佛教，而且还不惜耗费巨资，在全国各地兴建寺院、开凿石窟。当时的河西一带也大量开凿了石窟寺，现在所知最早有明确纪年的石窟是甘肃省永靖县的炳灵寺石窟，建于西秦建弘元年（420年）。北凉王沮渠蒙逊十分崇信佛教，在他的统治期间，于凉州城（今武威市）东南的山中开凿了石窟，被称为"凉州石窟"。学者们推测现存的天梯山石窟可能就是沮渠蒙逊所建的凉州石窟。②在凉州石窟开凿的时期，张掖附近的金塔寺石窟、马蹄寺石窟，酒泉附近的文殊山石窟也相继开凿，以上几处石窟都在古代凉州境内，所以也有人认为属于"凉州石窟"的范畴。敦煌也在366年开始营造石窟。后来北凉被北魏所灭，北魏把凉州的僧人大部分接到首都平城（今山西省大同市），这些凉州高僧们成了北魏初期佛教的主导者，

①《高僧传》卷二。
②参见向达：《西征小记》，载《唐代长安与西域文明》，三联书店，1957年。史岩：《凉州天梯山石窟的现存情况和保存问题》，《文物参考资料》1955年第2期；宿白：《凉州石窟遗迹与"凉州模式"》，《考古学报》1986年4期。

著名的凉州高僧昙曜还主持开凿了云冈石窟，可见凉州佛教的深厚影响力。

敦煌与西域接近，是我国最早接触佛教的地方，在佛教传入初期，来往于西域和中原之间的中外高僧们常常在敦煌讲经说法，或作短暂停留，直接或间接地影响着敦煌一地的佛教发展。北凉灭西凉以后，罽宾僧人昙摩密多就从龟兹来到敦煌，修建了严净的寺院。当时佛教的传播也许会使深受战争创伤的敦煌人民得到精神上的慰藉吧，北魏以来佛教在敦煌急速发展，一些有名的高僧出自敦煌，寺院与石窟的开凿也十分盛行。佛教的繁荣，使敦煌成为一个颇有影响的佛教都会。《魏书·释老志》就有记载："敦煌地接西域，道俗交得，其旧式村坞相属，多有塔寺。"魏正始年间（240～249 年），月氏人竺法护在敦煌出家，晋武帝时，他随师游历西域诸国，带回了许多佛经，并在敦煌、长安、洛阳等地译经、传道。法护产生了很大影响，当时跟随他的就有 1000 多僧徒，因他世居敦煌，所以人们称他为"敦煌菩萨"。竺法乘早年跟随师父法护在长安、洛阳笔录译文，后来他回到敦煌，兴建寺庙，为大众说法，"忘身为道，诲而不倦"，在敦煌一带的影响甚至超过了法护。此外，敦煌人于法兰、于道邃也是著名的高僧，他们曾与竺法护在长安山寺隐居。敦煌人宋云自幼出家，后来到北魏东都洛阳。516 年，北魏胡太后派他和慧生一道去西域取经。他们从青海到鄯善，历尽艰辛，由塔什库尔干进入阿富汗，然后转道巴基斯坦，参观了许多佛教名胜。宋云和慧生都写过游记，可惜已经失传了。

敦煌石窟的营建就是在这样的佛教气氛中拉开了序幕。开凿石窟进行修行和礼拜，在印度是十分普遍的，印度现在还保存着阿旃陀石窟、埃洛拉石窟等众多的石窟遗址。印度气候炎热，在山中开凿的石窟，凉爽宜人，对于僧人来说，正是修行的好地方。中国北方的气候环境与印度差别较大，但佛教的僧侣们依然到远离城市的地方开凿石窟，进行禅修。这是对印度石窟制度的模仿，因为佛教是从印度传来的，印度僧侣的修行和礼拜习惯也就自然地传入了中国。莫高窟最早开凿的石窟就有僧人们修行所用的禅窟。如第 268 窟是一个高 1.8 米左右的小型洞窟，中央是一个宽不足 1 米的过道，在过道两旁各开了两个仅能容身的禅室，禅室很矮小，仅够一个人在里面打坐，大约就是修禅的地方（图 2）。此外还有第 285 窟，中央有一个大厅，两侧各有 4 个小禅室，这一形制与印度现存的毗诃罗窟（如埃洛拉石窟第 1 窟、第 7 窟）非常相似。

图 2　早期的禅窟

莫高窟北凉第 268 窟，主室较窄，正面开龛造像，两侧各开两个小禅室，供僧人坐禅。

还有一种较为流行的洞窟，称为中心塔柱窟，洞窟的中央有一个方柱，在方柱的四面开龛造像（图 3）。这一形式可以追溯到印度的支提窟，其形制是洞窟平面为前部长方形与后部半圆形相连的形式，后部中央有一座佛塔。人们进洞窟绕塔观像，进行礼拜，如阿旃陀石窟第 9 窟、第 10 窟（图 4）、第 26 窟等。5 世纪以后，印度出现了有中央方柱的石窟，这一形式是否由以前的支提窟改变而来，尚待研究。如埃洛拉第 8 窟和奥兰伽巴德第 5 窟、第 7 窟等。中国早期石窟中的中心柱窟有可能是沿袭了印度的中心方柱式的支提窟形而来。

图 3　北魏的中心柱窟

　　莫高窟北魏第 257 窟，主室中央有一个象征佛塔的方柱，即中心塔柱，塔柱四面开龛造像，窟顶前部为
仿汉式建筑的人字披顶。

图4　印度的支提窟

阿旃陀石窟第10窟，这是阿旃陀石窟时代较早的洞窟，洞窟中央靠后部是一座佛塔。塔的造型较古朴，没有太多的装饰，洞窟四壁也较简朴，列柱上残存部分壁画。

①参见姜伯勤：《中国祆教艺术史研究》，三联书店，2004年。荣新江、张志清：《从撒马尔干到长安——粟特人在中国的文化遗迹》，北京图书馆出版社，2004年。
②赵声良：《敦煌北朝石窟中菩萨的头冠》，《敦煌研究》2005年3期。
③关友惠：《莫高窟隋代图案初探》，《敦煌研究》1983年创刊号。

由于佛教是从印度传来，佛教艺术形式（诸如建筑、雕刻、壁画）受到印度的影响是必然的，但在当时的文化互动中，我们不能忘记以犍陀罗为中心的中亚地区、波斯地区以及龟兹地区的文化对敦煌的强烈影响。如早期的佛教雕刻中，犍陀罗风格是十分明显的，从云冈石窟及敦煌早期石窟雕塑中就可以看出，这一点前人已做过很多研究，兹不赘述。近年来，更有不少学者注意到了波斯文化的影响，最引人瞩目的就是对波斯祆教图像的研究。①此外，学者们还注意到如北朝敦煌石窟中菩萨头冠上的日月装饰，②北朝晚期至隋代流行的联珠纹样等，③表明了在5世纪前后波斯文化艺术曾影响及于中国。

至于龟兹艺术的影响，由于克孜尔石窟现在依然保存着数百个洞窟，壁画清晰可辨，使我们对龟兹艺术有着较多的认识，特别是在绘画技法上的所谓"凹凸法"或者"西域式晕染法"，较有特色。[①] 从而我们可以辨识出敦煌壁画的技法，特别是色彩晕染的技法，存在着来自龟兹艺术影响的方法。当然由于龟兹也受到印度本土绘画影响，我们也不能排除在敦煌直接取法印度的可能性。通过对印度阿旃陀石窟壁画的调查，也可以看出敦煌壁画的一些画法，与阿旃陀壁画十分接近。这是将来还需要深入研究的问题。

总之，在中国历史文化的背景下，敦煌处于一个中国与西方诸国交流与互动的特殊位置，正是由于中外文化在这里汇聚与交融，不断地促进了这里佛教艺术的繁荣。从敦煌石窟和藏经洞出土的文物中，我们正可以看到那一段历史无限丰富的文化与艺术纷呈的状况，这一点正是敦煌石窟的价值所在。

二　中国传统文化对佛教艺术的渗透与改造

佛教作为一种外来的宗教，从一开始传入中国就与中国传统文化产生了强烈的冲突与斗争，历史上曾多次出现过大规模的排佛运动。因此，佛教为了自身的生存，也在不断地对印度的习惯进行修正，并吸收中国传统文化，以适应广大的中国信众。从敦煌石窟中我们可以看到中国传统文化从不同的方面对佛教艺术的渗透与改造。经过长时期的改造，来自印度的佛教便成了中国式的佛教，印度和中亚传来的佛教艺术也逐渐变成了中国式的佛教艺术。

① 谭树同：《丹青斑驳，尚存金碧》，载《龟兹佛教文化论集》，新疆美术摄影出版社，1993年。

1. 窟龛形制的改变

洞窟的形制取决于它的功用。在印度，石窟既是僧人们生活起居的地方，又是礼拜活动的场所。因此，毗诃罗窟（僧房窟）出现的较多，即使是在以礼拜为主的支提窟中，往往也在旁边开小禅房，用于起居生活。而在中国，现存石窟用于生活、起居的较少，而用于礼拜的较多。除了人为或自然的原因毁坏外，也要考虑到在敦煌以及中原大多数石窟附近都有寺院，僧人们修行与生活是可以在寺院中进行的。[①]

在敦煌早期石窟中，除了极小几个禅窟外，大多数是中心塔柱窟。这是较早流行的礼拜窟，如前所述，中心柱窟的型制来源于印度的支提窟，但在印度，支提窟中心是一座佛塔。敦煌的中心柱窟改变了佛塔的形式，成为一个中心方柱，这里的方柱当然是象征着佛塔。印度的塔都是覆钵式的圆形塔，但传入中国后，却很快形成了方形塔的形式。如佛教传入中国之初建立的第一座寺院——白马寺，其中的佛塔就是方形楼阁式塔，据《魏书·释老志》记载："自洛中构白马寺，盛饰浮图，画迹甚妙，为四方式。"《洛阳伽蓝记》还记载了当时规模宏大的永宁寺，"中有九层浮图一所，架木为之"。以后，中原所建的佛塔多为方形的楼阁式塔。[②]

从现存的早期佛塔资料中，我们也可以找到十六国到北魏时代的很多八边形、四边形的佛塔，这些塔的建筑形制与汉代以来的楼阁建筑非常一致，显然是在汉民族建筑传统的影响下形成的（图5）。既然佛塔流行方形的，那么以佛塔为中心的塔庙窟中心为方形塔柱也就很好理解了。

在佛像没有产生之前，早期佛教往往以塔象征着佛陀，拜塔

①敦煌莫高窟北区的考古发掘表明在莫高窟也存在僧人生活窟，但往往与礼拜窟、禅修窟分开，详情参见彭金章、王建军：《敦煌莫高窟北区石窟》，1～3卷，文物出版社，2000年；此外，在新疆克孜尔石窟、甘肃河西一带石窟也可看到与礼拜窟相联系的僧房窟和生活窟。

②参见罗哲文：《中国古塔》，载《中国古建筑学术讲座文集》，中国展望出版社，1986年10月。

即是拜佛，但后来佛像产生了，仅仅是塔，仍然不能满足人们观礼佛像的愿望，于是出现了在塔上又造佛像的情况。在中国佛塔上造佛像也是很普通的。所以中心塔柱一开始就在四面开龛造像，人们进入洞窟，绕塔观像进行礼拜。值得注意的是，中心柱窟的窟顶前部出现了人字披形顶。人字披是中国传统建筑形制，是木构建筑的一大特征，在人字披两面还仿照木构建筑的形式做出椽子，在横梁的两头又做出斗拱的形式。仿佛是把一个中国式的屋顶放到了佛教石窟中，这样的做法无疑是中国传统建筑精神的体现。隋唐以后流行的覆斗顶型窟，也是来源于中国式的斗帐形式。另外，我们注意到汉代以来的墓室建筑型制基本上是覆斗顶的形式。墓室是安放死者遗体的地方，在中国古代人们的思想中，这里也是一个灵魂升天的地方，因此，

图5 曹天护塔

酒泉市肃州区博物馆藏，此塔为方形塔，残存三层，每层四面分别开龛造像，内容表现佛的诞生、苦修等。塔有文字题记，塑造时间为北魏太和二十三年（499年）。

由人间进入天界这个概念跟佛教思想结合起来，佛教的洞窟在人们的理解中也是一个灵魂升华、由人间而上升天界的场所。这样，窟顶模仿墓室结构而呈覆斗形，正是佛教中国化的一种表现。

佛龛的龛形也有所改变。早期石窟中有不少佛龛是印度流行的券形圆拱龛，但中国式的阙形龛也出现了（图6）。"阙"最早是中国古代建筑的一种，早在《诗经》《左传》中已有了阙、城阙的记载。在大门两侧建起两座较高的楼阁，形成两

图 6　莫高窟第 275 窟阙形龛

阙形龛出现在北凉至北魏时代的敦煌石窟，是把中国汉式建筑"阙"的形式
用于佛龛，以表现弥勒所居的兜率天宫，反映了当时人们对佛国世界的理解。

侧突起，中央较低的形式，称作阙，即所谓"中央阙然为道

矣。"①按古代宫殿建筑之制，只有天子的宫门可以用。但春秋以

后，诸侯的城楼也都用阙了，史籍中常常有"左阙""右阙"之

类的记载。

　　总之，阙在现实社会中是统治者权力的象征。凡称作阙者，

总有一种地位崇高之感。所以，敦煌北朝石窟中往往以阙型龛来

象征弥勒菩萨所居的兜率天宫。

2. 传统神仙思想进入了佛教石窟

　　莫高窟西魏第 249 窟窟顶出现了东王公、西王母以及与之相

关的玄武、朱雀以及风神、雨师、雷公、辟电等的形象，表明了

①刘熙：《释名·
释宫室》。

中国传统神仙思想进入了佛教石窟。

有关西王母的记载，多见于《山海经》。如《山海经·西次三经》云："西王母其状如人，豹尾、虎齿而善啸，蓬发戴胜，是司天之厉及五残。"《山海经·海内北经》又记："西王母梯几而戴胜杖，其南有三青鸟为西王母取食，在昆仑西北。"说明那时的西王母在人们心中还只是个人兽混合的怪物。有关东王公的记载，见于《神异经》："东荒山上有大石室，东王公居焉。长一丈，白发皓头，人形鸟面而虎尾。"看来其形象与早期的西王母的形象差不多，也是一个人兽合体的怪物。

《穆天子传》中，还记载了周穆王西巡，见了西王母，并与西王母吟诗唱和。"天子觞西王母于瑶池之上，西王母为天子谣曰：白云在天，丘陵自出，道里悠远，山川间之，将子无死，尚能复来。天子答之曰：予归东土，和治诸夏。万民平均，吾顾见汝，比及三年，将复而野。"这充满浪漫情调的传说，也许就是当年中国帝王与西域的最早交流。

《神异经》中记载："昆仑铜柱有屋，辟方百丈，上有一鸟名稀有。张左翼覆东王公，右翼覆西王母。一岁再登翼上之东王公也。"由此得知东王公、西王母地处二极，每年相会一次。汉代以后，人们常把周穆王当成东王公，因而也就把穆王会西王母视作东王公与西王母相会的故事。

后来东王公又被称为扶桑大帝，统管男女仙人。而西王母则被称为九天元女，又称金母。与东王公共管"天上天下，三界十方"。而他们的形象也随着地位的提高进一步被美化。

所以在汉代以来的绘画中，有关东王公、西王母的传说成为人们最为喜爱的内容。从山东嘉祥、沂南画像石乃至四川成都、新都等地发现的汉代画像石、画像砖中，都可以找到很多表现东王公、西王母的画面（图7）。因为这样的神仙特征，特别是富有异域情调，迎合了当时社会中求仙问道的普遍时尚，因而得到了社会各阶层的看重。汉初有一首童谣："著青裙，入天门，揖玉母，拜木公。"意思是世人得道升天，必须先进入天门后拜谒东王公、西王母。另外，在当时人们看来，死后成仙最

图7　四川新都出土画像砖　西王母　东汉

西王母座下分别有龙、虎，两侧有九尾狐和三青鸟，下部中央有舞者，两侧是供养人。

好的去处就是昆仑山，见东王公、西王母。所以当时有一首乐府诗是这样说的："驾虹霓，乘赤云，登彼九嶷历玉门，济天汉，至昆仑，见西王母谒东君。"这说明东王公、西王母所居住的昆仑山是修道者追求的仙境，而且是他们本身也已成为人们死后奔仙的导师。这也就是为什么他们的形象大量出现在此一时期的明堂、宫殿和坟墓中。在当时人们的思想中，还常常把佛教的须弥山当作了传说中的昆仑山。如《拾遗记》中就写道："昆仑山者，西方曰须弥山，对七星之下，出碧海之中。"①

　　汉代以后直到魏晋南北朝时期，有关东王公西王母的传说故事依然十分流行。从酒泉丁家闸五号墓壁画中，我们也可以看到完整的西王母与东王公形象画在墓室顶部，表达了当时人们对于死后成仙的愿望（图8）。

　　莫高窟第249窟的东王公、西王母与汉代以来画法的不同在于东王公西王母不是端庄地坐在仙山上，而是分别乘着龙、凤辇

①《拾遗记》卷十，中华书局，1981年，第221页。

图 8　酒泉丁家闸 5 号墓壁画　西王母　东晋

壁画中的西王母身旁有侍者持伞盖，上部画出月轮中的蟾蜍，下部两侧分别
有九尾狐和三青鸟，周围祥云缭绕。

在空中急驰，前后跟随着众多的神仙（图 9）。这一题材也出现在
北周第 294、296 窟，隋代第 305、401 窟等洞窟中，多画在窟顶南
北披或龛外南北两侧，其形式大体与第 249 窟的一致，东王公和
西王母分别乘龙车、凤车作急速前行的状况。

　　除了东王公、西王母外，在 249 窟还画有其他大量的中国传
统神话的图像。比如在南、北、西披出现的人首兽身的怪兽，就
是传说中的"三皇"。晋代王嘉《拾遗记》卷九记载频斯国人来
朝，讲述"其国有大枫木成林……树东有大石室，可容万人坐。
壁上刻为三皇之像。天皇十三头，地皇十一头，人皇九头，皆龙
身。"①同书卷一也提到"昔者人皇蛇身九首，肇自开辟"。而类似
的说法还见于东晋葛洪《元始上真众仙记》等。说明在古代有关
天皇地皇人皇的传说是很普遍的。而此窟的北披天皇十三头，南
披地皇十一头，东披人皇九头，与记载非常吻合。也有的学者认
为多头的兽是《山海经》中所记的"开明神兽"。②

① 《拾遗记》卷九，
中华书局，1981 年，
第 209 页。
② 段文杰：《道教题
材是如何进入佛教
石窟的——莫高窟
249 窟窟顶壁画内容
探讨》，载《1983
年全国敦煌学术讨
论会论文集（石窟
艺术编上）》，甘肃
人民出版社，1985
年 8 月。

图9 莫高窟第249窟窟顶南披 西王母 西魏
壁画中的西王母乘着凤辇在空中急驰，前有乘鸾仙人，旁有文鳐、飞廉、开明等神兽。

此外还有风、雨、雷、电四神。这四神都是古代人们对自然界崇拜的产物，在汉代以后逐步明确了各神灵的形象特征。如壁画中的雷公与东汉王充《论衡》中记载的"图雷之状，累累如连鼓之形。又图一人，若力士之容，谓之雷公"的形象非常相像（图10）。那个持锥在空中划出闪电的可能就是"霹电"。它与现藏于美国波士顿博物馆的北魏墓志上一身有明确榜题的"霹电"形象非常类似。而与雷公相对的那个肩披风巾的怪兽就是风伯。在风伯下方，有一个豕首，人身，鸟爪，口喷云雾的怪人计蒙。《山海经》中讲，他一行动便有"飘风暴雨"，这就是雨师。

图10 雷公 莫高窟第249窟窟顶西披 西魏

雷公周围有一圈连鼓，与汉代传说中一致，雷公下部有霹电，手握锥在天空划出闪电。

在第249窟的东、南、北披上还有完全出自中国传统的四位方位神，青龙（东方之神）、白虎（西方之神）、朱雀（南方之神）、玄武（北方之神）。《礼记》云："行前朱雀而后玄武，左青龙而右白虎。"所以正如孔颖达所言："朱鸟、玄武、青龙、白虎，四方宿名也。"他们原本都是远古氏族的图腾形象，到后来成了神话中的护卫之神，在洞窟里奔驰腾跃，守护四方。

还有"耳出于顶",裸体披巾,臂生羽毛,奔腾于空的"羽人"。也就是王充在《论衡》中所讲的"千岁不死,羽化升天"的神仙。通常在汉晋时的墓穴中出现,作为引导死者灵魂升天的异引之神。中国式的大力士"乌获",和"头似鹿,背有翼"的风神"飞廉"。在洞窟的西披中部还有一个非常有趣的人头鸟身的形象,有人认为这是千秋鸟(又名禺强)。①

第285窟的窟顶还出现了伏羲、女娲等形象(图11),这也是中国古代传说中最为流行的神仙。伏羲、女娲作为开天辟地创造世界之神,早在先秦时期就有文献记载了。到了汉代,以绘画形

① 参见贺世哲:《莫高窟第285窟窟顶天象图考论》,《敦煌研究》1987年第2期。

图11 伏羲、女娲 莫高窟第285窟 西魏

右边的伏羲手持规,身上的圆轮中有三足乌;左侧的女娲一手持矩,一手执墨斗,身上圆轮中画出蟾蜍。古人认为天圆地方,规与矩象征所谓规天矩地,就是开天辟地之意。

式表现的伏羲、女娲也多了起来,王延寿的《鲁灵光殿赋》中就叙述了殿堂壁画中关于伏羲、女娲等各种神话的绘图:"上启开辟,遂古之初,五龙比翼,人皇九头,伏羲鳞身,女娲蛇躯。"①鲁灵光殿已经不存,但在现代的考古发现中,我们从洛阳的汉墓到西北嘉峪关魏晋墓中都可以看到有伏羲、女娲的画像。通常伏羲手持规,身上有一圆轮,内有金乌,象征太阳;女娲持矩,身上圆轮内有蟾蜍,象征月亮。两像上半身均为人形,下半身均是蛇形。如洛阳卜千秋墓以及各地汉代画像砖中的伏羲、女娲形象。②有时伏羲和女娲的蛇

① 《文选》卷十一。
② 洛阳市博物馆:《洛阳西汉卜千秋墓壁画墓发掘简报》,孙作云:《洛阳西汉卜千秋墓壁画无考释》,《文物》1977年6期。

形下半身还缠到一起。但敦煌第 285 窟的伏羲、女娲不是蛇尾，而是两只兽足，类
似的形象也出现在嘉峪关魏晋墓 16 号墓的棺盖上，表明了对同一题材内容的表现上
存在着地域特色（图 12）。敦煌与嘉峪关正属于同一文化圈，与中原文化有一定的
差异性。

图 12　嘉峪关魏晋墓棺板画伏羲、女娲（复原临摹）

画面右侧为伏羲，手持规，身上有圆轮，其中可见黑色的鸟，就是象征太阳的三足乌。画面左侧为女娲，
身上的圆轮内有蟾蜍。

在第 285 窟窟顶伏羲、女娲形象的周围也画有风、雨、雷、电四神和天皇、地
皇、人皇等神。这些中国的神仙进入了佛教的石窟，一方面说明佛教在接受中国传
统的内容，以利于自身的传播；另一方面也说明了来自中原的新型的佛教艺术开始
影响到了莫高窟。

在佛教石窟中描绘出中国传统神话内容，反映了佛教对中国文化的兼容性，
以及外来佛教与中国本土文化的融合性。

3. 儒家思想的渗透

在北朝后期，敦煌壁画中出现了带有儒家"忠孝"思想的故事，如须阇提本
生、睒子本生、善事太子入海求珠等故事。比起北凉、北魏时期所流行的本生故事，
就可看出一个极大的差异，那种为了施舍而割头、挖眼、施身等内容在减少，而代
之以讲究孝道、忠君、报国的故事。虽然这些故事都是来自佛经，但在大量的佛经
故事中，选择哪些内容来表现和宣传，或者说哪一类故事在中国更能流行，这反映
了一种文化选择的倾向，那些与儒家思想较为一致的内容较多地出现，说明在佛教
思想与儒家思想的妥协。佛教开始适应中国的社会现实了。

睒子本生（图 13） 讲的是古代迦夷国有长者夫妇双目失明，幸而晚年得子，取名 睒子，睒子长大对父母十分孝顺。长者夫妇早就向往着到远离城市的山中过清静的修行生活，儿子长大能够照顾父母时，他们一家便住到深山里去了。睒子与周围鸟兽和谐相处，每日到溪边汲水，专心侍奉父母。一天，睒子身披鹿皮衣，去溪边汲水，这时正好迦夷国国王带兵到山中打猎，见溪边有不少野鹿，就弯弓射箭，却没想到射中了正在溪边取水的睒子，睒子惊叫道："你一箭射杀了三道士啊！"国王见射中了人，心中十分后悔，忙到跟前看望，听了睒子的话却十分不解，便问睒子是什么原因，睒子说明了盲父母将无人照顾，难以在山中生活，说完便死了。国王非常难过，表示要代睒子养活盲父母，便亲自到盲父母处，说明情况。睒子的父母随国王来到溪边，抚尸痛哭，哭声感动了天帝，于是天帝派人救活了睒子，并使盲父母双目复明。这个故事画在北周第 461 窟、438 窟、299 窟都有描绘，其中第 299 窟画的最具代表性。画在的顶部北侧，沿藻井边缘的一条长画卷形式的壁面上，故事由两头向中间叙述，把故事的结尾放在画面的中央，突出了睒子的形象。

图 13　睒子本生（局部）　莫高窟第 299 窟顶北坡　北周

该本生故事画左侧由左至右描绘国王率军射猎，睒子河边取水被国王误射；右侧自右至右表现睒子父母在山中修行，国王告知误射睒子，并引其父母至河边，睒子父母抚尸痛哭，天神下降救活睒子。

须阇提本生　古印度特叉尸利国国王提婆有十个儿子，各领辖一个小国，大臣罗睺弑国王提婆而篡位，又派兵欲诛灭诸小国。最幼的小王善住闻讯携妻儿逃难，打算到邻国借兵复国，他们带了七日粮食，慌忙间却误入十四日道，途中粮绝，善住想杀妻充饥，其子须阇提孝，阻止了父亲，愿割己肉供父母食用。经七日，须阇提身肉已尽，请父母先走。这时，天帝释化作狮虎来试须阇提是否心诚，最后又以神力使须阇提身体复原。邻国发兵助善住王平叛，复国后善住迎须阇提回国。须阇提本生实际上讲的是一则宣扬忠、孝思想的故事。与儒家所倡导的"三纲五常""君君臣臣父父子子"道德思想非常一致。

善事太子本生　古代宝铠国国王有二子，一名善事，一名恶事。善事太子心地善良，常常把国库打开，把宝物施舍给穷人。可是，时间长了，国库渐渐空虚，大臣们颇有议论。善事太子打听到大海龙王处有如意宝珠，有求必应，善事决定到大海里去找如意宝珠，以济世人。这时恶事也想跟着去，于是善事与恶事辞别父母，分别率两条大船向大海深处进发。路上遇上了金山、银山，贪婪的恶事搬了很多金、银上船，结果船载过重而倾覆。而善事太子，历经艰难曲折，终于到达龙宫，向龙王求得如意宝珠。善事太子返回途中在一个岛上与恶事相遇。恶事见善事取得宝珠，心生嫉妒，趁善事睡着的时候，用毒刺刺瞎了善事双眼，抢走了宝珠，独自回国，编造谎言，说善事太子已死，自己取得了宝珠。善事在梦中突然被刺瞎双眼，却不知是恶事所为。过了很久，有一牧牛人赶牛而过，牛用舌头舔出善事眼中的毒刺，善事太子随牧人来到了利师跋国，在街上弹琴卖艺为生。不久国王果园的管理人见他可怜，就让他帮助看管果园，善事太子用绳子系上铃，每听到鸟声，就拉铃赶鸟，闲时就在树下弹琴自娱。利师跋国王有一个美丽的公主，她听到善事太子的琴声十分动人，就常常来听善事弹琴，并与善事聊天，她渐渐爱上了这个盲人。后来才得知善事太子的来历，大家非常惊喜，原来从前公主就已许配给了宝铠国的善事太子。于是，国王派人护送善事太子回国。这个故事最早画在北周第296窟窟顶，以二段横卷式画面由右至左的顺序表现，共描绘了42个情节，其中太子出游、施舍、以及耕作、渔人捕鱼、乘船航海等场面都表现得细腻而有浓厚的生活气息。唐、五代以后，这个故事纳入了报恩经变，在第85、98、100窟等窟中都有描绘。

以上这些故事的内容最初都是来自印度的古代传说，但是在北朝晚期的壁画中较集中地出现这样的内容，反映了佛教在与中国传统思想的冲突中，开始寻找相融合的内容与中国的民族性协调，以利于佛教在中国的发展。

三 从敦煌壁画看中国古代文化

1. 造型艺术中的体现

石窟艺术首先是一种造型艺术，敦煌艺术在建筑、雕塑、壁画三个方面体现出中国传统文化的内涵以及中国式的审美风范。这方面前人已经作过十分深入的研究，以下仅举例加以简单说明。

建筑 包括两个方面的内容：①石窟建筑本身，如前所述，石窟这一形制本来是印度传来，但在中国流行开来，已经在建筑风格上加进了很多中国特有的建筑特征，逐步形成了中国式的石窟艺术。②敦煌壁画中的建筑画。由于时代久远，中国古代建筑大多不存，特别是唐代以前的建筑十分罕见，唐代和唐代以前壁画中所描绘的建筑形象就有着十分重要的意义，它展现了那个时代宫廷及民间建筑的多种形态。

在唐代流行的经变画中，通常是要画出十分雄伟的宫殿楼阁等建筑，以此来象征佛教的净土世界。当时的人们能想象出的佛国世界，仍然是以人间世界为依据的。在人们的生活中，帝王所居的宫廷就好比是人间天堂，因此，画家们总以是宫廷建筑的形式来表现佛国世界，或者以规模宏大的佛教寺院来表现佛所居的处所。由于历朝历代多有王公贵族把私宅施舍作为寺院，中国式的寺院依然与宫殿建筑一脉相承。于是，我们从壁画净土图中就可以看到古代中国宫殿建筑的大致形貌。

在第 172 窟的经变画中，我们可以欣赏到一千多年前的古代建筑风貌（图 14）。此窟北壁的经变中以中央佛殿为中轴线，左右对称。佛身后的主要大殿由两个大殿前后衔接而成，前面是单层殿堂，中间是高起的阁楼，好像一个过厅；后殿也是单层殿，两侧有廊与角楼相通，两边角楼又各延伸出走廊通向前面两侧的配殿。整个建筑平面呈反"凹"形。画家从俯瞰的角度，表现了这组建筑的宏伟结构；中央大殿是位居中心的主体建筑，而其本身又呈三重起伏错落，具有稳健、深厚之感；两侧的配殿较低矮，与中央大殿形成宾主关系；配殿旁又各有一小楼，虽略高于配殿，

图 14　观无量寿经变　莫高窟第 172 窟北壁　盛唐
画面中央以华丽的宫殿表现天国世界，两侧以条幅的形式表现未生怨故事和"十六观想"。

但形制简单，从属于配殿，这又构成一层主宾关系。人们说，建筑
是凝固的音乐，这组建筑主殿与配殿，高起的殿堂与平缓的走廊，
高低错落，起伏有致，具有鲜明的节奏感，仿佛是一段优美的乐章。
这组建筑总的风格可以说是沉稳、宏大。屋顶是那样的平缓、毫无
矫饰；屋角自然地微微上翘，屋脊上两端饰有鸱尾；屋檐下的斗拱，
结构严谨；殿堂开间宽阔大方。从整体建筑到装饰部件，都体现着
一种气度雍容而又自然纯朴的本色之美。是唐代宫殿建筑的写照。

　　大约建造于 705 ~ 706 年间的第 217 窟，[①]也是莫高窟的优秀洞
窟之一，北壁绘观无量寿经变，南壁是法华经变，这里的观无量

①关于第 217 窟的
年代，见贺世哲：
《从供养人题记看
莫高窟部分洞窟的
营建年代》，载
《敦煌莫高窟供养
人题记》，文物出
版社，1986 年。

寿经变采用"凹"形环抱式构图，两侧和下部画出"十六观"和"未生怨"的内容，中央画说法会，佛坐在莲座上说法，四周众天人、菩萨听法。佛身后是华丽、巍峨的宫殿（图15）。

图 15　经变画中的建筑　莫高窟第 217 窟北壁　盛唐
经变画中的建筑反映了中国唐代建筑的高度成就。

在第 431 窟北壁初唐壁画中，表现的是一个宫庭院落的情景，画面由右至左，第一进表现宫中的前朝，第二进表现后寝，第三进表现御园。虽说画面较为简略，但较真实地反映出中国古代宫廷的结构状况。此外，壁画中表现寺院、民宅、茶肆、酒店等比比皆是，像敦煌壁画这样形象地反映出古代中国建筑发展状况，真是绝无仅有。

雕塑　敦煌石窟开凿于砂岩中，崖体石质无法雕刻，通常采用泥塑彩绘的办法来表现佛像，彩塑成为敦煌石窟的一大特色。从北朝的彩塑可以看出，学习印度、中亚的雕塑艺术的同时融合了中国传统风格，逐步形成中国式雕塑的历程。隋唐以后，雕塑艺术成熟，塑造了很多艺术精湛，富有个性化的形象。

从南北朝到宋元一千多年间，敦煌彩塑的发展变化，从一个侧面反映了中国雕

塑史发展的历程。早期的彩塑受印度、中亚等地雕塑的影响，隋唐以后逐渐形成了
中国风格的雕塑艺术，本来出自印度的菩萨、天王、佛弟子等都变成了中国人的特
征，并穿上了中国式的服装。特别是唐代以后，世俗化十分明显，第 322 窟的天王
所穿甲胄，与当时将军的穿戴完全一致。第 194 窟龛内南侧的菩萨，发髻分两边，
类似唐代流行的"惊鹄髻"，身着绿色圆领衫，长裙曳地（图 16）。第 159 窟龛内南
侧菩萨头梳高髻，天衣自两肩垂下，身体微曲，表情含蓄。这样的菩萨已不像印度
雕刻那样过分强调女性丰乳细腰大臀，而是尽量减少身体裸露的成分，表现出温文
尔雅的情态，完全是中国贵族妇女的形象（图 17）。

图 16　菩萨　莫高窟第 194 窟龛内　盛唐
菩萨眼睛微闭，面含微笑，表情温婉，表现出唐代
美女风范。

图 17　菩萨　莫高窟第 159 窟龛内
南侧　中唐
菩萨服装和发式与唐代妇女的打扮一
样，表明了佛教艺术的世俗化。

关于敦煌彩塑的风格与表现特征，请参阅本书第四讲《敦煌彩塑风格》，本讲不再详述。

壁画　下面以山水画为例谈谈中国审美意识在佛教艺术中的渗透。

印度的佛教壁画可能是受雕刻的影响，人物形象往往画得十分拥挤，通常是不画风景的，有时为了表现故事内容，也不可避免地要表现诸如山、树、建筑等，往往不能表现出空间感，这表明印度传统绘画不讲究对空间的追求。而中国绘画自古以来就对空间有着特别的感受，汉代画像石画像砖中我们就可以看到对空间关系的表现，东晋以后，以顾恺之为代表的画家们画了很多山水画作品，南朝画家宗炳的《画山水序》、王微的《叙画》都是专门谈山水画的著作。可以说山水画是中国绘画的一个创造，世界上没有哪个国家的人像中国人一样对山水风景有着特殊的爱好。这一点可能与中国文人思想有着密切的关系。早在春秋时代，孔子就提出"智者乐水仁者乐山"，以山水来比喻人的品格，《诗经》中也有很多表现山水风景的诗句。六朝时期，文人意识开始受到重视，竹林七贤等文化名流，寄情于山水自然，崇尚清谈，文学方面产生了山水诗，绘画方面出现了山水画，这是中国审美意识的体现。[①]

这样的审美意识也在佛教绘画中体现出来，在早期敦煌壁画中就出现了对山水的描绘，唐朝的山水画多以丰富的色彩画出，称作青绿山水。宋朝以后，这种山水画法逐渐失传了，而在莫高窟壁画中则保存了丰富的青绿山水画。第172窟的山水画是较有代表性的。东壁窟门北侧文殊变上部，画有完整的山水风光（图18）：左侧是一组突兀高耸的山崖，接近江面的山峰壁立千仞，令

① 参见赵声良：《敦煌壁画风景研究》，中华书局，2005年。

图18　山水　莫高窟第172窟东壁　盛唐

这是文殊变背景的山水，以俯瞰的视角，表现北方山水的辽阔景象，起伏的波浪还表现出光影之感。

人想起三峡的雄奇，山的颜色用青绿和赭红色相间染出，鲜明而又有光感，山崖后面，一条河流蜿蜒流出，越往近处，水波的起伏越明显，最后汇成滔滔大河；中段是一片广袤的平原，其中可见平缓的山丘，山丘后面又有河流，与右侧的河水交汇在一起；右侧则是一望无际的平川，一条河曲曲折折，来自迷茫的远方，河边的树木愈远愈小，消失在天边。由远及近，这三条河汇于一处，形成壮阔的水面。这种辽阔的山水画无论是对透视关系处理，还是对光的明暗及色彩的表现，都达到了很高的水平。它不像后代的山水画那样，追求构图的怪、奇、晦涩和重山叠岭，而是努力反映出北方雄浑、壮阔的风光。整幅画体现着阔大、爽朗、健康的精神。

两壁经变中的"十六观"部分，也各绘有山水小景。北壁的最为出色，这是日想观部分，画中，韦提希夫人正虔诚地坐在河边遥望着西边的落日，夕阳下面是远处的山峦，一条小河从远方呈"之"字形蜿蜒而下，右侧是高耸的山崖，左边较远处有一山丘，与右边的山崖遥相呼应。画中近景、中景、远景三者关系自然分明，水面上波光粼粼，河边的树木婆娑多姿，一幅色彩清丽的山水小景跃然壁上。

第217窟南壁的法华经变的化城喻品是引人注目的内容，佛经中说，有一群人要到一宝城取宝，路途非常艰苦，沿途有凶禽猛兽，还常常有寒冷、酷热、饥渴的威胁，半途中就有人想打退堂鼓，聪明的导师作法术，在荒野中幻化出一座城池，让众人进城休息，休息过后又将城池隐去，继续前行。壁画中画出一幅完整的山水画。故事情节由远及近，右上角可见一条蜿蜒的河流从遥远的天际流到右侧山后，河较近的地方，一人骑驴正在赶路。画面中部两组山峦，左侧这一组山峦与远景相接，山左侧也有一条小河弯曲流过；右侧这一组山峦则挺拔巍峨。两组山峦之间，有人正从山中走出。右侧的高山之上，一条瀑布凌空泻下，水边有三人驻马歇息，一人正仰头观看，似被这奇妙的景色所吸引。下部近景中，左侧是一座耸立的危崖，峭壁中垂下藤蔓、树丛，远处的小河到山崖边汇成了滔滔急流，又向右侧流去。中部是平缓的丘陵，生长着很多树木，花开烂漫，春意盎然，旅行者正向这座西域式城堡走去（图19）。按照化城喻品内容，本该是一条荒凉险恶的道路，但画家却没有完全按照佛经，而是根据画面美观的需要画出一幅青绿山水画。画面以青绿色为主调，配以赭石、浅黄，具有清秀、爽朗的风格。穿红衣服的人物、装饰性的树木都与青山绿水相协调。

2. 音乐舞蹈

中国音乐的发展伴随着与周边各国以及边境少数民族的交流与融合，张骞出使西域时，曾带回西域的乐曲《摩诃兜勒》以及横笛等乐器。西汉初年，于阗的音乐也曾在长安宫廷出演过。魏晋南北朝以来，由于北朝与西域的联系加强，西域的音乐舞蹈就不断地传入中原。特别是北齐后主喜爱西域乐舞，且重用西域乐工。《北

图 19　山水　莫高窟第 217 窟南壁　盛唐
这是唐代青绿山水的代表作，山以线勾出轮廓，树木枝叶多用双勾，华丽而细致。

史》记载："胡小儿曹僧奴子妙达，尤为北齐高洋所重，常自击胡鼓以和之。"《隋书》也记载了北齐后主宠幸乐人曹妙达等人以至于封王之事："后主唯赏胡戎乐，耽爱无已。于是繁手淫声，争新哀怨。故曹妙达、安未弱、安马驹之徒，至有封王开府者，遂服簪缨而为伶人之事。"②

北齐、北周的宫廷乐中都已吸取了不少西域的音乐，而北周与西域关系密切，宫廷中也有很多来自西域的乐人。《隋书》记载北周"太祖捕魏之时，高昌款附，乃得其伎，教习以备飨宴之礼。及天和六年，武帝罢掖庭四夷乐。其后帝聘皇后于北狄，得其所获康国、龟兹等乐，更杂以高昌之旧，并于大司乐习焉。采用其声，被于钟石，取周官制以陈之"。③北周武帝娶突厥公主阿史那氏，就有大量的西域乐人随着公主来到中原，特别是著名的龟兹乐人苏祗婆不仅带来了完整的乐队，而且把西域琵琶"七调"的理论带入了中

① 《北史·恩幸传》。
② 《隋书》卷十四，志第九音乐中。
③ 《隋书》卷十四，志第九音乐中。

国，极大地丰富了中国传统音乐。隋代建立之初，礼坏乐崩，传统音乐大部失传，宫廷乐礼长期不能定，于是只好吸取了不少西域的音乐，从而在音乐方面形成了一个新的时代特征。

然而由于时代的久远，隋唐的音乐是怎样的声音，我们已无从得知，但从敦煌壁画上却保存了大量的音乐舞蹈形象，结合历史文献的记录，无疑是研究探讨中国音乐舞蹈史的重要资料。况且南北朝时期西域的音乐舞蹈往往与佛教密切相关，佛教壁画中的音乐形象应与当时社会的音乐生活密切相关。

敦煌壁画中的音乐可以分为两个方面。一是乐伎，即演奏音乐的人；一是乐器。舞蹈形象则是通过舞伎的舞姿来表现的。敦煌最早的洞窟就出现了丰富的乐舞形象，如北凉第272窟西壁佛龛两侧就表现坐在莲花上的菩萨扭动腰肢，伸展手臂，做出不同的舞蹈动作。同窟窟顶藻井四披则画出在天宫栏墙内的伎乐，或弹琵琶，或击腰鼓，或吹法螺，或空手作舞蹈（图20）。北魏到西魏以后，在洞窟四壁上部绕洞窟一周画出天宫伎乐，已形成了固定的形式（图21）。从这些天宫伎乐所演奏的乐器上，我们就可以了解当时传入中国的许多外来的乐器，如琵琶、筚篥、羯鼓、海螺等等。而那些动作幅度较大、欢快奔放的舞蹈，也可以看出西域乃至印度舞蹈的风格特征。

图20　天宫伎乐　莫高窟第272窟顶　北凉
表现佛国世界的景象，以歌舞的形式，表现欢乐的气氛。

图 21　天宫伎乐　莫高窟第288窟　西魏

西魏的天宫伎乐描绘更加细腻，特别是乐器的种类增多，反映当时在西域影响下音乐发达的状况。

在一些故事画中，还表现出世俗音乐生活的场景，如北凉第275窟南壁表现悉达太子出游四门时，绘出了一组组乐队的形象。在北周第428窟须达拿太子本生、第296窟善事太子本生等故事画中都画出了演奏音乐的形象，生动地反映了世俗社会的音乐生活。在隋代第297窟、390窟中的供养人画像中，还表现出音乐舞蹈的形象，表现以乐舞供养的情景。

唐代的音乐舞蹈更加丰富，这部分详见本书第八讲《从敦煌艺术看大唐气象》。

3. 社会风情

婚嫁　在唐代的弥勒经变中，多画出婚礼场面，以表现弥勒世界"女人五百岁出嫁"的说法。如第445窟北壁弥勒经变下部西侧绘出的婚礼图（图22）。宅第门外设帷帐及"青庐"，帐内宾客对坐饮宴，帐前正举行婚礼：新郎伏地跪拜宾客，新娘盛装立于旁，侍婢往来忙碌其间，舞者正伴随着音乐起舞，展示了北方地区的婚礼场面和行礼时男拜女揖的习俗。

中国古代婚礼仪式程式繁多，且有地域之别，敦煌文献中有明确记录，婚礼在女方安帐："女方铺设帐仪：凡成礼须在宅上西南角吉地安帐。"帐的用途是"同牢

图 22　婚嫁图　莫高窟第 445 窟北壁　盛唐

左侧是宅院，宅院旁边起庐帐，宾客坐在帐中，右侧为新郎与新娘拜会亲戚，中央有舞伎起舞。

盘，合卺杯，帐中夫妻左右坐"。婚礼中的帐有两种：一是室外择地而置，这就是穹庐，穹庐在婚礼中称曰"青庐"，"北方婚礼，必用青布幔为屋，为之青庐"；另一种是室内悬挂，这就是帷帐。而敦煌的设帐很显然是前一种了。青庐之俗早在东汉时已有记载，《世说新语》记载："魏武少时，观人新婚，因潜入主人园中，夜叫呼云：'有偷儿贼。'青庐中人皆出现观。"可知，东汉婚俗已流行青庐之俗。又《孔雀东南飞》有诗曰："其日牛马嘶，新妇入青庐。"

婚礼设青庐原因有二：一是与青庐名称有关，另一是与"避煞"相连。"青庐"又称"百子帐"，这是因其制作特点而来。百子帐是一种微型穹庐，覆以青幔谓之青庐，以柳枝卷做圈，用绳相互交络、连锁而成，可自由搬动。因为需要大量的柳枝，所以有叫百枝帐，口头讹传为百子帐。所以，文献所载青庐、帐、毡、百子帐为同名异物。

　　敦煌石窟现存婚嫁图达四十多幅，真实而形象地再现了唐宋时期的婚嫁场景，
是中古婚俗活灵活现的记录，是独一无二的形象资料。

　　耕作　在盛唐第 23 窟北壁法华经变中，有一幅耕作图，画面上乌云迷漫，暴雨
如注，农夫正在田里挥鞭策牛，辛勤耕作（图 23）。另外，田头上坐着农夫，农妇
及小儿，父子捧碗吃饭，农妇关切地注视着他们。这一内容来自《法华经·药草喻
品》。它的主旨是宣扬平等的佛慧，有如甘露时雨，普润万物。而壁画中却画出了
一幅富有农家生活气息的图画。就是一幅优美的"雨中耕作"图。

图 23　耕作图　莫高窟第 23 窟北壁　盛唐
农夫在雨中耕作，右侧一农夫担物而来，田埂边上有三人在吃饭。

　　盛唐第 445 窟北壁的弥勒经变中也描绘出了农业生产的场景，画面中表现了耕地、播种、收割、运载、田间进食、打场、扬场、粮食入仓等情节。本是为了表现《弥勒下生经》中所说："雨泽随时，谷稼滋茂，不生草秽，一种七收，用功甚少，所收甚多"的内容。但通过十分写实的画面，真实地反映了当时农业生产过程和农民的劳动生活，以及使用的生产工具（包括曲辕犁、镰刀、牛车、连枷、六股叉、芨芨草、长把扫帚、簸箕等），画面虽被熏黑，但细察尚能辨识。在收获劳作地画面上方有一个收租图：图中有一屋，里面坐一头戴软巾，穿圆领长袍，腰束丝带的主人，他后靠椅靠，安详自在，外间一管家正在回禀情况；屋外累积大堆粮食，堆旁为量器，屋内清凉悠闲，屋外烈日劳作，对比鲜明，是唐代地主庄园中监督劳作和催交地租的形象写照。

　　而耕作中所用的曲辕犁，此为唐代的先进生产工具，是唐代农具改革中的一项突出的成就。唐代陆龟蒙《耒耜经》记载曲辕犁有 11 个部件构成，画面中的曲辕犁图与文献记载基本符合，曲辕犁是把前代耕犁的直辕长辕改革成曲辕短辕，并在辕头上安装可以转动的犁磐，便于转弯和调头，以提高耕作速度；犁评和犁箭，可以调整入土深度，适应深耕浅耕的不同需要；犁壁和保护犁壁的犁策可以翻土，起亩作垄利于精耕。

　　商旅　敦煌作为古丝绸之路的交通要道，商旅往来是非常频繁的，在敦煌壁画中就常常出现商人活动的场面，如隋代第 420 窟窟顶东披的《法华经·观音普门品》中表现观音救难的画面：从右端开始表现商人在出发前跪地祈求平安，接着商队启程，赶着满载货物的骆驼、毛驴翻山越岭而行。一峰骆驼失足滚下山崖，脚夫们俯视深谷，惊恐万状；山的右上方又有两商人，正在旅途中给一峰病了的骆驼灌药。好不容易下山之后，强盗又出现了，于是商人执弓箭盾牌与强盗对抗，但仍不敌强盗被擒。

　　同样的内容在盛唐的第 45 窟南壁也有生动的表现，画面中商人们正从山间艰难地跋涉，从山后出来几个持刀的强盗，商人们面露恐惧，又好像在瑟瑟发抖，毛驴所驮的货物撒了一地（图24）。按佛经的内容，这些商人们在遇险时口诵观世音菩萨名号，于是强盗们都放下兵器，怨贼难得以解脱。但这些画面却真实地反映了古代丝绸之路上商人行旅的艰难景况，显示出画师们对丝路行旅的观察和体会。

图24　胡商遇盗　莫高窟第45窟南壁　盛唐

右侧一些商人牵着驴，驮着物正行走间，左侧山中闯出几个持刀的强盗，商人们战战兢兢，货物丢弃于地，紧张的场面表现得十分生动。

演兵作战　第217窟观无量寿经变的左下部，表现城外广场上，十位武士分立两边，一方持矛进攻，一方持盾抵抗。头戴冕旒的国王及众侍从一旁站立。按此画面是《观无量寿经》中的未生怨故事，但画面却生动地再现了当时演兵操练的情景。

第12窟南壁西侧的法华经变中，还画出了一幅战争的画面：右侧的皇城内，一王者正部署讨伐的计划；宫城外护城河边，两军隔河对垒，战斗十分惨烈，受伤士兵、马匹挣扎于激流中；城内画面中，军队押解着战俘凯旋；皇宫内正在论功行赏（图25）。

这一内容本出自《法华经·安乐行品》，大意为：强力转轮王一心想降伏诸小国，但诸小国均不从。于是强力转轮王出兵征战，对有战功的随功行赏，可赐予田

图 25　作战图　莫高窟第 12 窟　晚唐

　　右侧为一城池，城中骑兵杀出，跃马过河，河对岸有弓手正在射箭，河中有落水者，生动地再现了古代战争场面。

地、宅城、衣物珠宝、车乘奴婢等，但珍贵无比的髻中一颗明珠唯有获大功者才可得到。其主要旨意是要说明《法华经》是诸经中最珍贵的一部，佛是不轻易宣讲的，只有看四众中弘传护持佛法有大功者时才宣讲。而壁画中的整个场面令人联想到唐代出军征战的情景。中唐后，调兵遣将、两军激战、论功行赏等场面已成了表现《法华经·安乐行品》的基本定式。而画家要表现这样激烈战斗的场面，恐怕还是有着现实生活的基础。

　　杂技百戏　在晚唐第 156 窟北壁和东壁，有著名的"宋国夫人出行图"，画面的前部描绘的是杂技，表现顶杆杂耍的场面：顶杆的壮汉，穿宽袖大开襟的红色短衣，绿色短裙，腰束带，头顶长杆，顶端上有三小孩悬空表演各种惊险动作，中端还有一小儿两手十字撒开，双腿夹紧，作一亮相动作。旁有一人保护（图 26）。

　　以上仅举数例说明敦煌艺术中所包容的古代文化内涵是无限丰富的，敦煌石窟不单纯是一处佛教艺术的遗存，而是一个包蕴广博的古代文化博物馆，从中我们可

图 26　百戏　莫高窟第 156 窟北壁　晚唐
左侧一人顶杆，杆上有四小儿正做着各种惊险动作。右侧乐队在演奏乐器，有四人正应节而舞。

以印证中国古代很多历史文化现象，可以探索中国艺术发展的历史，可以补充古代历史记载的不足。

第二讲

敦煌壁画与中国传统绘画

中国的绘画，自明清以来，充满文人意识的山水、花鸟及人物画成为普遍的形式，而在唐代以前盛行于寺院、道观以及宫殿建筑中的壁画渐渐失传了，以致很多人见到敦煌壁画这样的绘画，会认为这些艺术不是中国画。这里牵涉"中国画"的定义问题。可以说很多人是从狭义的方面来理解中国画的。如果要承认先秦、汉唐以至于现代代表中国传统的绘画都是中国画，那么，其中明清以来流行于画坛的那种以文人思想为主导，以山水、花鸟及人物为主要题材，以写意的水墨或水墨加彩为主要形式的绘画仅仅是其中的一小部分。而像敦煌壁画这样在民间有着广泛影响，深受社会各阶层人们喜爱的绘画则是一个重要的部分。从这个意义上来看，敦煌壁画是有助于我们全面认识中国传统绘画的。

一　中国传统绘画两大系统的形成

如果我们把从原始社会彩陶艺术、商周青铜艺术、秦汉画像石画像砖艺术和南北朝到隋唐的寺院、石窟雕刻及绘画艺术等等联系起来，就可以看出中国数千年文明中，有着十分宏大的艺术体系。若单从绘画的方面来看，宫殿壁画、石窟和寺观壁画以及绢本、纸本的佛教绘画代表着具有广泛群众性的艺术，这一艺术体系与文人艺术有很大的不同。我们试以敦煌壁画为例来分析这一类艺术的特质，讨论它与文人艺术的区别所在。

敦煌壁画是至今保存下来时代延续最长、内容最丰富、体系最完整的绘画艺术。考察敦煌壁画，我们看出它有如下特点：

第一，强烈的实用（功利）性。石窟的开凿都是有目的的，有的是僧人为坐禅而建，有的是为信众礼拜而建，在洞窟中，彩塑、壁画都是为了宗教信仰的目的而作，或者表现佛、菩萨形象而让人膜拜，或者描绘佛教故事，让普通人了解佛教的思想教义，所以壁画的制作必须受到佛教思想和仪轨的限制。这一点与汉代祠堂的画像中宣传儒家思想等教育目的是一致的，也就是画史中说的"夫画者，成教化，助人伦，穷神变，测幽微，与六籍同功"。[1]

第二，写实精神。尽管佛经中所记述故事大多像神话一样，并非真实存在，它要表现现实中并不存在的所谓"净土世界"，以及一些抽象的义理，但作为宗教艺术，则需要以真实可感的形象来表达这些内容，以达到观者感动而增进信仰的目的。所以在敦煌艺术中，从佛像、菩萨、天王、弟子等形象中，我们却可以看到现实社会中恬静美丽的少女、威武的将军、文静的青年、慈祥的老人等形象。又如表现净土世界中华丽无比的宫殿，天宫伎乐轻歌曼舞的场面正是现实世界中帝王的宫殿和宫廷中乐舞生活的反映。隋末唐初的画家杨契丹擅长画建筑画，有人想借他的粉本（画稿），他却指着附近的宫殿、车马说："这些就是我的粉本。"[2]说明那时的优秀画家都是注重写实的。佛教创造出人间没有的佛国世界，但所有这些充满想象力的内容都是来自现实生活的。

第三，大众性。由于敦煌艺术有着强烈的宗教目的，怎样使深奥的佛教哲理变得浅显易懂，便成了艺术创作的关键。艺术家总是要采用那个时代广大群众喜欢的形式来进行表现。如在早期壁画中画出了中国传统神话传说的伏羲、女娲及东王公西王母等中国人所熟悉的形象，故事画也采用汉晋以来流行的长卷式构成。当中原一带山水画流行之时，佛教壁画中也出现了山水景物。隋唐以后的菩萨形象往往以当时的美女为模特来描绘。天王和金刚

①张彦远:《历代名画记》卷一，人民美术出版社，1963 年。
②张彦远:《历代名画记》卷八，人民美术出版社，1963 年。

就是现实中的将军和战士的写照，这样无疑给观众一种亲切感。正因为敦煌壁画有这样的大众性，使它最能代表一个时代的大众审美趋势。从南北朝到元代一千多年间，敦煌艺术风格的变化准确地反映出各时代民众审美意识的变迁。

第四，共性特征和雄浑的精神。敦煌壁画在布局上有一套完整的秩序和规范。如早期洞窟多为中心塔柱窟，洞窟中央是一座方形塔柱，柱的四面开龛造像，以供人们绕塔礼拜，塔柱前为汉式人字披顶，两侧壁靠前部分配合中心柱画出大型说法图，后部往往画出佛教故事画以供人们观赏和领会佛教的精神，具有教化作用。唐代流行方形殿堂窟，依照寺院的形式，正面开龛造像，佛居正中，两旁依次排列佛弟子、菩萨、天王、力士等，左右侧壁多为大型经变画，表现佛国的理想境界。总之，每个洞窟都是要营造一个完整的佛国世界，这就要求建筑家、雕塑家、画家密切配合，就是一铺大型经变也往往需要多人合作。中国古代民间绘画往往是以一些著名画家为主导，形成一个个艺术制作的团队，他们集体进行一些大型寺院和石窟的壁画、雕塑制作，这样才保证了艺术的完整性。另外，僧人、供养者（出资建窟的人）对艺术的设想与期待，也常常会影响艺术创作。在这样的艺术创作中，共性特征要大于个性特征。从某种意义上来说，它也许会限制某个个体艺术家创作个性的发挥。但同时，那种宏大、深厚而广博的精神却是任何单个艺术家的创作无法企及的。这种美学精神我们从万里长城、秦皇陵兵马俑、汉画像乃至于明清的故宫建筑中也同样可以领会到。

第五，在表现手法上兼收并蓄的态度。没有固定的美学思想束缚，只要民众喜欢，都可以纳入。南北朝时期佛教艺术受西域风格的强烈影响，很多印度和西域的高僧携经像来中国，带来了外国的雕塑、绘画风格和手法。而在北魏晚期和西魏时代，中原流行的秀骨清像的绘画风格同样出现在敦煌壁画之中。隋唐以后，以长安为中心的中原地区流行的新风格也很快就传入敦煌。从敦煌壁画中就可以看出古代艺术家广泛地吸收各种风格，并融会贯通创造出更新的作品，敦煌壁画各时代都有着明显的时代特征，从中又可看出西域风格、中原风格、回鹘风格、藏画风格等等。唯其如此，才形成了敦煌艺术的博大与深厚。它的出色之处就在于不抱偏见，大胆吸收一切适合的表现手段，这样不仅没有丧失民族性，反而更加丰富了传统艺术的领域。

从以上几个方面可以看出中国艺术雄厚的传统。中国从唐代后期开始，文人士大夫参与了绘画创作，并逐渐形成了文人的艺术（这里所说的"文人的艺术"这个概念并不是绘画史上所说的元代以后形成的"文人画"，而是泛指在文人思想意识影响下创作的绘画）。这种新的艺术形式逐渐发展，形成了一个独特的系统，到了元代以后，已经可以与传统民众艺术系统相抗衡，并在绘画方面成为中国画的主流。关于这一类绘画，前人已作过很多研究，[1]宗白华先生指出："中国画以书法为骨干，以诗境为灵魂，诗书画同属于一境层。"在艺术上追求的是"绚烂之极，归于平淡"。[2]从这里出发，我们可以看出由于文人士大夫参与绘画艺术，中国画逐渐产生了一些新的因素，如书法的用笔技法和思想对绘画产生了影响，水墨画在五代宋以后成了绘画的主流，元代以后出现了诗、书、画的结合形式，从而从形式到精神气度等方面完善了"中国画"的形式。同时也意味着这种"中国画"从传统的绘画中分离出来，形成了独自的体系。如果我们把前面所说的民众的艺术作为第一系统，文人的艺术作为第二系统的话，第二系统同前一系统相比，有如下特点：

1. 非功利性。文人画家绘画是为了抒发"胸中之逸气"，追求"萧条淡泊"的境界，他们一般不愿涉足具有实用性的大众艺术。

2. 写意性。他们大都潜心于自己所陶醉的笔墨情趣，而反对绘画过分逼真，以免失去绘画所要表现的精神。即使是有写实能力的画家也不愿把物体画得过分真实。

[1] 如俞剑华在 50 年代发表过《谈文人画》《再谈文人画》（均见于《俞剑华美术论文选》，山东美术出版社，1986 年）；蔡星仪：《文人画的传统与中国画的创新》（《美术文集》，上海中国画院编辑出版，1985 年）等。

[2] 宗白华：《论中西画法的渊源和基础》，载《美学与意境》，人民出版社，1987 年。

3. 注重笔墨，反对色彩。这是由于水墨画的发展成熟，画家通过高超的水墨技法就可以表现丰富的世界，把水墨技法当作追求的较高境，相反对于色彩的绘画则评价不高。

4. 狭隘与保守性。文人的书法与绘画作为中国艺术的一个方面曾取得了较高的成就，特别是在表现精神气韵等方面达到很高的境界。因此，过去的一些绘画理论把文人绘画当作标准来衡量一切，对富有广泛民众性的佛教绘画及其他艺术评价不高，显得过于偏狭。而明清以来，许多画家不重视绘画的内涵以及作为绘画应有的诸如写生能力、色彩配置技巧等，而把笔墨技法当作唯一标准，从而形成了程式化的表现，越来越缺乏生命力。

两大系统的存在，是中国特定时代的产物，今天当我们重新审视历史、文化的时候，就应看到第二系统的文人艺术只是中国艺术的一个部分，只有同时注意到两个系统，才能完整地把握中国艺术的实质。而在第一系统的艺术大多不存的今天，敦煌艺术正好为我们提供了充分的例证，以供我们全面认识中国传统绘画。

二　佛教艺术对中国传统绘画的冲击与拓展

佛教的传入，不仅在中国思想界掀起了巨大的波澜，而且对中国原有的文学艺术产生了深远的影响。在文学方面，适应佛教宣传的需要，产生了讲经文、变文等文体，大大加速了我国讲唱文学的发展。在美术上则是使原来的多制作于祖庙祠堂的绘画雕刻扩展到了佛教寺院及石窟之中，随着佛教的发展，前来佛教寺院与石窟进行修行、礼拜等活动的人数及频率、范围远远高于进入祖庙、祠堂以及皇家或贵族殿堂的人数。因而，壁画、雕刻这样的美术作品在这里获得了空前的观众，宗教的需要、观众的需要，极大地刺激了美术的创作，从魏晋南北朝到唐代，正是佛教在中国发展的高潮时期，这段时期画史上那些著名的画家最得意的作品往往是在寺院中的。

如《历代名画记》引用《京师寺记》的记载，记述东晋著名画家顾恺之，曾在瓦棺寺画维摩诘像，他用了一个多月的时间精心画出了维摩诘像，画完时，"光照一寺，施者填咽，俄而得百万钱"。[①]这些施者既是佛教信仰者，也是壁画的观众，正是由于观众这样大的热心，才极大地促进了佛教壁画的发展。

《历代名画记》还记载了戴逵为了雕刻好佛像，坐在密室中，听观众对他的木雕佛像的评论，在听取群众意见的基础上又加以研究，经过三年时间，终于雕成了佛像。[②]像这样画家雕刻家与观众的良性互动关系，也只有在佛教这样普及的情况下才能形成。

到了唐代，佛教寺院更加发达，画家们多在寺院中绘壁画，同时还形成了不同的风格流派，以适应当时的竞争状况。吴道子就是唐代绘壁画的高手，"寺观之中，图画墙壁，凡三百余间。变相人物奇踪异状，无有同者"。[③]《唐朝名画录》还记载了作者曾听八十岁的老人讲述吴道子当年绘画的情景："吴生画兴善寺中门内神圆光时，长安市肆老幼士庶竞至，观者如堵。其圆光立笔挥扫，势若风旋，人皆谓之神助。"同书还记载了，吴道子画地狱变时，"京都屠沽渔罟之辈，见之而惧罪改业者，往往有之，率皆修善"。

绘画能起这样大的社会影响，确也是罕见的。在这样一种观众与艺术家的互动中，形成了中国美术史上最辉煌的艺术时代，也是艺术与普通民众的距离最贴近的时代。这一点与欧洲的文艺复兴时代教堂的建筑、壁画、雕刻等艺术的发展类似。艺术品的价值是通过千百万普通观众的眼光来检验的。大多数人喜爱的美术，其风格、流派获得了发展。由于宗教的普及性，任何一种艺术都不像佛教艺术这样拥有众多的观众，众多的供养者（赞助

①张彦远：《历代名画记》卷五，人民美术出版社，1963年。
②同上
③《唐朝名画录》，四川美术出版社，1985年。

人），并吸引了绝大多数艺术家参与佛教艺术的创作。

总之，佛教促使美术发展成一种公共艺术，佛教寺院、石窟里的这些壁画、雕刻等，任何人不分地位等级都可以尽情来欣赏，艺术品不再单纯是为某些个人收藏，或为某些个人所作，艺术家在这里得到与民众广泛接触与交流的机会，这是中国魏晋南北朝到唐代佛教艺术得以兴盛的重要因素之一。

从绘画技法等方面来看，佛教艺术传入中国以后，印度和中亚成熟的人物表现艺术随着佛像绘画大量地传入中国。使中国画家很快掌握了人物比例和动态表现技法，特别是西域式的晕染法，通过细腻的色彩晕染来造成立体感，表现肌肤的细微变化。这样的方法对中国传统绘画产生了重大的影响。

汉代和汉代以前的中国绘画，多以线描造型，注重装饰效果。在表现人体比例方面还没有形成有规律的技法。[①]在佛教绘画兴盛的时代，中国的人物画艺术得到长足的发展。南北朝时期，以佛画著名的张僧繇借鉴了印度传来的晕染法，当时称为"凹凸法"或"天竺遗法"，在寺院壁画中取得很好的效果，深受人们的赞赏。曹仲达则以表现印度式佛像"其体稠迭而衣服紧窄"的风格而著名，后世称为"曹家样"。除了直接学习和借鉴外来绘画技法的画家外，在表现佛教艺术中，大部分中国画家不可避免地要受到印度以及西域绘画艺术的影响，当然这种影响并不是单方面的，中国画家在接受了外来影响的同时，结合传统的绘画技法，不断地创造出代表各时代的中国式的佛教艺术。从佛教传入中国以后一千多年间，呈现出异彩纷呈，风格多样，时代特征明显等特点，与印度或西域佛教艺术中较长时期保持着同一风格的状况迥然不同，反映了中国艺术家无穷的创造力。

①对于这个问题，许多绘画史专家多有论述。如王伯敏讲到汉代绘画的特点时说："由于时代的局限，还没有获得更多的实践，所以在'深沉雄大'的表现中，还嫌粗率，人物多取侧面，不善于正面的刻划。透视处理，也还没有一定的法度，不能表现纵深的远近关系。"载《中国绘画史》，上海美术出版社，1982年，第68页。

三　从敦煌壁画看中国佛教美术的成就

1. 人物造型艺术

敦煌壁画的内容主要包括六类：一佛像画、二佛教故事画（包括本生故事、因缘故事、佛传故事、佛教史迹故事）、三中国传统神怪像、四经变画、五供养人画像、六装饰图案画。除了装饰图案以外，绘画都是以人物（神）为主体的，在敦煌500多座石窟（包括莫高窟、榆林窟、西千佛洞）中留下了无数的人物形象，可以说是中国人物画艺术的宝库。

佛教最初是反对宗教崇拜的，后来在宗教的发展中，为了适应崇拜者的需要而产生了佛像。在古代印度，佛和菩萨的形象往往是以当时的贵族形象为模特，按照当时的审美标准来塑造的。佛经中对佛像的特征作了很多说明，如"三十二相""八十种好"等等，体现着古代印度的美学思想。而在印度北部的犍陀罗地区，由于受到古希腊文化的影响，形成了与印度有所不同的审美标准。佛教传入中国后，最初是模仿着印度和中亚传来的佛像形式，隋唐以后逐渐形成了中国式的佛像。不仅面部形象中国化了，而且佛像的衣饰也变成了中国人的服饰，反映了外来的佛教艺术与中国本土艺术的融合。同时，在佛教艺术长期繁荣发展之中，中国的绘画艺术也受到强烈的刺激，从而得到飞速的发展。敦煌石窟北朝到隋唐的佛像艺术正反映出中国绘画艺术发展的一个侧面。

中国到汉代为止的绘画艺术，人物表现往往以线描造型，注重整体的装饰性而在轮廓线以内缺少具体的刻画，或刻画简略。对于人物的比例、形象的写实等方面不太重视，可以说在人物造型上还没有形成一套成熟的技法。

而在佛教艺术传入中国以后，佛教的造型方法开始影响到了中国。出于宗教崇拜的需要，佛像画有一套严整的规范。这些规范不仅仅是宗教造神的需要，同时也是美术造型的一种技法。在佛像画的刺激下，中国的人物画艺术得到飞速的发展。

敦煌壁画中的人物形象包括两类，一类是宗教之神，如佛、菩萨等；一类是世俗的形象，如供养人以及故事画、经变画中的世俗人物等。从造型艺术来看，都要生动而真实可感，要表现出栩栩如生的气韵来，因此他们有着共同点。人物的造型、动态以及形态中体现出来的韵味、风采是体现人物造型艺术美的基本要素。

比起汉代以来的人物表现方法，敦煌壁画的人物形象一是对人体比例的重视，一是吸收了色彩晕染法，开始重视对象的立体表现，尤其是人物的晕染方法逐渐发展起来。从十六国时期到元代一千年间，壁画中的佛像与世俗人物形象数以万计，各时代都有不少佳作。

十六国北朝时代，按不同类型的人物表现出不同的形象和性格特征，如佛的形象总是庄严慈悲、表情安详。菩萨的形象典雅而含蓄，但比起佛陀来则往往可以画得自由一些，受印度和西域艺术的影响，早期的菩萨有的身体呈"三道弯"式，富于动感，如北凉第272窟的胁侍菩萨、北魏第263窟的菩萨（图27），身材修长，

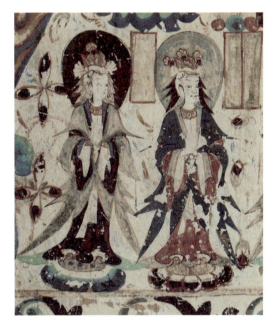

图27　西域风格菩萨　莫高窟
第263窟南壁　北魏
　　这幅壁画是剥开了表层的后代重绘壁画，而露出的北魏时期未变色的壁画。

图28　中原风格菩萨　莫高窟第285窟北壁　西魏
　　中原风格的菩萨衣饰较复杂而华丽，人物形象清瘦，体现出汉民族审美精神。

衣服飘举，手势和动态具有舞蹈性，也许正是来自西域的舞蹈之风吧。西魏第285窟东壁和北壁说法图中的菩萨，衣服和飘带富丽，体现出南朝贵族的风度（图28）。天王一般表现出威严和勇武的形象。但北朝的天王像并不多。在洞窟四壁下多画一些金刚力士像（也称药叉），他们是佛国世界的护法之神。这些力士往往夸张地表现出粗壮的身躯，强烈的动态，憨态可掬的面容，也有的表现出兽头人身等怪异的形状。

　　早期壁画中的供养人形象较小，又多画在下部，损毁较严重，形象特征不明显。但也有一些较为生动者，如第285窟北壁一位女供养人，手执长柄香炉，徐徐走来，飘带在身后缓缓飘起，令人想起顾恺之《洛神赋图》中的洛神那种"飘若游龙，矫若惊鸿"的艺术境界（图29、30）。这是按中原式的画法表现的。此外，表现世俗人物的还有第285窟在山中修行的禅僧，表现出形同槁木，心如死灰的苦修境界，而在嘴角露出微笑，眼神中体现出智慧的光彩。

图29　供养人　莫高窟第285窟北壁　西魏
　　此供养人着装是东晋以来汉民族妇女服装的风格。

图30　传顾恺之《洛神赋图》中的洛神形象
　　　　故宫博物院藏
　　从这幅画中可以清楚地看出东晋南朝服装的特点。

　　隋唐以后，画家们更进一步通过形态、表情来揭示人物的内心世界。一般来说佛陀作为崇拜的对象，保持着一贯的庄严而慈悲的形象，在菩萨的形象上则表现出不同的个性。如第172窟北壁观无量寿经变中的菩萨，她们或神情专注，听佛说法；或相互窃窃私语，而目光顾盼；或手舞足蹈，欢喜踊跃状……不一而足。又如第217窟龛两侧的观音和大势至菩萨，穿着华丽，神情雍容，体现出唐代贵族妇女的面貌。第159窟的菩萨像，如温婉的少女，无限妩媚。唐代画家往往通过对眼睛的刻画，传达出不同的表情，或沉思，或喜悦，或回眸含笑，或开心得意。一举手，一投足，不同的姿态，不同的风韵。

天王力士的形象威武勇猛，但已不像早期壁画那种脸谱化了的夸张表现，而更注重写实性，仿佛现实生活中的将军形象，既有神的一面，又有真实可感的一面。佛弟子一般表现为僧人的形象，其世俗性更强，早期壁画中已经塑造了迦叶、阿难这一老一少僧人的类型。唐代壁画中佛弟子的形象更为丰富，如第217窟龛内迦叶的形象，通过头部的脖颈的线描表现老僧的形象，同时似在说话的嘴形和那双炯炯有神的眼睛，则表现出他睿智的精神（图31）。另一位弟子则在闭目遐思，好像正参禅入定的精神状态。

供养人形象多表现其虔诚恭敬的神态，但唐代以后一些世家大族的供养人像形象高大，表现出达官贵族们的风度。

总之，唐代的人物不仅面容、体形姿态各异，还通过人物表情的细腻刻画来反映内心的精神世界。人物表现由早期的类型化表现进入了个性化表现时期，出现了大量不朽之作。五代以后，敦煌地方政权偏安一隅，与中原的交流受阻，石窟壁画由沙州画院的画工们制作，形式化严重，人物形象失去了生气。西夏、元代虽然在敦煌开凿的洞窟不多，却出

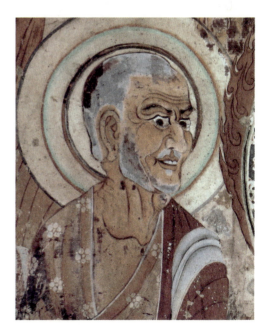

图31 佛弟子 莫高窟第217窟西壁龛内 盛唐
　　这幅佛弟子的形象，虽有一些变色，但可看出唐代人物画的线描与色彩表现，以及对人物精神面貌的刻画都达到了极高水平。

现了一些新型的人物形象和表现手法，代表了敦煌晚期石窟艺术的新成就。如榆林窟第3窟文殊变、普贤变中，以多种线描手法，表现出不同个性的人物，各具风采。

在敦煌壁画中还有一种人物造型，表现人体的动态和韵律，表现出一种流动之美，这就是飞天和伎乐的造型，这部分内容将在第五讲《飞天的艺术》中详谈。

2. 线描与色彩

线描是中国绘画的基本艺术语言，也是敦煌壁画造型的主要手段。

敦煌北朝壁画通常先作起稿线，然后上色，最后还要画一道定型线，这是传神的关键，所以也叫提神线。早期壁画中多用铁线描，这是西域传来的手法，线条较细，但要表现出强烈的力量，所谓"曲铁盘丝"的特点。西域式的画法还在于注重晕染，通过细腻的晕染来造成立体感，表现肌肤的细微变化。这种晕染法通常沿轮廓线向内染，边沿部分颜色较深，高光部分颜色浅。在鼻梁、眉棱、脸颊等部位往往先施白色，再以肉色相晕染，形成明暗关系。由于褪色和变色的原因，北朝时期大部分绘画中，晕染的过渡关系变得模糊，变成了粗黑的线条，给人以粗犷的印象。而脸部往往高光部分的白色却留下来了，鼻梁和眉棱的三处白点像一个小字，有人把它称作"小字脸"（图32）。其实当时并非如此，我们从第275窟、第263窟等洞窟中的部分颜色没有变化的壁画中可以看出绘画之初的面貌（图27）。这种西域式的佛像表现手法是北朝时期壁画的主流。

中国汉以来的绘画注重线描，但与西域式的线描不同。西域式的画法可以说线描是为形象服务的，只要造型能够成立，线描本身并不

图32　北魏壁画人物晕染　莫高窟
第254窟北壁　北魏

早期壁画主要采用西域式晕染法，沿人物轮廓线由浓到淡晕染，在鼻梁、眉棱等处先以白色打底，以表现高光。但由于变色，现在轮廓线部分均已变黑，而白色的底色却保存下来，形成了"小"字脸的效果。

重要。所以，比起线描来晕染占有更重要的地位。而在中国传统绘画中线描本身具有重要的意义，线描不仅仅是造型的手段，线描本身的流动性也要表现出美来。六朝画家谢赫在他的"六法"论中，第一是"气韵生动"，第二是"骨法用笔"。"气韵生动"，强调画面或形象整体所反映出来的精神、韵味；"骨法用笔"就是指线描中要表现出"骨气"和力量，使线描本身也散发着生命的气息。画史上说陆探微的绘画"笔迹劲利，如锥刀焉"，就是指那种力量饱满而气势流畅的线描。通过这样饱含着力量（骨气）的线条，塑造出的人物便充满了勃勃生机，所谓"凛凛然有生气"。魏晋南北朝，经过顾恺之、陆探微等画家们的努力，线描造型成为中国绘画的主要手段。这一方法也随着中原风格的传入而影响到了敦煌，我们从西魏时代的第285窟、249窟就可以看到以这样挺拔的线描绘出的人物、动物等形象。第285窟北壁的一些供养人形象，还可以与现存传为顾恺之的《洛神赋图》中的形象相媲美，其造型风格如出一辙。

与此同时，中原式晕染法也悄悄进入了敦煌壁画。中原式晕染法与西域晕染不同，主要是一种装饰性晕染，通常在人物面颊和眼圈部分施以粉红或其他颜色，所谓"染高不染低"，与西域式的"染低不染高"正相反。中原式晕染法在西魏北周时期流行于敦煌壁画，同时也开始了与西域式晕染法的结合，特别是北周至隋代的壁画中，往往同一人物同时采用两种晕染法。

隋唐以后的绘画中，线描与晕染并重，而晕染既不同于西域式晕染法，也不同于西魏以来的中原式晕染法，是根据人物的形象和动态，更为灵活的晕染，使画面更富于写实性。隋代第276窟的维摩诘像，就是线描造型的典范之作，画面色彩简淡而突出线的作用，衣纹线粗壮而流畅，转折处刚劲有力，甚至面部的胡须也显得"毛根出肉"，写实而又富于美感。

唐代线描技法得到了长足的进展，以吴道子为首的唐代画家们创造了多种线描技法，使中国绘画的造型技法十分丰富。被称为"吴带当风"的兰叶描成为表现力最为丰富的一种技法，在敦煌唐代壁画中十分流行。由于线描在造型中占着重要的地位，为了不破坏线描的效果，往往采用减淡颜色以突出线描的神气，甚至有的地方不加彩绘，形成类似白描的效果。如第103窟东壁维摩诘经变中的维摩诘形象就以力量充沛而又富于变化线描，表现出维摩诘滔滔雄辩的精神状态。除了维摩诘的衣服部分有一些色彩外，大部分不施彩色，却显得神气一贯，富有感染力（图33）。

图33　维摩诘像　莫高窟第103窟东壁　盛唐
这身维摩诘像是唐代以线描造型表现人物的优秀作品，线描强劲有力，造型生动，突出人物的精神风貌。

维摩诘下部的各国王子形象也多用白描画出，线描艺术在这里达到了极高的水平。线描不仅仅是用以造型的技法，线描本身的力量、流动之美也表现着一种气韵、一种精神。在莫高窟第 103 窟、217 窟、159 窟、158 窟、112 窟等唐代的代表洞窟壁画中，都可以看到线描艺术的成功之作。五代以后，转折强烈，更富于书法气息的折芦描等方法也开始流行于壁画中，西夏榆林窟第 3 窟壁画文殊变和普贤变、元代莫高窟第 3 窟《千手千眼观音经变》等则融汇了多种线描手法，代表了晚期线描艺术的新成果。

北魏洞窟的装饰色彩多以土红为底色，配以对比强烈的石青、石绿、黑、白等色，构成一种热烈的庄严的宗教气氛。西魏以后，受中原绘画的影响，出现了一些以粉白为底色的洞窟，显得色调轻快而明净，如第 249、285、296 等窟的窟顶装饰，有明朗而飘逸的特征。但北周和隋代的大部分洞窟恢复了以红地为主的装饰风格，由于洞窟空间扩大，形成严整而庄重的装饰特色。唐代以后，洞窟的装饰色彩无限丰富，不再以某一种色调为基调，而是多姿多彩，自由表现。正如鲁迅所说："在唐可取佛画之灿烂。"说明了唐代佛教壁画色彩的重要地位。中国传统的用色并非写实，而是装饰性表现。除了洞窟藻井、边饰等图案外，大型经变画、人物画中的色彩也大多具有装饰性。如菩萨、飞天等形象的衣服纹样的色彩，就不一定是真实的，而往往是为了绘画中的色彩需要而点缀的。唐代壁画多用石青、石绿、土红等色，这些宝石一般的色彩，使画面显得高贵而华丽。尤其是菩萨身上装饰的璎珞珠宝等，处处点缀着华美的宝石，令人感受到佛国世界的美妙境界。

盛唐以后，著名画家李思训创造的以石绿色为基调的青绿山水曾风靡全国，敦煌石窟中也出现了不少青绿山水画的作品，如第 217 窟南壁和第 103 窟南壁的经变画中，都画出了青绿山水（图 19）。第 332 窟、148 窟的涅槃经变也是以大面积的青绿山水为背景而表现的。这样大规模的山水景物，在壁画的装饰上也占有突出的作用，石绿色与适当的石青和金色配合，会产生高雅而富丽的气氛，它与土红等很多暖色调也十分协调。这种协调性极强的颜色，深受当时画家们的喜欢。中唐以后，石绿色便逐步成了壁画的主调，尤其是到五代宋以后，石窟壁画的基调差不多都成了石绿色。

3. 空间的构建

对空间的认识与表现，可以说是中国人传统审美意识中的一个最有特色的方面。中国之所以能从很早的时候就开始欣赏山水画，从某种意义上说，就在于对空间十分在意的审美思想。关于敦煌壁画的空间表现，本书将在第七讲《敦煌壁画与中国画空间构成》作详细探讨，以下仅述其要。

先秦时代的绘画我们很难看到了，但从《诗经》等文学著作中，是可以感受到人们对于一种自然空间形成的美感的认识。如：

> 蒹葭苍苍，白露为霜，所谓伊人，在水一方。
>
> 溯洄从之，道阻且长，溯游从之，宛在水中央。
>
> ——《诗·秦风》

这首脍炙人口的古诗里，一句"在水一方"，意境十分深远。因为在水的一方，由这种距离而产生的若即若离的美感，让人回味无穷。在屈原的《离骚》《九歌》等诗中，同样可以看到写景的诗句，通过风景来表现思想情感的写法，汉代乐府诗中也有大量以景来表现作者情感的诗句。如：

> 青青河畔草，郁郁园中柳，盈盈楼上女，皎皎当窗牖。
>
> ——《古诗十九首·青青河畔草》
>
> 涉江采芙蓉，兰泽多芳草，采之欲遗谁，所思在远道。
>
> ——《古诗十九首·涉江采芙蓉》

我们从这些文学性的描写中，似乎可以看到一幅幅富有田园气息的风景画，从这些风景中也看到了人物，是人物与景物相交融富有情趣的画面。而这种由于一种远观的距离所形成的美感，在中国传统的审美意识中特别受到重视。

　　由此，我们可以理解在汉代大量的画像砖画像石中就出现了很多表现风景的画面，如四川出土的画像砖《采莲、射猎》（图34），通过一道弯曲的河岸，表现由远及近的河流，左侧河中有两只船，船中的人物在采莲。右侧岸上的人物正在弯弓射箭。同样四川的画像砖《集市图》中，则通过房屋建筑形成远近的空间，表现出人物活动的场所。即使是以表现人物为主题的《乐舞百戏》（山东出土）等画像砖，也要通过人物的斜向排列组合而构成一种空间关系。总之从汉代绘画中，我们可以看出艺术家总在努力表现一种空间关系，这种表现的愿望甚至远远超过了对人物自身表情、动态的表现。

图34　汉画像砖　采莲、射猎

　　画面左侧表现乘船于水中采莲的场面，右侧一人弯弓搭箭，正在射鸟。中央有曲折的河岸线，具有一定的远近空间感。

　　如果与古代叙利亚、古印度艺术相比较，我们就可更清楚地看到这种差异。如一件古代叙利亚浮雕的攻城图，人物排成斜向，由低到高，象征城墙的走向。人物大多是剪影式的前后排列。尽管人物很多，景物刻画也很细，但看不出纵深的空间来（图35）。又如古印度的山奇大塔门上表现降魔的主题，众多的魔军在与释迦牟尼较量中失败而仓皇逃走的状况。人物密密麻麻地排列着，画面十分拥挤，看不出前后的空间感。即使是表现人物在一些景物前面，也会把人与树木、房屋拥挤地排

图35　古代叙利亚　浮雕　攻城图　公元前7世纪

　　图中以弧形并列表现山峦，攻城的人物也是一个个排列，没有前后的空间感。艺术家还没有找到表现远近空间的方法。

在一起（图36）。这一点在阿旃陀壁画中也同样，我们找不到类似中国绘画那样的空旷的画面。

图36　须达拿本生　山奇大塔浮雕　公元1世纪

浮雕中人物密密排列，没有表现出空间感。

　　所以，对空间表现的喜爱与追求，可以说是中国绘画传统中的一个突出特征。而这一特征就在佛教艺术的表现中得到了长足发展。因为佛教壁画中要表现故事画、经变画，要表现人物众多的大场面，其中的空间处理则充分展示了中国画家的特长。

　　北魏晚期以后，中国式注重空间处理的构图方法开始出现在故事画中。把人物放在一定的背景之中，表现人物的同时，也表现山水风景。如第 285 窟南壁的五百强盗成佛故事画中，斜向排列的山峦使人感到形成了近乎三度空间的深度（图 37）。

　　隋唐以后经变画的兴盛，标志着中国画空间构成的成熟。经变画一般规模较大，往往一铺经变就画满一壁。特别是以表现净土世界为主的经变画（如阿弥陀经变、

图 37　五百强盗成佛故事　莫高窟第 285 窟南壁　西魏
　　画中山峦斜向排列，人物也呈斜向排列其间，表现出空间的关系。在佛座下面还描绘有山峦、树木、水池、鸟兽等形象，反映了强烈的山水画意识。

观无量寿经变、法华经变、弥勒经变、药师经变等），以佛说法场面为中心，在佛周围描绘华丽的殿堂楼阁和宝池平台，或者描绘山水风景。画家以丰富的环境，烘托出一个理想的佛教世界。虽说是理想的世界，但其中的一山一水，和无数楼阁连同其中的佛、菩萨、伎乐、飞天等等，却是那样真实可感。

这是对空间的设计，说法和舞乐的场面都离不开建筑的背景，通过这些建筑背景就表现出远近空间的关系来了。初唐的经变画往往按水平线分成三部分，中段是说法场面；下段描绘净水池和平台，平台上往往有乐舞形象；上段象征天空，有飞天等形象。使人感到空间的无限辽远。盛唐的经变画以中轴线为中心对称构图，两侧的建筑等景物形成的斜线与中轴线相连，形成像鱼骨那样有规律的排列形式，造成了一定的透视感。盛唐第 172 窟南北壁的观无量寿经变就是典型的例子（图 14）。比起科学的透视法来，它还不完善，但在科学的透视法还未发现之前的 8 世纪，这样的构成就是表现空间远近关系最有效的办法。欧洲从 13 世纪开始研究远近表现的方法，到了文艺复兴时代产生了科学的透视法。可是在中国 8 世纪前后就已产生了鱼骨式的处理方法，大大地推进了空间关系的表现。

除了建筑以外，在不少经变画中也以山水为背景，或在建筑物周围描绘一定的山水树木，把建筑物没有完成的一些空间补充了出来。中唐以后综合处理山水与建筑的经变画较多，通常建筑物作为近景，山水作为远景，把远近空间有机地联系起来。

盛唐以后弥勒经变往往以山水背景来表现，如第 445 窟北壁、第 446 窟北壁的弥勒经变都是以山水为中心而描绘出来的。在中央部绘出须弥山，山上绘出宫殿，象征须弥山和兜率天宫的景象。第 33 窟南壁、第 446 窟北壁的弥勒经变形成了新的山水空间。中心仍然是须弥山，但在周围绘出绵延的小山，仿佛从宇宙的高空向下俯视的远景山峦，给人以无限远、无限辽阔的空间感（图 38）。须弥山作为远景置于画面上部，而近景中则表现儴佉王及眷属剃发出家以及嫁娶图、耕作图等场面。这些富有人间生活气息的场面显得十分写实，而空间处理的成功，也使画面具有写实性，把须弥山的世界（天国）和人间世界这两重世界统一在一个画面中了。

图 38　弥勒经变中的山峦　莫高窟第 446 窟北壁　盛唐

这些山峦仿佛是从极高的视点所观察到的景象，反映了唐代山水画的一个特点。即所谓"以大观小"的表现方法。

　　法华经变往往单独描绘化城喻品，表现出相对独立的山水风景，如第 217 窟、103 窟的化城喻品表现较为成功，充分反映了唐代青绿山水的成果。

　　其他的经变画中，以山水风景为主体的还有金刚经变、楞伽经变、报恩经变等。金刚经变也是中唐以后才流行起来的。通常描绘以巍峨的须弥山为中心的景观。如中唐第 369 窟南壁的金刚经变，中央是金字塔式的山峰，具有一种震撼人心的力量。

　　唐代经变画反映了中国画空间表现艺术的重大成果。经变表现的是佛国之境，然而，这些建筑、山水则是人间的风景，它反映了中国人对风景审美的需要，说明了唐代由于山水画、建筑画的流行，这样的审美风气也渗透到了佛教艺术中来，画史记载吴道子、李思训等画家们都曾在佛寺中创作山水画，敦煌壁画中的山水画也为画史提供了可感的形象资料。

　　以上仅从人物画、线描与色彩、空间构成三个方面，简要说明了敦煌壁画反映出的中国古代绘画的突出成就。应当指出的是，敦煌壁画所包含的艺术价值是远远不止这三个方面的，从中国绘画发展史的角度对敦煌壁画做深入的研究和挖掘，还有大量的工作要做。我们期待着更多的学者以新的思维方式，新的科学手段对敦煌壁画进行更加深入的研究。

敦煌壁画风格

　　佛教于东汉时期由印度经中亚沿丝绸之路而传入了中国，作为一种外来的宗教，它所信仰的教义、崇拜的偶像以及为表现宗教的教义而制作的雕塑、绘画等等，都来源于印度。但是当佛教传入中国时，在印度已经过了数百年的发展，并由佛教的中心地向全印度传播，由印度向周围国家和地区传播，在这漫长的传播过程中，不仅佛教的教义在发展和完善，佛教艺术也在各地不断地产生变化。

　　佛教传自印度，佛教艺术也同样由印度传入中国，这似乎是自然而然的事。然而，文化传播绝不会像某种商品传来供人使用那样简单。由于艺术品是艺术家创作而成的，除非是直接由印度而来的画家才可以原样地制作，如果是由本地的画家按印度传来的图样绘制，则无论如何都会跟原作有差距的，而且当同样的内容和画法再传与别人或者别的地方时，这种差距无疑是在不断地扩大。当然，这种与原作差距的扩大，可能会存在两种情况，一种是由于画家对原作的风格、技法理解不深、或者是技术水平的原因而形成了差异；另一种则不是技法水平的原因，而是画家有意按自己的风格或者是观众希望的风格进行改变，从而形成新的风格。

　　所以，当佛教艺术由印度经过漫长的中亚地区，传入我国西部的新疆一带时，根据地方文化的差异，已经形成了一定的地域特点。这些本来就带有地域差别的佛教艺术在传入汉民族地区以后，又由于种种契机，在各地形成了不同的风格特征。同时，随着时代的变化，随着与中国本民族艺术的融合，而形成了不同时代的风格特征。这些造成了佛教艺术在中国各地的无限多样性，单就敦煌石窟来看，在一千多年的发展演变中，我们就可以看出色彩纷呈、丰富多样的时代特征。

　　"风格"这一概念，常常给人一种笼统、模糊之感。特别是在美术史研究中，比起"风格"来，从形式分析着手，会给人更为明确之感。但是，作为艺术的风格确实是存在着的。如果我们把美术的形式特征分解为最小的因素，作为"形式"的话，由这些"形式"相配合而形成带有规律性的表现特征可称为"样式"，样式不是单纯的某一种形式，而是组合了几种形式来表现某种富有个性的思想。当一种美术在特定的时代或者特定的地区总是出现某些"样式"，从而形成了某种明显的时代性、地域性或者作者的个性，那么，这就是风格。所以，我们可以说"隋代风格""唐代风格"，也可以有"犍陀罗风格""龟兹风格"。比起一个具体的形式特征来，虽然有些笼统，但风格正是我们认识和把握一种艺术的基本点。为了避免风格这一概念过分宽泛而无法把握其特征，我们常常要在范围上加以限定，比如"中原风格"这一概念，在南北朝到唐宋漫长的时代中绝不是一成不变的，如果不限定某一特定时期，乃至特定的区域（比如是长安附近还是洛阳附近或者是山东一带等），就会使人如坠五里雾中。所以，本文主张在明确了作为艺术"形式"或"样式"特征的前提下，审慎地使用"风格"这一概念。

一　来自印度或西域的样式

北凉至北魏时代的绘画主要受西域壁画的影响，佛、菩萨较多地体现着西域式的形象特征。佛和菩萨多为正面形象，只有药叉、伎乐飞天等次要的神格和世俗人物出现侧面像。北凉第272、275窟、北魏第251、254等窟的壁画中，人物的比例合度，形体健壮，菩萨的身体多呈"S"形弯曲，上身半裸，下着长裙（图27、39）。飞天和药叉动作幅度较大，充满力量感。

图39　西域风格菩萨　莫高窟第272窟
龛内南侧　北凉
菩萨身体呈"S"形弯曲，面部与身体以西域式晕染法表现，具有强烈的西域特征。

除了单个造型来自西域的影响，在一些画面的构图样式方面也有从西域壁画中模仿的情况。如第257窟的须摩提女因缘故事画。这幅画在西壁北侧和北壁的下半部，以长卷式画面表现，画面开始为须摩提女在楼上礼拜请佛，其后，佛与众多弟子纷纷而来。图中以大量的画面表现佛弟子们一一前来的状况：乾荼背负大釜及炊具；均头沙弥化五百花树；般特乘五百青牛；罗云乘五百孔雀；迦毗那乘五百金翅鸟；优毗迦叶乘五百龙；须菩提乘五百琉璃山；大迦旃延乘五百白鸽；离叶乘五百虎；阿那律乘五百狮子；大迦叶乘五百马；目犍连乘五百象而来，最后才出现释迦与众弟子。这样的布局表现，以及各弟子及乘骑的样式基本上与克孜尔第224窟窟顶的表现是一致的（图40、41）。只是在克孜尔石窟中没有明确地画出长卷形式来，而敦煌壁画中表现须摩提女所在的房屋成了汉式的建筑形式。

图40　须摩提女因缘　莫高窟第257窟北壁　北魏

图41　须摩提女因缘　克孜尔石窟第224窟窟顶

须摩提女因缘故事画，突出地渲染佛与弟子们乘着神兽从天而来的场面。敦煌壁画中这一表现样式与克孜尔石窟同一题材的画法完全一致。

①樊锦诗、马世长：
《莫高窟北朝洞窟本
生、因缘故事画补
考》，《敦煌研究》
1996年1期。

又如第254窟南壁的萨埵太子本生故事，表现萨埵太子躺在地上让虎吃他的场景，也可以从克孜尔石窟壁画中找到类似的表现手法（图42、43）。第428窟东壁的独角仙人故事画，画面选取了淫女骑在独角仙人脖子上，向城中行走这一情节来表现。在克孜尔石窟第17窟、第69窟壁画中均有同样的表现，说明敦煌壁画直接从龟兹壁画借鉴了这样的形式。①在印度的山奇大塔的北门横梁上也可以看到同一内容的浮雕。

图42　萨埵本生　莫高窟第254窟南壁　北魏
　　采用单幅构图的形式，异时同图，故事的几个情节交织在一起表现。这是莫高窟早期壁画中较有代表性的一例。

图43　萨埵本生　克孜尔38窟

图中的萨埵太子从山崖上跳下，然后躺在老虎旁边让
虎吃他。这样的表现形式完全被敦煌壁画所采用。

　　最近，有关睒子本生故事画的研究也表明，睒子本生故事画
从印度到西域以至中原的石窟都有表现，而敦煌壁画第299窟采
用了横卷式的表现手法，既有印度、西域的特征，也可看出吸取
了中原的表现手法。[①]

　　总之，从人物的造型以及故事画的一些构成形式来看，来自
克孜尔石窟为代表的西域风格是很明显的，有的地方还显示出印
度本土的特征。

　　中国在汉代以前的绘画注重线描造型，而在用色上比较简单，
一是色彩较单一；一是涂色的方法简单，往往是平涂而不分浓淡。

①东山健吾：《敦
煌石窟中本生故事
画的形式——以睒
子本生图为中心》，
载成城大学大学院
文学研究科《美学
美术史论集》第十
四集（东山健吾教
授退任纪念专辑），
2003年3月。

从敦煌壁画中可以看出一开始就以重色晕染，沿人物的轮廓线用重色晕染，中央部位则较淡，从而形成了一定的立体感。这一技法最初是来源于印度的。在印度现存的阿

图44　阿旃陀壁画的人物晕染　阿旃陀第2窟
壁画中人物面部的晕染法，可以看出敦煌早期壁画晕染法的来源。

旃陀石窟第2窟、第17窟等窟中还可以清楚地看到人物晕染的状况（图44）。如果仔细比较阿旃陀壁画与敦煌早期壁画的人物晕染技法，我们还是可以看出其间相当的差异：印度壁画是为了表现人物的立体感而根据人体的形状进行写实性的表现，通过晕染以体现出人物立体的效果；而相比之下，敦煌壁画的晕染多少有一些概念化的倾向，只是沿人物轮廓画出一道重色，从重色到淡色的过渡是机械地过渡的，往往不能根据人物的形态加以变化。如第272窟西壁的供养菩萨（图39），由于变色，使我们更清

楚地看到每个菩萨的形象都是头部有一圈、身体一圈重色晕染的效果，这样的晕染表现出的不是完全写实的立体感，而只是相对于平面的绘画形成某种立体感。

如果比较克孜尔石窟的壁画艺术，就会发现敦煌早期壁画的晕染与克孜尔壁画更为相似，在古龟兹地区（今新疆库车地区）现存有克孜尔石窟、森木塞姆石窟、库木吐拉石窟、克孜尔尕哈石窟等多处石窟群，保存了公元3～9世纪的大量壁画。由于龟兹地区位于中国西端，是中国首先受到印度影响的地区，然而印度的壁画到了龟兹地区却逐渐形成了与印度有别的用色厚重，具有装饰性晕染，比起印度更带有平面特征的壁画风格。这种风格在敦煌早期壁画中体现较多，在一千五百年以后的今天，大多变色严重，形成了线条粗犷或"小字脸"等奇特的形状（图32）。

二　魏晋以来的中原绘画风格

中原艺术的影响一方面表现在当时中原流行的神仙思想进入了佛教石窟，神仙的形象与佛教形象并列在石窟壁画中了。

在西魏第 249 窟窟顶南披画的是西王母及其侍从，北披画东王公及侍从。东王公和西王母是中国传统的神话题材，根据《山海经》和《穆天子传》等书的记载，周穆王曾到西海会见西王母，这大约是中国皇帝最早与西方的接触，这件事在中国历史上影响很大。在汉朝的画像砖、画像石以及墓室壁画上都画有东王公与西王母的形象，形成了绘画上的传统。当这一内容出现在莫高窟时，又增加了一些新的时代内容：画面上东王公乘龙车，前有仙人引导，周围还有羽人、飞天等；与他相对的西王母乘凤车，周围有飞仙、开明、文鳐等神兽。在窟顶东壁画出两个力士托着摩尼宝珠；下方画有朱雀、玄武，这是古代表示南方、北方的神兽。在东、南、北三披分别画有天皇、地皇、人皇的形象，西披画的是阿修罗王，两侧又画出风、雨、雷、电四神。这样就把中国传统的神话内容与佛教内容完美地结合在一起了。在画法上则利用飞动的云朵和纹饰，着力渲染一种飘飘欲仙的动势，造成一种满壁飞动的效果。

第 285 窟是敦煌石窟中最早有明确纪年的洞窟，窟中有大统四年（538 年）和大统五年（539 年）题记。窟顶画法与第 249 窟有些接近，都有飞动的彩云和各种传说中的神怪。东披画的是伏羲和女娲。伏羲、女娲是中国传说中开天辟地之神，从先秦到两汉以来，都把他们作为神仙来看待，特别是汉晋以来的墓室壁画中往往要画出伏羲、女娲的形象，表现出当时的人们希望死者能成为神仙，能到伏羲、女娲的天国。在第 285 窟的壁画中，伏羲女娲的上半身是人形，下半身是兽形（图11），这与汉朝绘画中的形象一样。伏羲手持规，身上有一圆轮，内有金乌，象征太阳；女娲持矩，身上圆轮内有蟾蜍，象征月亮。周围也画有风、雨、雷、电四神和天皇、地皇、人皇等神。

敦煌石窟直到北周、隋代的石窟中还常常出现东王公、西王母的形象。这些中国的神仙进入了佛教的石窟，说明佛教在接受中国传统思想的内容，以利于自身的传播。

北魏以后，佛教石窟在中国北方进入繁荣发展的时期，在南方正是中国绘画发展的一个高潮，东晋以来，顾恺之、陆探微等一批画家在南方十分活跃，顾恺之还在佛寺中绘制壁画，画史载顾恺之在瓦官寺画维摩诘像，有"轻嬴示病之容，隐机忘言之状"。他所表现的维摩诘是带有病容和清瘦的形象，在当时很受欢迎。

东晋、南朝时代，南方贵族阶层崇尚清谈和神仙思想，对那种身材清瘦、飘飘欲仙的人体形象有特别的爱好，这在当时和后来的文献中多有记载，如：

> 王丞相见卫洗马曰：居然有嬴形，虽复终日调畅，若不堪罗绮。
>
> 卫玠从豫章至下都，人久闻其名，观者如堵墙。玠先有嬴疾，体不堪劳，遂成病而死。时人谓"看杀卫玠"。　　——《世说新语·容止》

当时的人喜欢清瘦，甚至把病态的嬴弱的身体也看作是美。于是在绘画中自然在表现清瘦之美，称作"秀骨清像"。又由于当时汉民族的服装都穿得比较复杂，尤其是贵族们为了表现自己的身份地位，对衣着也十分讲究，就是所谓"褒衣博带"。在绘画中则为了表现飘飘欲仙的形态，更加强调衣带的飘举。从传为顾恺之的《洛神赋图》中，我们可以看到通过衣裙和飘带的陪衬，表现出洛神飘然在云端的形象（图29）。东晋至南朝，这样的人物形象十分流行。虽然像顾恺之、陆探微这样的名画家真迹已经不存，但从一些考古发现中我们还是可以看到当时的绘画风格。如南京附近出土的砖雕《竹林七贤及荣启期图》等（图45）。

从北魏到西魏，由于孝文帝的改革，作为统治者的鲜卑民族开始全面学习汉民族的先进文化，从政治制度到语言、服饰等等，特别是迁都洛阳以后，更加速了汉化的进程，南方的艺术以及南方的审美精神也影响到了北方，龙门石窟雕刻中出现了具有南方"秀骨清像""褒衣博带"特色的中原风格。敦煌则是在西魏以后，接

图45 南朝画像砖 竹林七贤及荣启期图 南京博物院藏
画像砖表现东晋隐士们在树林间清谈，一幅闲适的文人气氛。

受了传自中原的造型风格，出现了人体比例修长、身材苗条、眉目清秀、嫣然含笑、动作飘举、衣裙飞扬如神仙般的形象。在技法上则注重线描，色彩简淡，不重立体感，而追求一种平面的装饰性，这是当时追求的一种形式美，在人物造型上是汉代以来中国传统艺术的新发展。

如在第249窟南、北壁说法图中，佛站在中央莲台上，两旁各有2身菩萨、2身飞天。靠上部的2身飞天穿着宽袍大袖，身体轻盈，是中原式的飞天；靠下部的2身飞天则体壮有力，是西域式的飞天（图46）。最有意思的是在佛的上部画出的华盖：南壁说法图上华盖中间装饰有饕餮形象，两侧各有一条龙；北壁图中华盖中央也有饕餮，两侧各有一只凤。龙、凤及饕餮都是中国特有的装饰图案，这里的装饰形象，与窟顶一样，是民族传统的内容与外来佛教的结合。

第285窟北壁画了八铺说法图，东壁则有两铺说法图，令人瞩目的是图中的佛像、菩萨及其装束与北魏时期大不一样了：早期的菩萨往往上身不穿衣服，仅披璎珞、飘带，体格健壮；而这里的菩萨个个身材苗条，面庞清瘦，双目炯炯有神，他们都穿着宽袍大袖的衣服，再加上丰富的飘带，更显得衣饰繁富（图47）。在北壁

图46　说法图　莫高窟第249窟南壁　西魏
中央立佛像，两侧各有二菩萨，上部左右两侧各有二飞天。上部的飞天着长袍大袖，为中原式；下部的飞天上身半裸，着短裙，为西域式。

西侧的一身女供养人是一个贵族妇女形象：她一手执香炉、一手托莲花面佛而立，头梳双髻，眉清目秀，面染胭脂，身穿大袖襦，腰束蔽膝，两侧缀旒与披巾拂起，有飘飘欲仙之感（图29）。在炳灵寺第169窟的壁画中也有类似的形象，是典型的南朝绘画风格影响的产物。

注重对山水景物的表现，也是来自南朝的风格。魏晋南北朝时期，是我国山水诗山水画产生的时代，文人士大夫崇尚老庄思想，流连于大自然，寄情于山水风景，在当时蔚然成风。王羲之等文人在兰亭聚会，吟诗唱和，不仅留下了动人的诗篇，还留下了著名的书法作品。此外，文人们对山水的欣赏，常常见诸文字，如：

简文入华林园，顾谓左右曰：会心处不必在远，翳然林水，便自有濠濮间想也，觉鸟兽禽鱼，自来亲人。

顾长康从会稽还，人问山川之美，顾云：千岩竞秀，万壑争流，草木朦胧其上，若云兴霞蔚。
　　　　　　　　　　　　　　　　　　　　——《世说新语·言语》

即使是对人的评价也往往用山水来比拟，如：

山公曰：嵇叔夜之为人也，岩岩若孤松之独立，其醉也，傀俄若玉山之将崩。
　　　　　　　　　　　　　　　　　　　　——《世说新语·容止》

在这样的社会气氛下，绘画中表现山水就是一种流行风气。山水画家宗炳曾结

图 47　说法图　莫高窟第 285 窟东壁　西魏
佛与菩萨都面庞清瘦，着深衣大袍，表现出南朝士人的风度。

庐于衡山，尽情地享受山水之美，后来有病返回江陵，便在居室的四壁画出山水风景，说："老病俱至、名山恐难遍游，唯当澄怀观道，卧以游之。""卧游山水"成了绘画史上的美谈。而中国士大夫们这种欣赏山水的风气，也同样影响到了佛教的石窟中。在印度及中亚一带的佛教艺术中，不论是佛像或故事画，都没有山水风景作背景的，虽然有时为了表现佛传或者本生等故事中讲到的山峦或树木，但都是人物为主，景物只具有象征意义。而在敦煌壁画中却出现了很多山水的因素。如第285 窟南壁画的是五百强盗成佛的故事。故事说一群强盗经常抢劫，后被官兵收捕，处以极刑，有的剜眼，有的割鼻，他们在树林中痛苦哀号。这时，佛从天而降，给他们说法，使他们悔悟而争相皈依，佛就从天上洒下神药，使他们的伤口愈合、眼睛复明。故事以长卷式连环画来表现，从左至右绘出了官军与强盗作战，强盗被捕、受刑、山中流放，佛为其说法，五百强盗皈依等情节。画家不仅画出了人物，而且对周围的环境也很注意，画出了高大的楼房，远处的山峦、树木和水池，以及在山中的禽兽等。特别是佛为强盗说法的场面，画出了山丘环绕的水池，池中绿水荡漾，还有鸭子、鹭鸶等水禽；山中可见鹿子、狐狸等兽类；在佛的身后是一片翠竹（图37）。如果抛开故事内容，那么，我们看到的完全是一幅情趣盎然的山水画。这种在故事画中表现山水的做法在西魏、北周至隋的壁画中一直延续下来。

在第249窟和第285窟的窟顶本来是表现天界的景象，但在窟顶四披的下部，则画出了山峦树木的景象（图9），似乎是以下部的山水风景——这种人间的景象来衬托其上的天界景象，于是就产生了一种宇宙的空间感。这就是中国绘画的重要特点之一，这是印度及中亚的艺术中所没有的空间感。关于壁画空间构成的问题，将在本书第七讲《敦煌壁画与中国画的空间构成》中详述。

三 中原风格的变化与敦煌壁画风格演变

从北魏晚期到西魏时期由中原传来的新风格似乎没有维持很长时间，到了北周时代，西域特色的造型再次出现在敦煌壁画之中，如第428窟的佛、菩萨像脸形浑圆，比例适中，色彩晕染厚重（图48）。与此同时，西魏出现的中原式造型风格并未消失，而是在很长一段时间与西域式造型并存于洞窟中。这是由于在当时的中原绘画中也存在着多种风格。

在南北朝时期，传自西域的画法在中原地区也同样被一些画家所吸收和采用。如北齐画家曹仲达的绘画具有衣纹稠叠如出水之状，因而被称为"曹衣出水"。这样的手法其实是来自印度笈多时代佛像造型的风格，在南北朝佛教美术大兴的时代，印度式的佛像画法传入中国并不罕见。南朝的张僧繇曾采用西域传来的"凹凸法"在南京一乘寺绘制壁画，"远望如凹凸，就视乃平"，当时传为佳话，人们把一乘寺称做了"凹凸寺"。张僧繇的画法正是敦煌壁画北凉至北魏壁画中较为流行的西域式画法。六朝时期，张僧繇是与顾恺之、陆探微并称的著名画家，张彦远评价说：

图48　说法图　莫高窟第428窟北壁　北周
佛、菩萨的面部都因变色而呈黑色，仅鼻梁与眉棱、下颌为白色。菩萨上身半裸，长裙贴身，表现出西域风格。

"象人之貌，顾得其神，陆得其骨，张得其肉。"中国绘画讲究神韵，能够传神的艺术应是最高的，顾恺之的人物画在当时是评价最高的。陆探微的绘画很讲究用笔，所谓"骨法用笔"，就是指在线描方面的成就，他代表了以线描造型的传统绘画方法。而"张得其肉"，就是把人物身体表现出一种立体感而具有真实性。张僧繇就是吸取和融合了西域绘画技法而取得较高成就的。

顾恺之、陆探微的风格是注重用笔，人物形体清瘦，衣饰繁富，形成飘举的动态。以第249、285窟为代表的洞窟，可以说是大规模地接受了最新的中原式绘画风格。但是这种突然间的接受可能也伴随着一种不消化的因素。所以在同时或以后的别的石窟再没有出现像这样窟顶全部表现神仙思想的内容，以及人物形象过分清瘦，衣纹飘带形成尖角带有样式化的倾向。在北周以后的石窟中，我们看到中原影响实际上表现在绘画的线描造型技法、中原式晕染法、人物的写实性等深层次中逐步渗透。这一点可能与中原已开始流行张僧繇一派注重写实人物画有关。在莫高窟第290窟、

296 窟的绘画中，我们看到人物造型的笔法在逐渐成熟，如果说北魏时线条只是为了表现形态而绘，到了北周则可看出线条本身已具有了生命力，用柔软的毛笔画出带有弹性的线条，用笔的疾徐、力度的大小等方面都可以看出韵律感。这样，中国绘画中所谓"骨法用笔"，就通过线的表现而注入了生命，形成了中国特有的绘画艺术。

在故事画方面，西魏时期曾出现了画面开阔，注重山水景物的故事画，而在北周时期，所有的故事画都在严谨的长卷式画面中表现出来，山峦、树木在长条带状的画面中上上下下连续，既有作为背景的功能，又将全画面连成一体，在视觉上形成一种律动的效果，显得气氛活跃。比较麦积山第 127 窟窟顶壁画的萨埵太子本生、睒子本生故事画，就可以看出敦煌壁画的画法与中原式本来的画法是不同的，敦煌壁画中总是把故事画放在相对严格的一个长卷式画面中来表现，画面却又吸取了中原传来的山水树木画法，这一点反映了敦煌的画家在努力把来自中原的风格与本来的西域风格尽量调和，共存于洞窟中。

西魏到北周政权在与东面的东魏、北齐以及南方的梁朝相对抗的情况下，比较重视与西域的政治和文化联系，因此，敦煌石窟仍然在不断地接受着来自西域的影响，这种西域式和中原式两方面风格并存的局面一直延续到隋代。[①]在考虑北周多风格并存的局面时，我们应该考虑到当时中原地区的绘画也有多种风格并存的状况。从三国时期的曹不兴，东晋的戴逵、顾恺之到梁朝的张僧繇，北齐曹仲达等，在外来艺术随着佛教传入的影响下，已形成了多次重大的变化与发展。[②]而中原绘画的发展又或强或弱地影响了敦煌，所以在北朝晚期敦煌壁画中出现了多种风格并存的状况。

①参见赵声良：《莫高窟北周壁画风格》，《敦煌学国际研讨会文集·石窟艺术编》，辽宁美术出版社，1990 年。
② 参见陈传席：《中国早期佛教艺术样式的四次变革及其原因》，《敦煌研究》1993 年第 4 期。

四　隋代的新风格

隋代的敦煌石窟开凿达到了一个高潮，壁画内容也变得十分丰富，表现手法多种多样。北周就已经流行的长卷式故事画发展到了极致，规模更大，人物更多，表现得更细腻了。同时，新型的经变画艺术开始流行，如维摩诘经变、法华经变、弥勒经变开始占据洞窟较大的空间。

单就绘画特征来看，在北周就出现的中原风格与西域风格的情况，到了隋代则渐渐地相互融合，并形成了新的造型风格。既不同于西域式那种只强调晕染，不注重神采的造型，也不同于中原式那种只注重线描，不注重形体的概念化的造型，而是注重神韵并兼顾写实，以线描为主兼顾色彩晕染的写实主义的造型艺术。但相对来说，这一种风格在强调线描的情况下，色彩则用得简淡，甚至不加晕染，以第302窟、276窟等窟壁画为代表，有人把它称作"疏体"（图49）。而另一种来自中原的新风格，则是描绘细腻，色彩厚重，注意晕染和装饰性的绘画，以第419窟、420窟、427窟为代表（图50）。有人把它称为"密体"[1]。

图49　菩萨　莫高窟第276窟西壁　隋
菩萨上身着僧祇支，下着长裙，
线描流畅，用色单纯。

①李其琼：《隋代的莫高窟艺术》，《中国石窟·敦煌莫高窟（第二卷）》，文物出版社，1984年10月。

图 50　法华经变　莫高窟第 420 窟窟顶　隋
画面构图较满，色彩浓丽，房屋和人物表现细腻而精致。

张彦远的《历代名画记》曾记载古代绘画风格问题："上古之画，迹简意淡而雅正，顾、陆之流是也；中古之画，细密精致而臻丽，展、郑之流是也。"①这是在讲绘画发展的大的时代风格，比起隋及初唐的展子虔、郑法士的细密绘画来，以顾恺之、陆探微为代表的六朝绘画就显得比较简淡了。敦煌隋代壁画如果单从绘画的特征上来看，分为"疏体""密体"是比较容易理解的，但如果放在绘画史中来看，就与张彦远所讲的历史事实不符合了。但我们从《历代名画记》的记述中可以看出一点：具有"细密精致而臻丽"特点的所谓"密体"，确实是隋代以后才出现的新风格，是由展子虔、郑法士等画家们所创。

《历代名画记》引用了僧彦悰对展子虔绘画的评价：

　　触物留情，备皆妙绝，尤善台阁、人马、山川，咫尺千里。

对郑法士的评价则引用了李嗣真的话：

①张彦远：《历代名画记》卷一《论画六法》，人民美术出版社，1963 年。

伏道张门，谓之高足，邻几睹奥，具体而微，气韵标举，风格道俊。丽组长缨，得威仪之樽节；柔姿绰态，尽幽闲之雅容。至乃丰年时景，南邻北里之娱；十月车徒，流水浮云之势。则金张意气，玉石豪华。飞观层楼，间以乔林嘉树；碧潭素濑，糅以杂英芳草，必暖暖然有春台之思，此其绝伦也。江左自僧繇已降，郑君是称独步。[①]

从以上这些评价中，我们可以看出这两位画家都擅长于楼阁及人物、风景，郑法士的绘画更为细腻，并能体现出人物的精神风貌或者季节的感觉，这可以说是达到较高的境界了。所以张彦远以展子虔、郑法士作为这个时代的代表。

从隋代壁画看来，总的来说是向着精致方面发展的，即使是被认为是"疏体"的壁画，比起北周的壁画来，在人体表现上，比例的适度、造型的准确、表情刻画的细腻等方面都可以说是精致多了。从第419窟、420窟等故事画中可以看出画面中表现众多人物及房屋、山峦、树木形成密不透风的效果，是这一时期的一个特点。这种"密"的特征还表现在装饰图案画中，如第427窟人字披顶中央的一条装饰带，表现莲花卷草纹横贯窟顶，在深绿的底色上画莲花纹，莲茎左右盘卷，形成一个个圆形的空间，其中绘有坐在盛开的莲花上的化生童子。这些童子有的怀抱琵琶，有的吹着竖笛，一副无忧无虑的神态。这条长长的装饰带随着起伏的莲茎，充满了动的旋律（图51）。第407窟的藻井，中心绘一朵八瓣大莲花，花瓣重叠，花心画3只盘旋追逐的兔子，画家巧妙利用共用原理，3只兔子共有3只耳朵，看上去每只兔子都长着两只耳朵。在大莲花四周的蓝底色上，有8身飞天飘飘环绕，使

①张彦远：《历代名画记》卷八，人民美术出版社，1963年。

人仿佛可以由方井仰望蔚蓝色的天空。井心四边画菱格莲花纹边饰和铺于四周的垂角帷幔。边沿的纹饰都以细腻的白线勾出，色彩绚丽而细腻生动。在很多看起来似乎是"疏体"的洞窟壁画中，从其装饰图案仍然表现得丰富而细致，如第397窟、405窟、406窟的藻井图案，以及第401窟、407窟、412窟等的龛楣图案都表现得华丽而繁富，丝毫没有"粗疏"之感。

图51　图案　莫高窟第427窟窟顶　隋
在卷草纹中表现人物与莲花，色彩丰富而细致。

隋代壁画中引人注目的还出现了很多波斯纹样。波斯及西亚的艺术经中亚传入中国的时代很早，有人认为秦汉时期已经出现。就敦煌艺术来说，最早的北凉第275窟菩萨的头冠上有仰月形装饰，就是来自波斯的样式。[①]其后壁画中出现的联珠纹，如狩猎纹、对鸟、对兽纹等，都是来自波斯的纹样。早期壁画中的波斯风格并不是大规模地由波斯传入，而是在长期的中西文化交流中，波斯的纹样才逐渐被中国所吸收而在某些场合就表现出来了，所以看不出很系统的波斯风格。但是在隋朝，波斯的纹样就较多地表现出来了，在石窟壁画的边饰图案中，我们可以看到如第425窟西壁的联珠翼马纹，表现在由联珠形成的圆形中，一匹带翼的马在奔驰，同样的纹样作二方连续，形成长条的带状，长带的两侧也分别由圆形连珠纹装饰。类似的联珠纹在第401窟、402窟、277窟、292窟、394窟等中还有中央为对马或者莲花的联珠纹，

①赵声良：《敦煌石窟北朝菩萨的头冠》，《敦煌研究》2005年第3期。

在第420窟的菩萨服饰上还出现了骑士狩猎的联珠纹（图52），在圆形的联珠纹中，一个战士骑马回身正挥刀向后面的老虎砍去，老虎两只前爪向上，身体差不多是直立起来的。这一典型的波斯风格图样，在现存的波斯萨珊朝银盘上经常出现，如俄罗斯艾尔米塔什美术馆藏

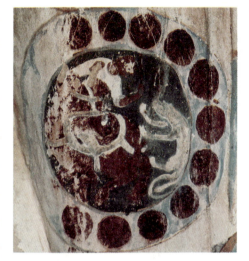

图52 莫高窟第420窟菩萨裙上的联珠纹
在联珠纹中表现狩猎场面，反映出波斯风格的影响。

的一件4世纪的银盘上就表现帝王狩猎的场面，圆形的盘中也是表现一个帝王骑在奔驰的马背上回身拉弓正向后面的狮子射去，狮子也是两只前爪向上，身体直立，场面十分惊险（图53）。在第427窟的菩萨的装饰上还有棱格狮凤纹等纹样，这些也同样是传自波斯的纹样。这些菩萨身上服装的纹样，表明了当时这些纹样应该是在纺织物上的纹样。现存的古代纺织物也说明了这一点，在新疆吐鲁番阿斯塔那墓出土的织锦中就有各种联珠对鸟纹、联珠鹿纹、联珠天马骑士纹等，[1]时代大体是北朝到唐。而日本的法隆寺也保存有8世纪的狩猎纹锦，表现武士骑马向身后直立的狮子射箭，样式特征与敦煌隋代壁画中的联珠纹一致，都是波斯萨珊风格的纹样。[2]

从考古发现可以看出，北朝至隋唐是波斯与中国交往比较频繁的时代，这一时期的出土物中有大量的波斯钱币、金银器以及纺织物等。[3]在大量的波斯工艺品流行于中国以后，到唐代就出现

①见新疆维吾尔自治区博物馆出土文物展览工作组编《丝绸之路汉唐织物》图27～37，文物出版社，1973年。
②《生まれかわった法隆寺宝物馆》P269、P273，东京国立博物馆，1999年。
③杨泓：《与中外交通有关的遗物的发现和研究》，载《新中国的考古发现和研究》，文物出版社，1984年。

图 53　波斯银盘　狩猎图　4 世纪　艾尔米塔什博物馆藏
狩猎者骑马回身，对着追来的猛兽弯弓搭箭，这是典型
的波斯狩猎纹构成。

了由中国产的波斯风格工艺品、纺织品，反过来销往西方的情况。而从敦煌隋代壁画中，我们可以看出隋代集中出现了波斯风格的图案，似乎表明波斯风格的艺术在隋代形成了一个流行的高潮。

五　人物画成熟的时代

唐代以后，由于统一的国家高度发达，敦煌美术与中原美术发展几乎同步，以当时的首都长安为中心的中原地区所流行的风格很快就会影响到敦煌。敦煌壁画进入了极盛时期，画家们熟练地运用不同的手段，塑造不同性格的形象，留下了许多杰出而生动的作品。唐代以后的绘画很难看出明显的外来风格与中原风格的区分，但当时中原画家的风格流派也或多或少地影响到了敦煌，使敦煌壁画也呈现出百花齐放的局面。

初唐画家阎立本以写实精神创作了《凌烟阁二十四功臣图》《秦府十八学士图》等，都是直接对当时的人物进行写生而创作的，在当时赢得了很高的声誉。现存还有传为阎立本的表现外国人物的《职贡图》，表现帝王的《步辇图》和《十三帝王图》（也名"历代帝王图"，图54）。如果对比现存于波士顿美术馆的《十三帝王图》以及宋人模刻的《凌烟阁功臣像》（现存陕西省麟游县），敦煌壁画中就有不少类似的绘画作品，如初唐第 220 窟东壁、第 335 窟北壁的维摩诘经变中有帝王图（图55），第 323 窟佛教史迹画中的国王与大臣形象，第 45 窟观音经变中的部分人物像等。这些人物形象写实，特别是帝王的服

图 54　历代帝王图（部分）　传阎立本作
波士顿美术馆藏

帝王两手伸开，迈步向前，大臣们跟随在后，这样的形式成了帝王的模式，在敦煌壁画中也有多处表现类似的形象。

装规范与《十三帝王图》中所表现的非常一致。多年来，学者们对这件传为阎立本的绘画作品进行了多方面的研究，最近的研究显示了这件作品包含了一部分后代的补作，而其中有一部分无疑仍是初唐的作品，或者就是画家郎余令所作。① 由于阎立德、阎立本兄弟在初唐宫廷中先后长期担任负责建筑与装饰的长官（将作大匠），阎立本后来提升为右相，参予国家大事。所以阎氏的绘画

①参见陈葆真：《传阎立本〈十三帝王图〉研究》，载《台湾 2002 年东亚绘画史研讨会》，台湾大学，2002 年。

图 55　帝王图　莫高窟第 220 窟东壁　初唐
　　图中的帝王与传为阎立本的《历代帝王图》中帝王的形象十分接近，表明这是唐代流行的表现帝王的一种样式。

风格在全国范围内产生较大的影响也是很好理解的。郎余令的作品被说成是阎立本的，也正说明了阎立本影响力的强大。无论如何，敦煌初唐到盛唐石窟壁画中多次出现的帝王礼佛图，无疑这是来自当时中原最时新的画稿。从敦煌壁画中的帝王图来看，虽说都来自中原的画稿，但每一个洞窟中的壁画都不尽相同，体现出画家的个人风格，在人物造型方面十分注意个性的刻画，如第 220 窟东壁维摩诘经变中的帝王图，对帝王那种不可一世的气度，大臣们或矜持或谨慎的神情、随行人员毕恭毕敬的神态，都表现得细致入微。同壁画中与帝王相对的在维摩诘形象下部，则画出西域各国、各民族的形象，也是人物相貌服装各异，神态不同（图 56）。表现外国人，也是唐代较为流行的绘画题材。由于表现不同的民族人物，扩展了人物画的题材，也反映了当时中国与国外频繁交往现象。同样的题材，在第 103 窟等的维摩诘变中也有不同的表现（图 57）。

　　唐代的人物画较多地表现在对佛教人物的刻画上。特别是像菩萨、佛弟子的形象，这些形象由于佛经的广泛传播，人物所包含的个性本是人们十分熟悉的，如佛弟子阿难和迦叶、菩萨中的观音与文殊等。画家们以自己所理解的性格，赋予这些人物以丰富而饱满的视觉形象，使我们看到一个个呼之欲出的世俗的普通人物。如第 57 窟南壁说法图中以佛为中心，周围的弟子、菩萨、天王等众达十五六身，除了主尊的佛像及两侧的弟子、菩萨以外，大部分人物仅露出头部。菩萨均面向观众，左侧的菩萨头戴化佛冠，项饰璎珞，身材修长而略呈"S"形弯曲，一手上举，一

图56　西域各国人物　莫高窟第220窟东壁　初唐

表现外国人是唐代绘画中的一种流行时尚，反映了当时中国与外国交往频繁的情况。

图57　西域各国人物　莫高窟第103窟东壁　盛唐

站在前面的几个外国人上身半裸，穿着短裤，可能是来自印度和东南亚，后部的人穿着宽领大衣，戴高帽，应是来自中亚的人。

手托花，配合着微微低下的头，以及那白净而透出红润的面庞，表现出一种娇媚的神情（图 58）。旁边的佛弟子阿难则注目远视，好像沉浸在佛国世界的想象之中。身后的几身菩萨也刻画得十分姣美，画家着意刻画了她们的眼神，虽说大都侧着头，但总有回眸顾盼之姿，或矜持，或柔媚，或若不经意。由于这个洞窟的说法图中菩萨个个潇洒美丽，令人流连忘返，此窟也被当地人称做"美人窟"。唐代段成式的《寺塔记》中记述了道政坊宝应寺有韩干的壁画："今寺中释梵天女，悉齐公妓小小等写真也。"[①] 说明当时的画家画菩萨或天女的形象，是以现实生活中的人物为原型来描绘。唐代高僧道宣也说："造像梵相，宋齐间唇厚，鼻隆，长眉，颐丰，挺然丈夫之相。至唐以来，笔工皆端严柔弱似妓女之貌，故今人夸宫娃如菩萨也。又云：今人随情而造，不追本实，得在敬信，失在法式。但论尺寸长短，不问耳目全具。或争价利，计供厚薄，酒肉饷遗，身无洁净。致使尊像虽树，无复威灵……"[②] 作为僧人的道宣认为唐代以后的菩萨形象缺少了早期那种超尘脱俗的特点，这样就"无复威灵"了。但从艺术的角度来看，正说明了唐代绘画的成熟，画家以中国式的审美方法来表现佛像，去掉了印度传来的那种唇厚、鼻隆等特点，以现实生活中的美女来表现佛教的菩萨，使佛、菩萨的形象充满了人间气息。

第 217 窟龛内的弟子形象、菩萨形象，由于是画在塑像的背后（现在塑像已失），有的仅画了头部，但从面部神态、眼眉间所传达的神情，无不使人感到一个个活生生的人物跃然壁上。

盛唐以后的人物形象，我们可以第 130 窟甬道两壁的瓜州晋昌郡都督及都督夫人供养像为代表，反映了画家表现人物的高度技巧。特别是都督夫人供养像，表现出贵族妇女华丽而雍容的气

① 段成式：《寺塔记》卷上，人民美术出版社，1964 年。
② 《释氏要览》卷二，《大正藏》第五十四册，第 288 页。

图 58　菩萨　莫高窟第 57 窟南壁　初唐
菩萨神情妩媚，衣着华丽，表现出唐代一种理想的美。

度与闲适的神态（图59）。我们可以对比周昉的《簪花仕女图》，人物造型的风格完全一致，而敦煌壁画供养人的画面高达2米多，更显得华贵而富丽，这表明在中原一带出现新画风迅速就传入了敦煌。

图59　都督夫人供养像（段文杰复原临摹）　莫高窟第130窟甬道南壁　盛唐
图中真实地表现了都督夫人及眷属的形象，是研究唐代妇女及服装的重要资料。

六　青绿山水的原相

在中国山水画的发展中，唐代形成了流行全国的青绿山水，在很多绘画史的文献中不乏记载，但由于唐代画家的山水画作品没有流传下来，后人对于青绿山水的认识就出现了许多错误。特别是由于宋以后的一些画家仿唐人青绿山水画，而实际上又加以创新，如加金线勾勒等，元明以后的人所看到的所谓"青绿山水""金碧山水"

都与唐人的青绿山水相距甚远。而敦煌壁画唐代山水画，展示出
了真正的唐代青绿山水画风貌。这同时也解决了美术史上多年来
的认识上的错误，还历史以本来面目。[①]

　　第 332 窟东壁门两侧的说法图，以及中心柱北壁的说法图等
都以山水画作背景。南壁的涅槃经变在辽阔的山水空间中展示经
变故事的内容，引人注目。壁画采用了连环画的办法，从右下部
开始，由右向左，然后左上部从左到右，依次描绘出佛陀释迦牟
尼涅槃之前的最后一次说法，佛母摩耶夫人从天而降，以及佛涅
槃后焚化、分舍利等 8 个故事情节。但并不像早期的故事画那样
用整齐的长卷画面分隔，而是按山水构成自然地布局，扩大了空
间感。不过这些表现仅仅为人物活动提供了一个合适的场景，从
山水的意义上来讲，还远远没有达到体现山川之美的境界。虽然
如此，山水画的空间表现确实对经变画的格局产生了重要的影响，
即改变了早期那种以人物塞满画面的做法，而用山水布满空间，
人物主次分明，重点突出，既表现了故事内容，又展示了山川
之美。

　　建于大历十一年（766 年）的第 148 窟，是盛唐后期规模较大
的洞窟，在本窟的巨型经变画中，山水画也体现出空前绝后的水
平。特别是西壁、北壁的涅槃经变和天请问经变中，成功地画出
气势壮阔的山水，空间表现又与人物故事情节完美地结合起来，
实在是佛教壁画中不可多得的山水佳作。

　　涅槃经变共画出 10 组画面，66 个情节，人物数百，山水也极
其壮观。其顺序先是从南壁西侧开始，由西壁全壁到北壁西侧，
主要画面在长达 16 米多的西壁上，西壁的南侧，表现释迦在双树
林入般涅槃的时候，画面在空旷的原野中展开，远处有山崖耸立，

① 参见赵声良：
《敦煌石窟全集·
山水画卷》，商务
印书馆（香港），
2002 年；《敦煌壁
画风景研究》，中
华书局，2005 年。

中部引人注目的是画出雄伟的城楼来表现拘尸那城。这样高大的城楼与西安附近出土的懿德太子李重润墓壁画中的建筑很相似，虽然敦煌第 148 窟比李重润墓壁画要晚 70 年左右，但那种雄强的盛唐风格是一脉相承的。由这一组建筑，形成了画面的一个高潮，城门外则是一片开阔的原野，远景的山峦绵延相接，一直连到城楼后面，近景的缓坡也在这里交接，景物的远近空间关系表现得十分真切。在北壁部分的"分舍利"场面，可以说是这铺经变画的高潮，众多的人物围绕着堆放舍利的台前。背景的上部，山势表现得十分雄奇，在辽远的原野后面，危崖耸立，其中还画出白云把半山腰遮住（图 60）。画面上部，与青绿重彩的山峦相对的是橙黄色的彩云，仿佛是夕照中的晚霞，具有一种动人心魄的力量。从这铺涅槃经变，我们可以看出唐代壁画表现故事，不仅仅停留在把故事内容图解出来，而且更注意到把壁画作为美术的一种视觉感受，充分调动山水画的技法，体现出雄奇壮阔的意境，达到了画面美的顶点。

第 217 窟南壁西侧，是根据《法华经·化城喻品》来绘制的山水图景。画图的顺序大体是上部从右至左，再从左至右。右上角是危崖耸立，有二人骑马一远一近行进。

图 60　青绿山水　莫高窟第 148 窟北壁　盛唐
雄伟的山势、辽阔的境界，正是唐人所追求的山水意境。

透过山崖，可见远方曲折流淌的河流，境界辽远。中部两座高峰之间，一道飞瀑涌泻而下，山下的旅人被这大自然的奇景所吸引而驻马观赏。马匹半掩在山后。左部也是一条曲折的河流，在近处被山崖遮断。下面的山峰，悬崖突出，青藤蔓草悬垂。有三人仿佛是长途跋涉而疲惫不堪，一人牵马，一人躺倒在地，一人在水边，欲饮山泉。中间靠右是旅人向一座西域城堡走去，路旁桃李花开，春光明媚（图19）。

　　这幅山水画，主要表现了四组山峦：左侧一组山峰刻画颇细，以石绿和浅赭相间染出，峰峦上的树形除了沿用过去那种装饰性的树形外，又相应地描绘了树的枝叶细部，还画了许多悬垂的藤蔓。右侧是潺潺的流水。中部是一组平缓的山丘，与左侧的山崖相映成趣，用很单纯的笔法勾描，平涂石绿色，并刻画了不同的树木，花开烂漫，一片春色。右上一组山最引人注目，飞流而下的瀑布，虽已变色，但仍使人感到充满生意，仿佛点睛之笔，是画面中最传神之处。左上部的远景，尽管不如前面几组富有特色，但在画面的构图上是必不可少的，它把左侧近景山崖与右侧一组山峦有机地联系在一起，使山水显得较有纵深感。同样题材，盛唐第103窟也有成功的表现。这里几乎抛开了故事情节和顺序，独立地表现山水景物（图61）。画面主要描绘了两组山崖，相对如阙，左侧崖岩突兀，一涧泻下，岩石上遍布青草翠蔓，颇多奇趣，右侧峰峦与之对峙，山下溪水边，一行人牵象、马，举手观泉。上部远山间，一行人牵象、乘马向前行进，与前面人物相呼应，右侧为一城堡，中间二人拜塔。这铺化城喻品比第217窟的构图更集中，笔法更成熟，岩石的勾勒表现出皴笔的效果，表明山水画技法进入了一个新的阶段。

　　第103窟南壁的山水画，已开始注意刻画岩石的质感，较多地运用皴笔，勾勒的线条也挺拔、劲健。这些技法特色，也散见于第445窟北壁、第45窟北壁等山水图景中。对照中原绘画，如陕西唐代李贤墓和李重润墓室壁画中的山水画法，与敦煌第103窟山水画的笔法非常一致，墓室壁画更显得老练、劲健。但是，在墓室壁画中，山水只作为人物活动的背景陪衬出现，而莫高窟第103窟的壁画则重在表现山水景致，因而更注重画面的布局与气势、景物的协调与意境，显得完整而统一。

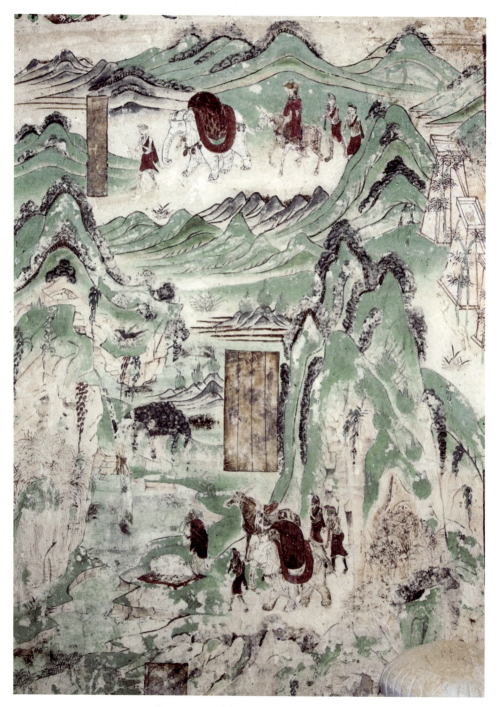

图 61　山水　莫高窟第 103 窟南壁　盛唐
山水构图成熟，近景两山之间有河流，表现出纵深之感。

敦煌第 217 窟、103 窟为代表的山水画，线描细腻，以青绿色为
主，画面绚丽灿烂，这样的山水画也就是画史记载的"青绿山水"。
唐代李思训（653～718 年）、李昭道父子以画青绿山水著称，《唐朝
名画录》盛赞李思训"山水绝妙""国朝山水第一"。《历代名画记》
说李思训："其画山水树石，笔格遒劲，湍濑潺湲，云霞缥缈，时睹
神仙之事，窅然岩岭之幽。时人谓之大李将军其人也"。《图绘宝
鉴》说李思训的画"用金碧辉映，为一家法，后人所画著色山，往
往多宗之。然至妙处，不可到也"。从这些记载中，我们看到李思训
一派山水画的特点在于：①笔格遒劲，实际上就是注重以线描勾勒；
②金碧辉映，说明注重明亮色彩。这两点也就是青绿山水的一般特
点，这样的山水画在唐代是很受欢迎的，所以李思训赢得了那样
高的声誉。莫高窟第 217 窟开凿于景云年间（710～711 年），大致
与李思训同时或稍晚，受到李思训一派山水风格的影响是很自然
的。当然作为边远地区的壁画难以达到李思训那样的水平，但从
中我们也可以探索唐代青绿山水的发展状况。

七 吴带当风寻迹

盛唐时代，被称为画圣的吴道子活跃于画坛，把中国人物画艺
术推向了高峰。苏轼评论唐代的艺术，说："诗至于杜子美，文至于
韩退之，书至于颜鲁公，画至于吴道子。而古今之变，天下之能事
毕矣。"[1]说明吴道子在中国绘画上的地位。吴道子在当时长安和洛
阳一带的寺院中画了大量的壁画，其中如地狱变等绘画"笔力劲怒，
变状阴怪，睹之不觉毛戴，吴画之得意处"。[2]绘画而能使观者毛骨
悚然，确是达到了极高的水平。据说许多屠夫渔民见了长期都不敢
再从事屠宰的行当，[3]说明其感染力是很强的。吴道子的大量绘画作品

①《东坡集》卷二
十三。
②段成式：《寺塔
记》卷上，人民美
术出版社，1964 年。
③《唐朝名画录》，
四川美术出版社，
1985 年。

是绘于长安和洛阳的寺庙的，随着这些寺庙的毁坏，壁画也就不存。但从唐宋画史资料中大量的记录来看，吴道子所绘的作品影响力是极大的，从敦煌壁画中是否也可以找到类似吴派画风的作品呢？

吴道子画风的一大特点，就是熟练的线描造型，他创造了后世称为"兰叶描"的技法，"其势圆转而衣服飘举"，即所谓"吴带当风"。这种线描的特点在于运笔速度极快而富于变化，能表现完整的气韵，"施笔绝踪，皆磊落逸势"，"其圆光立笔挥扫，势若风旋"。所以吴道子奉诏画嘉陵江山水，一日而就。而当时的山水画家李思训画同一题材则用了三个月。[①]

第二个特点是重线描而减淡色彩的风格。由于吴道子的线描水平极高，他常常画完线描，让弟子们上色，而弟子们不敢覆盖了他的线描，常常用淡色，以突出他的线描。《历代名画记》中常记载吴道子的画，由弟子敷彩，称为"轻成色"。[②]

盛唐以后的敦煌壁画中也出现了很多线描技法优秀的壁画作品，而且往往用色较淡，以突出线描的风格，可以看作是吴道子画风影响下的作品。如第103窟东壁维摩诘经变中，维摩诘的形象以强劲挺拔的线描画出人物的形象，特别是维摩诘身体略向前倾，眼睛炯炯有神，微微皱起的眉毛，细而富于弹性的胡须，衬托着微启的嘴唇，表现出一个雄辩滔滔的居士形象（图33）。维摩诘的身上除了外衣施以赭色，其余不加色彩，突出了强劲而富于变化的线描意蕴。这在色彩华丽的唐代壁画中十分引人注目，如果没有充分的信心，画家是不会把这样色彩简淡的画在石窟中的。同经变中的文殊菩萨以及帝王、各民族人物形象都相对来说色彩较淡，而显示着线描的功夫和力量。

①以上均见《唐朝名画录》，四川美术出版社，1985年。
②《历代名画记》卷三"记两京外州寺观壁画"，人民美术出版社，1963年。

唐代的飞天，则显示着唐代线描造型的另一大优势：就是表现飘举的动感。所谓"吴带当风"，就是指表现出衣服随风飘动的动态。第172窟龛顶的飞天，描绘两身飞天，一身向上、一身向下而形成一个回转的动势，画家以长长的线条描绘飞天的飘带，并在周围表现略带动势的彩云，衬托出飞天在天空的飞行方向（图62）。第39窟的飞天身体都夸张地加长了，她们身上的飘带舒展而流畅，彩云环绕在她们身下，更体现出自由飞动的潇洒之姿（图63）。像这样的飞天形象，我们还可以从第321窟、320窟、217窟等众多唐代洞窟中看到。

图62　飞天　莫高窟第172窟龛顶　盛唐
两身飞天，飞行的方向一上一下，形成一个
动态平衡。

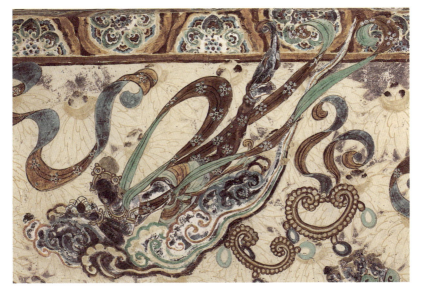

图63　飞天　莫高窟第39窟龛顶　盛唐
飞天的衣裙和飘带形成长而舒展的曲线，表现出优美的韵律。

由于石窟壁画总的来说是以华丽的色彩来表现佛国世界的，为突出线描而减淡色彩，或纯以白描来表现的壁画并不多，但在唐代一些洞窟中还是出现了一些白描人物，如第225窟东壁南侧的女供养人像，除了头上系的带子为红色，衣领有石绿色以外，别的地方没有色彩，仅以墨线勾出人物轮廓和衣褶，用笔简练，而且线描有粗细变化，体现出圆转的韵律，可称得上是盛唐白描的精品（图64）。

第158窟绘有巨幅涅槃经变，其中南壁表现佛弟子们闻佛涅槃而悲哀痛哭的情景，北壁则表现世俗人物，各国王子举哀的场面。这两壁画面均

图64　女供养人　莫高窟第225窟东壁　盛唐
以流畅的曲线，寥寥数笔就表现出人物神态，反映了唐代白描画的高度成就。

高达3.5米以上，人物大多在2米左右，其中表现人物轮廓或衣纹的线条往往近2米，要描出这样长而富于变化的线条，没有很高的功底是不可想象的。而这两铺巨幅壁画以浑厚有力的线描，较成功地展示了不同人物的精神世界，反映出唐代画家极高的造诣（图65）。

总之，由于吴道子的影响，中国绘画重视用笔，重视线描，使中国的佛教绘画达到一个新的高度。我们当然无法确认敦煌壁画是否有吴派直接影响下的作品，但在当时敦煌与长安的各种文化经济来往十分密切的形势下，宗教艺术的交流也是十分频繁的。长安流行的新画风，迅速地影响到敦煌，也完全在情理之中。吴道子的真迹现在已不存在，但从敦煌壁画中是可以找到吴派绘画的踪迹的，再结

图65 佛弟子举哀图 莫高窟第158窟南壁 中唐
夸张地表现人物的神情与动态,成功地营造出佛涅槃时的悲伤气氛。

合长安、洛阳一带的墓室壁画,将会使我们对唐代丰富多彩的绘画有一个较全面的认识。

敦煌彩塑艺术

　　中国古代雕塑作品保存至今者，有相当大一部分都是佛教雕塑。正是这些佛教雕塑构成了中国雕塑史的主旋律。敦煌石窟中的雕塑作品以其完整的系统性，标识着近千年中国雕塑发展的历史，为重新认识中国美术史提供了有力的资料。

　　佛教传入中国后，由于各地寺院石窟的繁荣，佛像的制作就成为一种广泛的社会需要，从而大大地刺激了雕塑艺术的发展。佛教也称作"像教"，说明"像"在佛教中占有多么重要的地位。可以想象，宗教的发展，形成了对佛教雕塑、绘画的一股多么强大的社会需求，使当时的中国投入了比以往任何时代都要多得多的美术工匠；同时从印度和西域传来的佛像样式成为仿制的模本，外来的造型观念及手法成为新的时尚。于是，包括犍陀罗风格、马图拉风格以及龟兹风格等由西域而传入的雕塑和绘画风格，便大量地出现在敦煌和中国北方的石窟和寺院中。但随着佛教在中国的进一步发展，随着佛教与中国的儒家、道家思想的斗争与融合，外来的审美意识也与汉民族传统的审美观念之间不断地产生冲突与融合，最后中国传统的审美趣味便逐渐渗透进了佛教雕塑中，经过不断地交融、改革，终于在南北朝后期至隋唐时期，逐步确立了中国式的佛教雕塑。也就在外来艺术冲击与融合中，中国的雕塑艺术得以迅速向前发展。

　　在中国，雕塑与绘画的发展有所不同，当绘画逐步进入了宫廷，文人开始参与绘画活动以后，绘画的发展形成了两大体系，文人艺术就产生了。而此时，雕塑依然是属于民间的。自古以来，雕塑家都被看作是工匠之列，早在六朝时期，绘画理论的著作就产生了，而雕塑理论却始终没有产生。雕塑家的名字并不像画家那样大多记录于史册，因为没有文人直接参与雕塑制作，所以尽管关于书法、关于绘画的著作各朝代均有著录，而关于中国古代雕塑发展的历史、关于雕塑技法理论等却没有著录，形成了中国美术史中绘画与雕塑的不平衡状况，也反映了古代美术中对雕塑艺术的偏见。

这些历史状况，使我们在研究古代雕塑中面临着文献资料奇缺，对古代雕塑家、雕塑技法乃至雕塑美学等方面知之甚少的困境。但幸运的是，敦煌石窟中保存着4~14世纪各朝代的2000多身彩塑，完整地反映出近千年间雕塑艺术发展的历程，是一部形象的雕塑史。

一　早期彩塑的外来风格与中原风格

佛像是一个洞窟的主体、是崇拜的对象。敦煌石窟早期洞窟中的彩塑具有浓厚的外来艺术风格：一方面佛教是从印度经西域传来的，对于当时的人们来说，印度和西域的样式具有一定的权威性，佛像完全仿照外来的形式是很好理解的；另一方面，中国的雕塑家们还没有一套表现佛像的技法，还需要学习和采用外来的雕塑手法。

北凉第275窟的正面，有一尊高达3米的交脚弥勒菩萨像，头戴三面宝冠，面相庄严，鼻梁较高而直，双目有神，上身半裸，身着短裙，交脚坐于双狮座上（图66）。交脚坐姿的菩萨像在犍陀罗地区十分流行（图67），并且对中国北朝的佛教造像产了极为广泛的影响。然而，从第275窟交脚菩萨的衣纹细密而贴体，身体圆润而少棱角等特点看，则有印度本土风格的因素。佛教传入中国之初，印度、中亚一带多方面的雕塑风格都曾影响到敦煌佛像的制作。同窟的南北两壁上部龛内也各有2身交脚菩萨像和1尊思惟菩萨像，造像风格与主尊一致。

北魏以后，彩塑的数量增加了，中心柱正面主尊佛像多为交脚坐式和倚坐式佛像，其余三面多为结跏趺坐的形式，其造型特点比例适中，袈裟厚重，衣纹写实。这样的表现风格与犍陀罗雕刻是一致的。犍陀罗位于古代印度北部，今巴基斯坦白沙瓦为中心的地区。公元前4世纪后期，古希腊的亚历山大东征，占领了这一地区，

图66　交脚菩萨　莫高窟第275窟　北凉
　　菩萨造型写实，身体比例适度，动态自然，具有浓厚的犍
陀罗雕塑风格。

图67　犍陀罗雕刻　交脚菩萨
松冈美术馆藏
交脚菩萨是犍陀罗雕刻中较为流行的
形式

　　古希腊的文化艺术就开始影响到犍陀罗地区。公元前2世纪，随
着印度阿育王的扩张，占领了犍陀罗地区，佛教便开始大举传入。
此后，犍陀罗地区又一度被希腊的巴克特利亚人统治，所以，这
一地区的文化表现出印度文化和希腊文化的双重性。[①] 而犍陀罗现
存的大量的佛像雕刻都采用希腊艺术手法进行创作，可以说犍陀
罗艺术意味着印度与希腊艺术结合的产物。雕刻人物形体健壮，
比适合度，衣服厚重，衣纹表现自然而写实（图68）。

　　由于地理的关系，犍陀罗佛教艺术也是较早传入我国的。特
别是以云冈石窟为中心的早期的中国佛教艺术，就大量地吸取了

① ［巴基］穆罕默
德·瓦利乌拉·汗：
《犍陀罗艺术》，陆
水林译，商务印书
馆，1997年。

犍陀罗雕刻的风格，这样的佛像是中国北魏时代石窟造像的主流。但在敦煌石窟里，主尊两侧的菩萨像大多身体扁平，背面贴在墙壁上，具有高浮雕的特点。即使是那些具有强烈犍陀罗风格的塑像，也往往采用细腻的帖泥条形式或阴刻线来表现泥塑上简化了的衣纹等内容，这是犍陀罗雕刻所没有的技法（图69）。这些样式上，我们似乎可以看到印度本土马图拉雕刻的风格特征。马图拉位于中印度，是

图68　犍陀罗雕刻　佛像　2世纪
加尔各答印度博物馆藏
　　佛着通肩袈裟，身体比例适当，衣褶的表现富有质感，正是受古希腊雕刻影响的产物。

古代佛教艺术的中心之一。现存的马图拉佛教雕刻可以追溯到公元前2世纪，马图拉雕刻与希腊影响下的犍陀罗不同，不以严谨的现实主义见长，而是一种理想主义的表现手法刻画一种庄严、威武，而又具有宁静情态的佛像，注重装饰性，特别是以稠密的线条刻画衣纹，有一种质地薄而紧贴身体之感，仿佛刚从水中出来的效果，就中国古代画论中所谓的"曹衣出水"的形式（图70）。这样的塑像在中国最早出现在炳灵寺石窟第169窟（420年），①在云冈石窟和敦煌石窟中也可以看到类似的佛像，虽然不是十分普遍，但在与犍陀罗风格的同时出现在洞窟中，说明了早期敦煌石窟雕塑其渊源并不是单一的。

①参见赵声良《炳灵寺早期艺术风格》，《佛学研究》1994年刊。

图69　佛像　莫高窟第259窟北壁　北魏
佛像神情恬静，嘴角露出一丝微笑，衣纹以
阴刻线表现，显得细腻精致。

图70　马图拉佛像　印度新德里国立博物馆藏
马图拉佛像衣纹细密而贴体。

　　如果考虑到敦煌与新疆一带的石窟都开凿在砂岩上，没有可供雕刻的石材，于是就地取材，以泥塑来表现佛像。这样的泥塑我们从新疆的和阗（古代于阗）、库车（古代龟兹）以及阿富汗也能看到类似的泥塑，从中亚的吐木休克出土的木雕佛像中，我们还可看到与莫高窟第259窟佛像十分相似的造型（图71），①表明敦煌彩塑的样式来源与云冈石窟是有所不同的。另外，我们也不能忽视在敦煌石窟开凿的初期，正是以凉州（今甘肃省武威市）为中心的河西佛教兴盛的阶段，北凉王沮渠蒙逊在凉州开凿了凉州石窟。②当时的敦煌是在北凉的统治之下，必然首先会接受凉州石窟的影响。尽管不少学者认为凉州石窟就是现在的武威天梯山石窟，③但天梯山石窟大多被毁，仅存少量壁画与塑像，使我们无

①邓健吾：《敦煌莫高窟彩塑的发展》，载《中国石窟·敦煌莫高窟》第三卷，文物出版社，1987年。
②宿白：《凉州石窟遗迹与"凉州模式"》，《考古学报》1986年第4期。
③参见敦煌研究院、甘肃省博物馆：《武威天梯山石窟》，文物出版社，2000年。

图71　佛像　吐木休克出土
木雕佛像表面较光，没有刻出衣纹，最初应有彩绘。

法对凉州石窟的造像有一个全面的认识。综合以上这些情况，我们才能对敦煌早期彩塑的风格有较全面的认识。

北魏后期，由于孝文帝改革，来自南方的汉民族风格开始在北方流行，以龙门石窟为代表的佛像雕刻，身体瘦长，面目清秀，被称为"秀骨清像"。在中原的影响下，敦煌彩塑也出现了面相清秀的佛像，第259窟、254窟等窟的佛像、菩萨像就是其代表。如第259窟北壁的佛像，眉目清秀，神情恬静，嘴角露出一丝微笑，体现出古朴而天真的神情（图69）。第435、432、437等窟的菩萨像形象清瘦，神采飞扬，衣饰繁多，飘带较长，进一步体现了以龙门石窟为代表的新的中原风格（图72）。比起写实性来，更注重装饰性，犍陀罗风格的坚实的体积感消失殆尽，马图拉的富有印度特色的装饰风格也没有了，而是在造型上形成了平面性特征，衣饰上夸张的样式化特征。这一特征在西魏北周的彩塑中较普遍。北周以后，在第428等窟又出现了另一种新的形式，这时，佛像的面型较圆，五官细小而较集中，上身粗大，下半身短小，菩萨的形象也显得小巧而灵活。这些特点与西域的龟兹地区和阿富汗一带出土的塑像非常一致，表明敦煌再次吸取了西域风格。此时的佛像组合由北魏时期的一佛二菩萨变为一佛二弟子二菩萨，这样的格局一直延续到隋唐。二弟子像一尊表现年纪最大的弟子迦叶，一尊表现年龄最小的弟子阿难，这一老一少

图72　佛像　莫高窟第432窟中心柱正面　西魏
中央龛内为倚坐佛，两侧为胁侍菩萨，佛与菩萨的衣饰较丰富，反映出魏晋时代褒衣博带
风气的影响。

的个性刻画也在北周形成了一定的模式。

　　敦煌早期彩塑，反映了外来风格强劲的佛教雕塑渐渐地与中国本土风格融合的
道路。但在南北朝纷纭复杂的形式下，中原风格也呈现出多姿多彩的特点，从敦煌
彩塑中也可看出不论是来自西域、印度的风格还是来自中原的风格都不是一成不变
的，从而形成了早期敦煌彩塑纷纭复杂的样式特征。

二　隋代——风格的转变期

　　北朝晚期以来，中原特别是华北与山东等地区接受了印度笈多朝造像艺术的影
响，形成身体敦厚如圆柱形，动态较少，体积感强的造像特征。从山东青州所发现的

北齐到隋代的佛像雕刻中，我们可以看到这种富有时代气息的佛教造像风格。[1]隋代以后这样的风格开始传入敦煌，逐渐成为此期佛像的主流，标志着一个新时代的开始。

第427窟彩塑可以看作是隋代彩塑的代表，本窟为中心柱窟，中心柱正面塑出一佛二菩萨像，南北壁前部也各塑一佛二菩萨像，与中心柱正面的塑像构成了三佛形式。南北朝以来，石窟中流行三佛造像，象征着过去、现在、未来三世佛。[2]这三铺彩塑形象高大（主尊3尊佛像均高达4.2米），造型浑圆坚实，面相方圆，神情庄严，衣纹简练，上身略长，富有体积感（图73）。从身体简练的轮廓看来，我们可以感受到笈多时代马图拉以及南印度雕刻的某些特征（图74）。但以超常的体量，对观众形成一种威压的气势，同时又能以慈祥而安静的神态，给观众以信赖感。从而产生巨大的宗教力量。这是只有在中国的土地上形成的本土艺术才能达到的境界。在本窟前室还塑出分别高达3米多的四大天王及2身力士像，这些大型彩塑以其量感烘托出佛教洞窟的庄严气氛，体型的简练完整而又在衣饰等方面施以细腻精致的彩绘，宏大而不粗疏，华丽而不俗艳，体现出隋代彩塑的成熟。

隋代的彩塑大多注重体积感，面相丰圆，体现出一种质朴的精神。如第419、420窟的彩塑菩萨，身体不像北朝晚期彩塑那样富有动态，但却显得稳重而矜持，自有一种纯朴而优雅的风姿（图75）。这一时期佛弟子迦叶与阿难的形象个性化特征更加明显，如第419窟西壁龛内北侧迦叶像，额头上皱纹密布，眼窝深陷，胸部的肋骨凸现，表现出一个饱经沧桑的老僧形象（图76）。而与之相对的南侧阿难像则是一幅单纯的少年形象。

①参见中国历史博物馆、北京华观艺术品有限公司、山东青州市博物馆：《山东青州龙兴寺出土佛教石刻造像精品》，1999年。
②据贺世哲先生《关于十六国北朝时期的三世佛与三佛造像诸问题》（《敦煌研究》1992年4期，1993年1期），十六国北朝时期的三佛造像通常可以理解为三世佛，但也有多种三佛的组合形式，如卢舍那佛、阿弥陀佛与弥勒佛组成的三佛等。莫高窟第427窟南北壁后部和西壁各有一铺说法图，似乎与中心柱正面和南北两壁东侧的三组彩塑相对应，而西壁说法图画的是卢舍那佛。则此窟的三佛有没有可能是卢舍那与阿弥陀、弥勒三佛呢？存疑。

图 73　佛像　莫高窟第 427 窟中心柱正面　隋
隋代佛像体格强健，菩萨衣饰华丽，虽少动态而充满了力量感。

图 74　印度佛像　笈多时代（5 世
纪）　英国博物馆藏
　　笈多时代的佛像薄衣贴体，几
乎不表现衣纹，着重体现身体的
量感。

三　走向世俗化的唐代

　　唐代，随着全社会经济文化的飞速发展，彩塑艺术也快速走向成熟。在莫高窟
初唐第 332 窟、57 窟等窟中的彩塑还保持着一定的隋代遗风；盛唐以后，以第 328
窟、320 窟、45 窟等窟为代表的彩塑代表着一种全新的雕塑风格，体现了唐代雕塑
艺术发展的高潮。这时期的洞窟为殿堂式覆斗顶形，正面开一敞口龛，如第 328 窟中

图75　菩萨　莫高窟第420窟西壁
龛外南侧　隋

菩萨头部较大，身体较直，但面部刻
画细腻，神情中露出单纯而稚拙之美。

图76　佛弟子迦叶　莫高窟第419窟西壁
龛内北侧　隋

突出表现人物内心与表情。通过额部的皱纹和胸
部突起的肋骨，表现这一苦修高僧的性格特点。

央为佛像，两侧为迦叶与阿难，向外两侧各有一尊作游戏坐的菩萨和两尊胡跪的供
养菩萨（其中一尊于1924年被美国人华尔纳盗走）。这样以佛为中心的群体雕塑，
少则七尊，多则十数尊，按照严整的次序排列，仿佛象征着一种尊卑等级制度。而
其中佛陀的庄严、弟子的恭谨、菩萨的自在潇洒等神态各异，各尽风流（图77）。

　　第45窟龛内保存有一铺完整的7身彩塑（图78）。以佛为中心，两侧分别是弟
子、菩萨、天王，均取站立姿势。阿难双手抱于腹前，身披红色袈裟，内着僧祇支，
衣纹的刻画简洁、单纯，胯部微微倾斜，神态安详，在恭谨中又透出青年的朝气。
迦叶则老成持重，颇具长者风范，慈祥的眼神中充满睿智的光彩。菩萨上身璎珞垂

图77 佛像 莫高窟第328窟龛内 初唐

以佛像为中心，两侧的弟子、菩萨或坐或立，在庄严的气氛中又体现出各自的性格。

胸，披帛斜挎，下身着华丽的锦裙；头部微侧，眼睛半闭，身体微微弯曲作S形；一手下垂，一手平端，动作优美，神情娴雅；洁白莹润的肌肤下面，似乎能感觉出血液在里面流动。天王身披铠甲，一手叉腰，一手执兵刃，足踏恶鬼，英姿飒爽，神情激昂。艺术家根据现实生活中的妇女、将军等形象来塑造菩萨、天王，于是这些神看起来显得格外的可亲。而每一身的动作又各不相同：阿难双手抱在腹前，显得忠厚、谦恭，迦叶扬手似乎正在说什么，两身菩萨都一手伸出，一手下垂，显得漫不经心；

图78 佛像 莫高窟第45窟龛内 盛唐

唐代表现成组的佛像，通过不同身份、不同性格人物的组合表现出一个充满活力的世界。

天王则是表情激昂，肌肉绷紧。这一动一静、一松一紧，各具性格却又统一在佛的周围，具有极强的艺术魅力。

另外，艺术家非常注意这些雕塑的群体性，这些彩塑一铺少则五六身，多则十几身，层次丰富，彼此呼应。如第45窟的一组彩塑，以佛为中心，左右对称排列，他们均目光俯视。可以想象，古代的佛教信徒进入洞窟，面对佛像跪拜之时，由于处在较低的位置，就会看到每身塑像都在慈祥地看着你。雕塑艺术是一种环境艺术，由于它是立体的，就必须考虑到它周围的环境问题，为了渲染宗教的气氛，石窟内的雕塑起到了极为重要的作用。

早期至隋代菩萨的形象，一般都表现得比较拘谨，而在唐代往往表现得自由自在，或坐于莲座，一脚下垂，一足横支，作游戏坐式，神情恬淡自然（如第328窟、205窟的菩萨）；或立于莲台，身体略呈"S"形弯曲，双目微闭，仪态娴雅，体现出对佛理的觉悟甚高，"得大自在"的精神境界（如第45窟、320窟的菩萨）。唐代佛弟子阿难和迦叶以及天王力士的形象，没有了隋以前那种夸张的成分，更注重写实性和人物内心的刻画。

直到隋代为止的敦煌彩塑大多具有高浮雕的特点，背面与墙壁连在一起，最佳观察点只是在正面。而入唐以后，彩塑逐渐发展为圆塑，即从不同的角度都可以看到完美的塑像。这一点是敦煌彩塑成熟的重要标志。在第205窟佛坛南侧的一身菩萨像，双臂已损，其他部位保存完好，菩萨作游戏坐姿，比例协调，姿势自然，体魄健美（图79）。不论从哪个方向看，都是那样完美，特别是上身肌体的表现，似乎可以感觉到富有弹性的肌肤，甚至流动的血液。这样成功的表现，在第328窟、45窟等窟的彩塑中也同样可以看到。艺术家不再借助于夸张变形和象征的手法，而是以写实主义的手法表现出人（神）的精神世界。在这些菩萨、天王、弟子等形象中，我们可以感觉到那个时代仪态万千的贵族妇女、娇媚多姿的宫女、威风凛凛的将军、饱读经书的僧人等等的形象。晚唐第17窟的洪辩像，则是石窟中为数极少的塑造现实人物的彩塑。这是一个坐禅僧人（图80），艺术家特别注重面部表情的刻画，表现出一个智者的精神状态；袈裟笼罩住全身，流畅的衣纹表使完整的形体又体现出生动之趣。

图79　菩萨　莫高窟第205窟中心佛坛上盛唐
　　菩萨双臂已失，但上半身的肌肤、下半身衣裙质感的刻画，表现出艺术高超的雕塑技
艺。

图 80　高僧像　莫高窟第 17 窟北壁　晚唐

这是晚唐高僧洪辩和尚之像，在敦煌石窟中很难得的表现真
实人物的彩塑，反映了敦煌唐代雕塑艺术高超的写实表现力。

　　唐代彩塑一方面由于写实性的加强而使佛像变得可亲可感，另一方面也通过一
些大型彩塑来表现佛的宏大。第 96 窟、130 窟分别造出高达 35 米和 26 米的大佛，
第 148 窟和 158 窟分别造出了长达 16 米的卧佛，在榆林窟第 6 窟也造出了高达 23
米的佛像。巨型佛像通过其体量感给人一种崇高感，这是宗教信仰的需要，但也体
现着唐人雄强自信的精神。虽说是由于武则天等帝王贵族的倡导而使全国各地纷纷
制作巨型佛像，但如果没有一套成熟的雕塑技法和足够的经济力量，恐怕也很难
进行。

　　从保存完好的第 130 窟大佛和第 158 窟卧佛来看（图 81），以巨大的体量表现
大佛，却没有一点粗糙之感。浑圆的脸形，半闭的眼睛，由袈裟衣纹形成的一道道
弧线，形成有规律的韵律，处处体现出柔和之感，而在整体上又表现着一种雄强的
阳刚之风。刚与柔、阳与阴，在这里完美地融合在一起，这便是敦煌彩塑的魅力，
也是中国雕塑艺术的特色所在。

图81　卧佛　莫高窟第158窟　中唐

长约16米的卧佛，以优美的曲线表现出释迦牟尼佛静静地入般涅槃的境界。

　　盛唐后期，彩塑逐渐失去了前期那种雄强的精神，但在制作上更加精致，世俗化的倾向更加强烈，不论佛弟子还是天王、力士形象都富于人间性，神性消失了。在艺术家的努力下，佛教石窟与人们的距离缩短了，仿佛神与人沟通了。

　　第194窟是一个小型洞窟，正面开一个帐形龛，内塑一佛二弟子、二菩萨、二天王，龛外侧各塑力士一身。中央的佛双腿下垂，作善跏坐势，一手上举作说法印，一手放在膝盖上，表情平静，神态慈祥。这样稳重而庄严的坐姿也是当时中原地区流行的样式，龙门石窟擂鼓台中洞、惠简洞，天龙山石窟第4窟等唐代洞窟中都有类似的倚坐佛像。龛北侧的弟子迦叶着右袒袈裟，双手合十，表现出虔诚的神情。与他相对的弟子阿难，眯着眼睛，两手交叉在腹前，像一个无忧无虑的少年。北侧的菩萨站在莲台上，斜挎披帛，罗裙垂地，身体向后微微倾斜，妖媚多姿；她面容洁白莹润，带着微笑。南侧的菩萨头梳双环髻，面颊丰腴，双目低垂，嘴角露出隐隐笑意；身穿华丽的圆领无袖上衣，披帛围绕，搭于左肘；体态丰腴，肌肤莹洁；身体自然舒展，衣纹飘柔，表现出纺织品的质感，反映了古代匠师高超的造像技巧。值得注意的是，此时菩萨所穿的服饰不再是印度传来的那些飘带与璎珞，而是当时中国妇女所穿的衣服，表明世俗化的倾向（图 16）。

北侧的天王，戴头盔、着铠甲，雄健威武。南侧天王与之相对，发髻高耸，神情敦厚，面带爽朗的笑容。古代塑像中的天王，大多是横眉怒目、杀气腾腾的样子，而这一身却一改天王传统形象，显得极有人情味。龛外有 2 身力士，都是上身赤裸，一手挥拳，一手舒掌，好像准备厮杀的样子。艺术家着意刻画了那发达的肌肉、暴胀的筋脉以及圆瞪的双眼，他的全身无处不显示着一种强劲的力量。

第 159 窟也有帐形龛，原有一铺 7 身彩塑，中央的佛像已不存在，只剩下二弟子、二菩萨、二天王（图 17）。这种格局与第 194 窟相似，菩萨的形象也很有特色：北侧的菩萨双目下视，上身袒裸，下着绣花锦裙，肌肤洁白，一手上举，一手自然垂下，身体丰盈，姿态落落大方。南侧的菩萨曲眉丰颊，发髻高耸，衣饰华丽，一手托物上举，一手下垂，轻握飘带，姿势优雅。外侧的两身天王挺胸怒目，直视前方，两手紧握，仿佛正要出击。天王与菩萨形成动静对比，却又和谐统一。

五代、北宋彩塑所存甚少，第 55 窟保存一组彩塑，填补了这一时期彩塑的空白。这个洞窟是一个长方形殿堂窟，中央设马蹄形佛坛，佛坛上塑 3 铺佛像，现仅存佛像分西、南、北三面而坐，为三世佛，均为倚坐式（图 82）。西壁正面的佛像右手扬起，左手放在膝上，神情静穆，左右两侧佛像也大体一致。正面佛像北侧存弟子迦叶像，一臂已残，他身体僵直，神态拘谨。南侧佛两旁存 2 身菩萨，北侧存 1 身菩萨，她们比例和谐，衣纹贴体，神态温和。西南角上的天王形象，体现出刚毅和威武的气质。南侧佛座边的天王造型较为新颖，他左手托着佛座，好像不堪重负又拼命用力的形态颇为生动。总的来说，这些彩塑都能准确把握人体比例，在形象刻画、服饰的表现以及总体精神上都努力追摹唐风，但体形过分僵硬，表情呆滞，缺乏唐朝那种鲜活的气息。

现存敦煌彩塑有两千多身，特别是保存了大量的十六国至唐代的雕塑，是中国

图 82　佛像　莫高窟第 55 窟佛坛　北宋
佛坛上正面和左右两侧各有一组佛像，构成三世佛的形式。佛像形体伟岸，颇有气势。

古代雕塑史上的重要资料。敦煌彩塑以木为骨架，以黏土塑制而成，最后还要上彩，以绘画补充塑的不足，是绘塑结合的艺术。千百年以来，中国的艺术家们就通过这些散发着泥土气息的彩塑，表现出如此精美而感人的艺术形象，直到今天仍然散发着独特的魅力。目前，我们对敦煌彩塑的研究还十分不足，特别是从中国美术史的角度来探讨敦煌彩塑的技法，样式与风格的源流等，还有很多需要研究的课题。

飞天艺术新探

不论是在以雕刻闻名的云冈石窟，还是以壁画著称的敦煌石窟，我们都可以看到一种独特的形象，她们自由地飞行于天空，姿态优美，在佛教艺术中称为飞天。在古代佛教石窟或寺院中，佛、菩萨、天王等形象都是供人们礼拜的对象，因而造得庄严肃穆，而在佛身边的这些飞天，则是自由自在、无拘无束地飞行于天空。当佛说法时，她们从天空散花，或者弹奏乐器，轻歌曼舞，使气氛严肃的佛教石窟、寺院变得气氛轻松而充满了欢乐。飞天，顾名思义，就是飞行于天空的神。然而，佛、菩萨、天王等佛教世界的天神也都是可以在天空自由来往的，飞天则应该是某一种特定的天神。那么飞天在佛教中是一种什么样的神格？她们的职能是什么？为什么佛教石窟和寺院中要雕刻或绘出这么多的飞天呢？

一　天人、诸天与"飞天"

很早以来，学术界关于飞天的内涵，有很多不同的看法。有的学者认为飞天是佛国世界的"天人"，有的认为是天龙八部的总称，也有的认为就是天龙八部中的"乾闼婆"与"紧那罗"。

最早记录飞天的佛经有西晋竺法护于 308 年译的《普曜经》，此后隋代阇那崛多译的《佛本行集经》及唐代的一些佛经也可以找到飞天的记载。梁代高僧宝唱等撰的《经律异相》有如下记载：

> 振旦国人葬送之法，金银珍宝刻镂车乘，飞天伎乐铃钟歌咏，用悦终亡。

不过，佛经中关于"飞天"一词的使用极少，在卷帙浩繁的《大正藏》中，也只能检索到十几项。相比之下，佛经中却有很多关于"天人""诸天""诸天龙八部"的用例。"诸天"，也就是"天人"，也是"诸天龙八部"。如求那跋陀罗译《过去现在因果经》讲到悉达太子诞生时（着重号为作者所加，以下同）：

> 天龙八部亦于空中作天伎乐，歌呗赞颂，烧众名香，散诸妙花。

法显译《大般涅槃经》中讲到佛涅槃时：

> 诸天龙八部，于虚空中，雨众妙花。……又散牛头旃檀等香，作天伎乐，歌唱赞叹……

鸠摩罗什译《维摩诘所说经·文殊师利问疾品》：

> 即时八千菩萨、五百声闻、百千天人皆欲随从，于是文殊师利与菩萨大弟子众，及诸天人恭敬围绕，入毗耶离大城。

阇那崛多译《佛本行集经》讲到悉达太子骑马逾城出家时：

> 是时太子出家之时，其虚空中，有一夜叉，名曰钵足，彼钵足等诸夜叉众，于虚空中，各以手承马之四足，安徐而行。
> 复共无数乾闼婆众、鸠般荼众、诸龙夜叉……在太子前，引导而行。……上虚空中，复有无量无边诸天百千亿众，欢喜踊跃，遍满其身，不能自胜，将天水陆所生之花散太子上。

从以上所举的佛经记述，我们知道在有关佛的本生故事、佛传故事以及佛说法时的情景，往往有诸天人、天女作歌舞供养。这些天人、天女如果飞行于天空，以绘画的形式表现出来，自然就是我们在很多石窟雕刻和壁画中所看到的飞天了。

众所周知，在佛教的传播影响下，中国以佛教寺院为中心产生了一种俗文学，就是把佛教深奥的道理以浅显易懂的说话形式来表现，从而形成了讲经文、变文等，为后来的话本小说奠定了基础。从唐、五代的一些变文和讲经文中，也可以看出当时的普通人对飞天的称呼和理解。变文和讲经文中与佛经基本一致，即往往以"诸天""天人"和"仙人"来称呼飞天。如

(1)《八相变》中讲述悉达太子诞生之时：

　　无忧树下暂攀花，右胁生来释氏家。五百天人随太子，三千宫女捧摩耶。　　——《敦煌变文集》，第331页①

(2)《降魔变文》描绘舍利弗出现时的威仪，其中有：

　　天仙空里散名花，赞呗之声相趁迭。

　　　　　　　　　　　——《敦煌变文集》，第382页

又，表现劳度叉化出的宝山景象：

　　上有王乔丁令威，香水浮流宝山里。飞仙往往散名华，大王遥见生欢喜。　　——《敦煌变文集》，第382页

(3)《金刚般若波罗蜜经讲经文》讲述众天人听佛说法的场面：

　　一会人，一会天，梵王帝释及诸仙，为听金刚般若法，同时总在世尊前。……
　　夜叉众，乾闼婆，修罗又有紧那罗，八部龙神千万众，五音六律奏筝歌。　——《敦煌变文集》，第445~446页

(4)《佛说阿弥陀经讲经文》讲述天人听法场面：

　　二十八天闻妙法，天男天女散天花，龙吟凤舞彩云中，琴

① 《敦煌变文集》，人民文学出版社，1957年8月。以下引用变文、讲经文同出该书。

瑟鼓吹和雅韵。

　　帝释前行持宝盖，梵王从后捧舍（金）炉，各领无边眷属俱，总到圆成极乐会。

　　三光四王八部众，日月星辰所住宫，云擎楼阁下长空，掣拽罗衣来入会。

　　……

　　化生童子食天厨，百味馨香各自殊，无限天人持宝器，琉璃钵饭似真珠，

　　化生童子见飞仙，落花空中左右旋，微妙歌音云外听，尽言极乐胜诸天。

——《敦煌变文集》，第 484～485 页

（5）《维摩诘经讲经文》述天人入庵园会的场面：

　　于是四天大梵，思法会而散下云头，六欲诸天，相庵园而趋瞻圣主。各将侍从天女天男，尽拥嫔妃，逶迤遥拽，别天宫而云中苑（宛）转，离上界而雾里盘旋，顶戴珠珍，身严玉佩。执金幢者，分分（纷纷）云坠，擎宝节者，苒苒烟笼。希乐器于青霄，散祥花于碧落，皆呈法曲，尽捧名衣，思大圣之情专，想兹尊而意切，总发遭难之解，感伸敬礼之犹。

——《敦煌变文集》，第 544 页

　　以上引文所描绘的诸天形象，与敦煌壁画中所绘的飞天是非常一致。可以说当时的画家们要表现的就是这样一些诸天（包括帝释，梵天，天龙八部众神）。

　　实际上，在飞天极为流行的时代，一些文人所写的碑文等作品中，也可以看到有关天人天女的记载，我们从《全唐文》（本文所引，出自上海古籍出版社 1990 年版，以下同）中也可以找到不少例证：

张鹭《沧州弓高县实性寺释迦像碑》：

　　佛中佛日，天上天人，金口振于西方，银函泊于东夏……

　　龙女持花，出入珊瑚之殿；诸天献果，芙蓉生宝座之前。

——《全唐文》卷 174，第 783 页

王勃《益州绵竹县武都山净慧寺碑》：

> 山神献果，送出庵园；天女持花，来游净国。
>
> ——《全唐文》卷 183，第 822 页

王勃《梓州慧义寺碑铭》：

> 诸天竞写，金仙满目之容；异事争传，贝叶睿花之偈。
>
> ——《全唐文》卷 184，第 826 页

王勃《梓州元武县福会寺碑》：

> 山神献果，还栖承露之台；天女持香，即绕飞花之阁。
>
> ——《全唐文》卷 185，第 829 页

王勃《彭州九陇县龙怀寺碑》：

> 真童凤策，即践金沙；仙女鸾衣，还窥石镜。
>
> ——《全唐文》卷 185，第 830 页

李邕《国清寺碑》：

> 借天仙往还，神秀表里，静漠漠而山远，密微微而谷深。
>
> ——《全唐文》卷 262，第 1176 页

王维《西方净土变画赞并序》：

> 故菩萨为胜鬘，夫人同解脱，因天女，赞维摩。
>
> ——《全唐文》卷 325，第 1458 页

白居易《画西方帧记》：

阿弥陀佛坐中央，观音势至二大士侍左右，天人瞻仰，眷属围绕。

——《全唐文》卷 676，第 3059 页

　　以上例证说明了在唐代，存在于雕刻或绘画等佛教艺术中的那些现在称为"飞天"的形象，当时的人们一般是用"诸天""天人""天女"来称呼的。如果联系起南朝陵墓的雕刻中直接出现"天人"的文字，就可以明白在古代中国人还是多用"天人"一词，有时甚至会用"天仙""仙女"等称呼。这是因为中国人总是把佛教的形象与道家神仙联系起来，佛教的飞天称作"天仙""仙女"也就不足为怪了。

　　总之，不论是佛教经典还是中国古代文献的记载，都说明了飞天就是佛经中所说的"诸天"形象，在古代还有"天人""天女""天仙"等称呼。而这些佛教的天人，又与印度古代的传说有着密切的关系。

　　2005 年 3 月，笔者有幸到印度进行了为期一个月的学术考察，得以见到大量雕刻的佛教飞天以及印度教、耆那教石窟中的飞天，感到飞天在印度古代艺术中确也是深受喜爱而出现较多的形象。不过，同时也产生的疑问，如果飞天仅仅是乾闼婆和紧那罗，那么，印度教和耆那教的飞天又怎样解释呢？在新德里的印度考古局，笔者与印度考古学专家卢开什·乾德拉（Lokesh Chandra）先生进行了讨论，卢开什先生认为飞天为乾闼婆、紧那罗的说法是十分片面的，在他看来，飞天就是那些"天人"（Apasaras），在佛教、印度教、耆那教艺术中都可以出现。他认为，按中文"飞天"来直译为"Flying deva（男性）"与"Flying devi（女性）"（长广敏雄就是按这样的词来翻译的）是不好理解的，相比之下，就不如"Flying God（男性）"与"Flying Goddess（女性）"更能说明其特性，现在英语中较多地用"Apasara"一词来表示飞天。但卢开什先生认为用"Flying Figures"一词，表示的范围更广泛一点。

　　根据印度考察的印象，我非常赞成卢开什先生的看法，如果仅从佛教艺术来说，恐怕把飞天解释为"佛教诸天"更切合实际。

二　古印度关于阿卜莎罗及乾闼婆的传说

乾闼婆本为婆罗门的神。《梨俱吠陀》《摩诃婆罗多》等古代印度神话传说中，记述了有关阿卜莎罗及乾闼婆的各种故事，提到乾达婆是阿卜莎罗的爱人。但是乾闼婆和阿卜莎罗并不是某一个神，而是指一类神，

早在佛教产生之前，古印度的神话传说中就已经有不少天人、天女的传说。印度最古老的历史与神话传说都记录在四部吠陀著作中，其中《梨俱吠陀》中就有不少关于天地的开创、天上的众神的故事。其后还有伟大的史诗《摩诃婆罗多》和《罗摩衍那》继承了不少神话传说故事。这些故事中关于天女（阿卜莎罗）的传说是十分流行的，《罗摩衍那》中记载创世之初的"搅海"的故事，就提到了由于搅海而出现了天女。

　　罗摩呀，这些聪明的人，

　　左思右想，他们这样想道：

　　'如果我们把那牛奶海搅动，

　　我们就会搅出不死之药。'

　　他们就这样想着想着，

　　把婆苏吉龙王做成搅绳，

　　又把曼多罗山做成搅棍，

　　神力无量的人把大海搅动。

　　首先搅出的是檀槃陀哩，

　　接着搅出来了一个天女，

　　从搅动中，从不死之药中，

　　美妙的女郎出现在水里。

人中英豪呀！从那里面

搅出来了天女美妙秀丽。

这些美妙秀丽的天女，

总数一共有十六亿。

罗摩呀！他们还带着

数也数不清的女婢。

所有的神仙和檀那婆

没有一个想娶她们。

因为没有人把她们娶，

她们就成了公共的女人。

——《季羡林文集》第十七卷，"罗摩衍那（一）"，第 247～248 页

在这诗篇中，天女是水之妖精。传说中这些天女是公共的女人，反映了原始时代男女杂婚的遗风。在很多关于天女的故事中，天女往往是美貌而善于诱惑的女子，常常被神派遣，利用她们诱人的本领去达到某种目的。在古代印度神话中，天女中最受称道的美女乌尔瓦茜、兰跋和蒂楼塔玛；此外，莎恭达罗虽然算不上天女，但她也是天女的女儿。这些流行于古印度的神话故事，形成了古印度人对天女的基本认识，也影响着印度艺术中对天女的塑造。

又如《梨俱吠陀》中记述的天女乌尔瓦茜的故事，讲的是一个叫乌尔瓦茜的天女爱上了王子普鲁拉瓦斯，他们打算结婚。乌尔瓦茜向他提出一个条件，就是决不能让她看到他的裸体。婚后他们过着幸福的日子。但天上的乾闼婆（半神族的一种）们也爱着乌尔瓦茜，他们想让她回到天界。于是就来到王子住的地方，把乌尔瓦茜最喜爱的小羊抢走，接着要夺取第二只羊时，普鲁拉瓦斯听到了妻子痛苦的呼唤，裸着身体便急匆匆跑出去了。就在这时，乾闼婆们就扯亮了闪电，普鲁拉瓦斯的裸体正好暴露在乌尔瓦茜的眼前，于是乌尔瓦茜便消失了。普鲁拉

瓦斯悲伤地叹息，他到处寻找妻子，来到了一个莲池。在这个水池里，阿卜莎罗们变成水鸟在这里游泳。乌尔瓦茜在同伴们的怂恿下，现身在普鲁拉瓦斯面前。普鲁拉瓦斯说："请你别离开我。"乌尔瓦茜对他说："这是不可能的，你违背了我们的誓约，我不可能再跟你继续过下去了，你快回家去吧。"普鲁拉瓦斯十分难过和失望，便说道："要是你真的不回来，我还不如上吊自杀，让狼把我吃了。"乌尔瓦茜听了也感到凄凉，便道："一年后的今天你再来到这里，那时，我肚子里的孩子也该生下了。"一年后的这天夜里，普鲁拉瓦斯再次来到这里时，只见耸立着黄金的宫殿，他进入宫殿与乌尔瓦茜相会，乌尔瓦茜告诉他："明早乾闼婆们会答应你的一个愿望，你要对他们说一个愿望。一定要说希望自己也成为一个乾闼婆，就可以跟我长期在一起了。"最后，普鲁拉瓦斯终于也成了乾闼婆的一员。

从这个故事我们知道天女美丽而富有诱惑力，连生活在天界的乾闼婆也为之倾倒。而天女们常常与乾闼婆结成夫妻，却并非像人间的一夫一妻，毋宁说是群婚更合适。乾闼婆（Gandharva）是古代的半神，是守护天界的神酒——苏摩酒的人。在因陀罗（帝释天）所辖的天里，乾闼婆是音乐神。后来佛教也吸收了这个神，成为佛教八部众神之一。由于乾闼婆主司音乐，往往在佛说法时以音乐来供养佛，便成了佛教中飞天的主角。

在古印度传说中，阿卜莎罗相关的故事是较多的，也较受人喜爱，如史诗《摩诃婆罗多》中所记载的莎恭达罗的故事，经诗圣迦利多婆改编为戏剧《莎恭达罗》而成为不朽的故事。莎恭达罗就是一个天女（阿卜莎罗）的女儿。这个戏剧很早就介绍到了欧洲，1789 年威廉·琼斯把它译成英语以后，深受欧洲文人的喜爱。歌德读了德文译本后，还写了赞美的文章。歌德《发乌斯特》的序曲的构思，就来自《莎恭达罗》的序曲的灵感。

阿卜莎罗作为美女，有着很多的爱情传说故事。所以，在绘画中的形象就往往是成双成对的。在后来的佛教艺术中，也自然地吸取了印度古代传说中的天女阿卜莎罗以及乾闼婆等形象，那些飞行于天空的飞天，多数是成双成对的形象，也许就是乾闼婆和阿卜莎罗的形象。

三　印度古代艺术中的飞天

图83　飞天　巴尔胡特

表现拜塔的场面，塔上部两个飞天相对，其中右侧的飞天有翅膀。

在古代印度的美术中，飞天也是十分常见的，最早的佛教艺术，如巴尔胡特佛塔的栏楯浮雕中，就有不少飞天的形象。巴尔胡特佛塔大约建于公元前2世纪，这一时期的雕刻中还没有出现佛陀的形象，凡是表现佛传或故事中的佛陀，都以佛塔、菩提树或者佛座来象征佛，在表现人们供养或礼拜佛塔的场景中，往往在佛塔或菩提树上部雕刻出飞天的形象。相当多的飞天是有翼的形象，可以想象为紧那罗等诸天的供养场面。如在一组表现供养佛塔的场景中，在庄严的佛塔上部，有两个飞天相对，右侧的一身飞天长着翅膀，双手持花环，左侧的一身飞天没有翅膀，一手托花，一手上扬，似乎是在散花（图83）。在表现佛从三道宝阶下来时，在宝阶的两侧上部也雕刻出两身飞天，都是作散花状。但这里两身飞天都没有翅膀，而是有飘带在身后扬起，表现出飞动之感。总的来说，巴尔胡特的飞天只是作一种象征性的表现，人物与周围环境的比例不协调，显得很突兀。不论从衣着和形象上看，都与周围的其他天众没有区别。

在山奇大塔的佛经故事画面中，出现了较多的人首鸟身的飞天形象，跟巴尔胡特的飞天一样，往往出现在佛塔或菩提树的上部，一般有 2 身飞天，上半身为人形，两手持花环或作散花状，下半身则为鸟形，有翅膀，有鸟尾（图 84）。在山奇大塔的四个门上，都有一些手攀树枝的药叉女，特别是东门的药叉女，手攀芒果树，身体却有一种腾空欲飞之感（图 85）。这样的药叉形象，同样也是护法天人之一，从造型上看，后代的飞天形象从中有所继承是显而易见的。

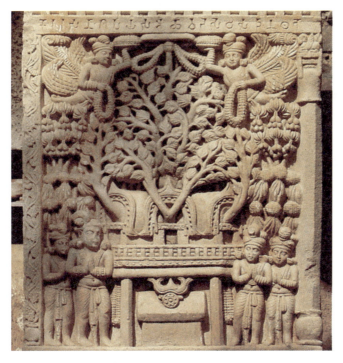

图84　飞天　山奇大塔
在象征佛的菩提树上部，两个有翼的飞天正在散花供养。

　　在马图拉的早期雕刻中，我们可以看到飞天在佛说法场面中，逐渐形成了较为规范的表现，即在佛上部的两侧各有一身飞天对称地表现，从公元 2～5 世纪的印度佛教艺术中，都可以看到这样的表现形式（图 86）。如在山奇大塔每一个塔门的入口处都有一块佛坐像的雕刻，时代为 5 世纪，其布局也是中央为坐佛，两侧分别为菩萨像，在两侧上部则是各有一身飞天形象，此时的飞天表现得较为生动，特别是通过短短的一些飘带体现出飞动的感觉。

图85　药叉女　山奇大塔

药叉女本为树神，常常表现为攀着树枝的形式，体态呈 S 形弯曲，媚态迷人。

图86　佛像雕刻中的飞天　马图拉

在佛说法场面，上部对称地雕刻二飞天，形成了一个固定的模式，在马图拉雕刻中较为常见。

　　飞天大量地集中出现在佛教石窟里，阿旃陀石窟是最为丰富的了。阿旃陀石窟也是印度规模最大的佛教石窟群，现存 29 个洞窟，包括支提窟、僧房窟等，最早营建于 2 世纪，最晚是 5 世纪营建的。飞天在石窟中主要出现在洞窟门柱的装饰雕刻、窟顶的壁画以及故事画中的一些场面。

　　在庄重的佛说法场面中，佛两侧的上方往往有两身散花供养的飞天对称地雕刻出来，这一形式无疑是马图拉佛像模式的延续，在阿旃陀第 4 窟、11 窟龛内的主尊佛像两侧上部，就可以看到对称的飞天。第 4 窟的飞天身体弯曲，像小孩一样可爱的，手持花环，向佛飞来。第 11 窟的飞天则是一条腿向前跨，一条腿向后高高地扬起，动作幅度显得很大（图87）。同样风格的飞天在第 20 窟、21 窟也可以看到。

　　以第 26 窟为代表的飞天雕刻则是两身一组的双飞天形式，在中央佛塔正面的佛像两侧上部各有一对飞天悠然地飞动，在佛塔上部覆钵的部分还有两组这样的飞天相对表现出来。不仅正面的主尊如此，在洞窟左壁的几组说法相中，也是在佛像的上部相对地雕刻出两身一组的飞天。两身飞天都是一男一女组合（图88）。在每一根列柱的上部也雕刻出两身一组的飞天形象，不仅第26窟，在阿旃陀石窟第1窟、2窟等窟的门外列柱上，我们也可以看到这样两人成组的飞天形象，大多是裸体，或者有飘带在身上，特别突出女性的双乳及丰满的臀部（图89）。这种男女成组的飞天形象在印度艺术中是十分普遍的形式。列柱上的雕刻较多的是把飞天组合在一个装饰性的框内，而第16窟的列柱上则是单独雕刻出男女成组的飞天形象，形体较大，很有特色。

图87　佛像上部的双飞天　阿旃陀第11窟
　　笈多时代的佛像，上方也对称雕刻出双飞天形像。

图88　佛像上部的双飞天　阿旃陀第26窟
　　佛像上部对称雕刻出两组飞天，各为男女成组，这是印度飞天的又一个特征。

　　壁画中的飞天多集中在窟顶的图案中，如第2窟窟顶壁画，形成一个一个的方形单元，每个单元内中央是由花卉组成的圆形图案，在圆形图与外侧的方形之间的

图89　门柱上的飞天　阿旃陀第1窟门柱
门柱上端中央为说法图，两侧各有一组双飞天。

岔角中，往往画出飞天的形象，有单独一身的天人，也有男女成组的天人。通过印度式的晕染法，人物描绘得十分写实，特别是男女成组的形象，表现两人偎依在一起，好像一对恋人，大多看不出飞行的姿态，倒像是坐在地上的样子（图90）。

图90　飞天　阿旃陀第2窟壁画
这是窟顶壁画中的双飞天，也是男女成组的形式。

　　埃洛拉石窟的营建要晚于阿旃陀石窟，这里主要有三个区域，分别为佛教、印度教和耆那教的石窟，其中佛教石窟时代最早，大约是 5~7 世纪进入繁荣阶段。这一时期的雕刻中，在佛像的两旁出现了完全女性的菩萨形象，大都是裸体形象，身上配饰璎珞或别的装饰物，突出丰乳、细腰、大臀，表现印度风格的女性美。而飞天的形象大多是男女成组的，表现出欢乐腾飞的样子。在第 8 窟、10 窟、11 窟、12 窟中，都可以看到成双成对的飞天在佛的两侧作供养的状况。特别是第 10 窟为支提窟，总的风格与阿旃陀石窟第 26 窟十分接近，但在洞窟中央的佛塔前面又设一个大佛龛，龛内有倚坐佛像，佛龛边缘上部中央为菩提树，两侧各有两组飞天形象。每一组都是男女成组的双飞天，他们或手持飘带，或托花作散花的动作。在本窟窟外上层明窗的两旁，则有两组飞天对称地向着中央飞来。各组有三身飞天（二女一男），其女性飞天上部有飘带形成的弧形，可看出敦煌壁画中较为流行的飘带形式（图 91）。窟外上层平台的围栏中也同样有一组组男女成组的天人。以这样的天人形式作为佛教洞窟的装饰，除了阿旃陀、埃洛拉石窟外，如奥兰伽巴德石窟等佛教遗迹中也是极为常见的。这里我们可以看出印度佛教艺术中的天人，既表现出传说的

图 91　飞天　埃洛拉第 10 窟外壁
在印度佛教艺术中时期较晚的石窟，在明窗两侧各有三身飞天对称雕出。

神话的特征，又充满了世俗的人间气息，表现了作为人的欢乐的气氛。而作为飞天的表现，往往为了表现人物的真实感而不得不忽视了其飞动的特点，所以这些天人通常都显得十分真实可爱，一条腿向前、一条腿向后扬起的动作似乎成了表现飞动的一个常用样式，但却像腾跃在天空的样子，大多没有飞动之感。

在埃洛拉石窟印度教石窟中，也有天人的形象。如著名的凯拉萨神庙（第16窟），就有表现得十分生动的飞天，或者单独出现，或者两人成组，他们的动作或双手向上合十，或两手上举，或相互依偎。虽然大多没有脱离一腿前伸、一腿向后扬的样式，但往往夸张地把腿表现得很长，显出身体轻盈，飞动感较强（图92）。也许到了印度教繁荣的时代，对飞天的表现也达到了一个高峰，出现了很多艺术精湛的作品。如新德里国立博物馆所藏的两组飞天，一组双飞天中前一身为男性，男性的飞天身躯强壮；后一身为女性，飞天身体娇小，双手握着飘带，飘带在身后划成一个圆弧形，然后向后飘去，下身的薄薄的长裙在腰部结成飘带也向后飘去，在身后面飘带的弧形形成美丽的曲线（图93）。另一组飞天，前面的男性的飞天一手上举，一腿向后蹬，显得充满力量，他回头向后，看着后面的飞天，后面的女性飞

图92 飞天 埃洛拉第16窟
　埃洛拉第16窟是印度教石窟，即著名的凯拉萨神庙，飞天的表现也十分活泼。

图93　男女双飞天　新德里博物馆藏

这是印度教的双飞天，男性飞天头上有华丽的头冠，女性飞天上身半裸，下着长裙，飘带形成的曲线，加强了飞动的气势。

天紧靠在他身后，双目与他相顾盼，柔和的飘带也在她的身后形成一个圆形，两身飞天一柔一刚，对比强烈，且两人相依偎、相顾盼，使画面具有活力。

四　飞天与中国的神仙

在中国，这些印度的天人一传来就与传统神话中的神仙相结合了。也许在中国人看来，飞天这种自由自在地飞翔于天空的形象与中国传统意识中的神仙形象很是一致的吧。

古代的中国人认为人死后是可以升天从而成为神仙的，因此很多文学作品都描绘了神仙的传说故事，如《楚辞》《山海经》《淮南子》等都有关于神仙的种种传说。在绘画中，自先秦时代就已经开始表现升天的内容，如长沙出土的两幅战国时期的帛画，其中一幅画出墓主人，是一个细腰长袍的女性形象，在她的上部画有飞腾的龙、凤，表现的是死者的灵魂在龙、凤的引导下升上天空。另一幅画中，墓主人为男性，正侧身驭龙，也具有升天的含意。同样的内容，在汉代的绘画中得到了更广泛的表现，如马王堆一号墓出的帛画"非衣"，就描绘了墓主人一家升天的内容，但在这些画中还没有描绘出人物腾飞的样子，仅仅表现出人们被引导进入天国的场面。在这件"非衣"中，还画出了嫦娥奔月的形象。此外，在马王堆一号墓的漆棺上则画出飞动的云气，在卷云中还有不少兽首人身、龙首人身的各种神怪，他们有的张弓射箭，有的持物飞奔……在充满动感的彩云中，你会感到他们奔跑在空旷无垠的宇宙之中，具有无限神秘的气氛。类似的飞行物在汉画中是非常普遍的，如洛阳出土的卜千秋墓中，有二十块长方形空心砖接成的"升仙图"，其中画出了太阳、月亮、伏羲、女娲、东王公、西王母以及持节仙人、三头凤、奔狐、长蛇等形象。像东王公、西王母、伏羲、女娲等形象（图7），是汉代以来绘画中表现得最多的神仙形象。

直到魏晋南北朝时期，这种对神仙的描绘仍然很普遍，在中国西北酒泉出土的丁家闸五号墓（东晋），就可以看到墓顶显要的位置上画出了东王公、西王母以及飞马、奔鹿等形象（图8）。在墓室南顶还画出一个羽人的形象，他正张开双臂飞行于天空，他的肩上有翼，裙子上也显出羽片的样子。这大约就是中国古代所认为"羽化升天"的样子吧。在南方，顾恺之等画家也常常画出一些神话传说故事，其中也不免要画出飞行的神仙形象，如著名的《洛神赋图》中的洛神形象等。

总之，在佛教传来之前，神仙思想就已深入人心，人们坚信死后是可以成仙的，而道家则宣扬可以通过修炼而不死即可"羽化而成仙"。不管怎样，神仙那种自由自在地飞行于天空，无忧无虑、无拘无束的生活，一直是人们非常向往的，人们要在祠堂中、墓室里大量地描绘各种升仙图，希望死后能够真的变成神仙。因此，飞仙也就成为古代中国人十分熟悉的形象。这也就可以理解在汉译佛经中，通常用"飞仙""仙人"这样的词来对应佛经中"天人"的意思。随着佛教的不断发展，对佛教天人的描绘也越来越多，对于当时的中国人来说，这些佛教的天人与他们所熟悉的飞仙相差无几，都是摆脱了人间的束缚，可能自由地飞行于天国的神仙，中国的艺术家们就会按照对神仙的理解来表现佛国的天人。飞天深受欢迎，表现的也很多，技法也越来越成熟。在中国差不多有佛教寺院的地方就有飞天，飞天也就成为中国佛教艺术中的重要内容。

五　双飞天——从印度到中国

随着佛教的传入中国，飞天这一形象也伴随着佛教艺术传入了中国。我们从中国西部新疆地区的石窟，到敦煌、河西地区，再到中原地区的石窟寺，甚至是散见的佛教雕刻、壁画中，都可以看到飞天的形象。魏晋南北朝以后，由于受到传统的神仙思想影响，飞天这一形象与中国式的神仙逐渐结合起来，形象也显得飘逸起来。从出现的数量之多，在佛教艺术中所占比例之大的来看，中国的飞天比起印度确是有过之而无不及。有意味的是，中国佛教艺术中的飞天，依然保持着许多来自印度的因素，比如在石窟艺术中较多地出现的"双飞天"形式，就有着浓厚的印度艺术因素。

"双飞天"，是指两身飞天组合在一起的构成形式。从敦煌壁画中所描绘的情况来看，双飞天还包括两类形式，其一是在佛像或佛说法图的上部，两侧对称地各画出一身飞天；其二为两身一组的飞天，早期多出现在窟顶平棋图案中或别的地方，有时也画在佛龛上部或佛说法图中，常常是在佛两侧各画出两身飞天，形成对称的格局。

（一）对称的双飞天

对称的双飞天形式在印度出现较早。前述巴尔胡特佛塔上的雕刻（图83），在一座佛塔的周围有一些礼拜的人，上部佛塔两侧有两身飞天对称飞翔。类似的构成在印度早期佛教雕刻中还有不少，如山奇大塔上也能看到（图84）。

　　在马图拉雕刻三尊像主尊圆形背光的两侧，各有一身飞天，形成对称的形式，飞天基本上表现为男性，没有翅膀，身上有披巾（天衣）环绕（图86）。到笈多时代，这样的飞天随着佛像的流行而进一步流行开来，在萨尔纳特等处的雕刻中就很常见了。

　　对称式飞天在新疆地区石窟现存的壁画中并不多见，但我们还是在克孜尔石窟第207窟说法图（现藏德国柏林印度美术馆）中找到了这样的双飞天构成。而在中国中原地区则常常可以看到双飞天的表现。东晋十六国时，中国早期的金铜佛像中就已继承了这种双飞天对称地表现在佛的背光上的形式，如在河北省博物馆所藏的一件十六国时代的金铜佛像上，佛像的背光上部有一化佛，两侧各有一身飞天，飞天手里举着伞盖，与犍陀罗的雕刻十分相似。

　　敦煌石窟时代最早的第272窟（北凉）在南北壁的说法图中，分别画出了对称式的双飞天，以后在北魏第254窟、257窟、260窟等窟直至北周第428窟说法图中

图94　飞天　莫高窟第257窟　龛内　北魏

龛内上方各有两身飞天，或弹奏琵琶，或作舞蹈状，动作强烈有力。

也都较多地在佛两侧上部对称飞翔的飞天（图94）。北魏的飞天，双臂张开，富有力量感，但有些僵硬，具有早期壁画的特征。这样的飞天我们在麦积山石窟早期的壁画中也可以找出很多例子。从西魏开始，由于受到中原风格的影响，飞天大都表现为成群结队飞行的样子，如第285窟南壁共画出12身伎乐飞天，排成一行随着飘动的流云而轻盈地飞翔（图95）。北周和隋代，常在四壁上部与窟顶相接的地方，画出一周飞天。这个位置本来是画天宫栏墙中伎乐的，北周以后飞天代替了伎乐，而且飞天数量大增，成了壁画中十分醒目的现象。不仅如此，由于隋代佛龛扩大，在佛龛内佛像的上部，也画出了大量的飞天，如412窟的佛龛内，飞天多达20多身。这种情况一直延续到初唐，在第329窟的佛龛内，佛传故事乘象入胎和逾城出家的画面中，也画出了众多的飞天。在初唐第321窟龛内，象征着天空的深蓝色背景中也画出了成群的飞天。

图95　飞天　莫高窟第285窟　南壁　西魏
飞天弹奏着乐器轻缓地飞动，身体动作体态以及线描的表现方法都反映出中原风格的特征。

从数量上来看，敦煌早期石窟中群体飞天所占的比例是很大的，在北凉第272窟的顶部就画出绕窟顶一周的飞天，这种形式后来在西魏、北周、隋及初唐时代的洞窟中一直很流行。但据调查，在中心柱的佛龛及南北壁的说法图中，却往往只画两身对称的飞天，^①似乎表明在说法图这样庄严的画面中，始终保持着一种来自印度的传统。

在西安宝庆寺的石雕说法图中我们也可以看到这种对称式的双飞天形式。宝庆寺石雕最初是安置在唐代长安著名的光宅坊光宅寺的七宝台上的，大体制作于武周长安三、四年间（703～704年），后来大概由于光宅寺被毁，石雕移至宝庆寺。这批雕刻在中华人民共和国成立前就几乎全部流落到国外，其中大部分保存在日本。^②大多为一佛二菩萨的形式，上部表现菩提树或华盖，在树或华盖的两侧各有一身飞天，身体轻盈，动态优美（图96）。

图96　佛三尊像　宝庆寺雕刻　唐
在佛三尊像的上部两侧各有一身飞天对称地飞行，这是源自印度的表现模式。

在相当于唐代的日本法隆寺金堂壁画的构成，与敦煌初唐壁画以及宝庆寺的说法图有着惊人的相似之处，法隆寺金堂四面大型壁画，分别表现着东方药师净土、西方阿弥陀净土、南方释迦如来净土、北方弥勒净土。^③而在每一铺净土图中，佛像上部华盖两侧各有一身飞天，构成了对称式双飞天形式。

（二）双身组合的双飞天

古代印度流行的另一类双飞天，是男女成组的飞天形式，我们

①赵声良：《双飞天源流初探》，载《南京栖霞山石窟艺术与敦煌学》，中国美术学院出版社，2002年。
②关于宝庆寺的石雕佛像，参见谷信一：《宝庆寺石佛について（上）、（下）》（《国华》第499、501号，1932年），本山路美：《宝庆寺石佛群の造营事情について》（早稻田大学美术史学会《美术史研究》第18册，1981年），杉山二郎：《宝庆寺石佛研究序说》（《东京国立博物馆纪要》13号，1978年）等。
③参见柳泽孝：《法隆寺金堂壁画》，岩波书店，1975年。

从阿马拉瓦提等地的雕刻中可以看到不少例证。在阿旃陀石窟，窟门的装饰多用这样的双飞天雕刻（图 88、89、90），也许是表现乾闼婆和妻子阿卜莎罗的形象。

古代印度艺术从来不排斥表现两性相爱的内容。在印度早期雕刻中流行密多那（Mithuna）的男女组合形象，大多是表现药叉和药叉女，有的还露骨地表现他们的爱抚及拥抱等性爱行为。人首鸟身的紧那罗也常常表现为男女成对的形式。佛教艺术产生以后，药叉及药叉女的形象被完整地移入佛教艺术中，从贵霜时代到笈多时代，不论是山奇大塔、阿旃陀石窟、埃洛拉石窟等都可以看到男女组合的飞天形象（图 90）。

新疆克孜尔石窟中，男女飞天成组表现的情况也比较普遍，如第 38 窟、17 窟、8 窟的壁画中就有男女双飞天的表现，在第 38 窟两侧壁的伎乐也是每两身伎乐组成一个单元，通常都是男女成组的（图 97）。在一些说法图中，听法菩萨之列还表现

图 97　天宫伎乐　克孜尔第 38 窟

本窟的天宫伎乐均为男女成组，女性伎乐头戴花冠，裸露出丰满的乳房，体现出来自印度的影响。

出男女成组的听法菩萨形象，虽然无法断定是不是乾闼婆与阿卜莎罗的形象，但说明龟兹地区壁画完全吸取了印度流行的那种对男女成组形象的表现。

在云冈石窟第7窟、8窟的顶部藻井的装饰部分，雕刻出了成群结队的飞天，然而大多数飞天都明显地分为两人一组的形式（图98、99），这样两身飞天紧靠在

图98　飞天　云冈石窟第7窟窟顶　北魏
窟顶藻井中的飞天各为两身一组，但分不出男女之别。

图99　飞天　云冈石窟第8窟窟顶　北魏
雕刻在窟顶的双飞天，动作强悍有力，是北魏时期云冈飞天的代表。

一起，行动一致，使我们想到印度流行的那种被称作密多那的男女飞天组合。但在这里我们无法看出男女的差异。在云冈第6窟，我们看到一种变化，在佛龛的龛沿、龛柱、龛楣上部都雕刻出一身接一身的飞天，形成纷繁而华丽的装饰，两人组合的飞天形式就渐渐地淡化了，改变为单个的飞天，或成群结队地飞行。北魏晚期以后，由于受到南方艺术的影响，飞天在形象上与中国式的仙人结合，成了身体瘦小纤细、天衣飘扬的仙人，华丽繁富的衣裙和飘带掩盖了他们的性别特征。这种中原风格的飞天以龙门石窟为中心而流行开来，一度影响到敦煌。

　　在敦煌早期壁画中就已经出现两身一组的飞天形式。北魏第254窟窟顶藻井中就有两身组合的飞天；第428窟窟顶也画出了两处两身一组的飞天。两身飞天紧密地靠在一起，相互依偎，动作也往往互相配合，有一种亲密感（图100）。但是总的来说，在敦煌壁画中两身一组的飞天较少。在很多场合，常常是利用对称结构，在佛像的两侧各画两身飞天，形成双身双飞天的形式。在第254窟、251窟等窟的佛龛中，就把两组这样的飞天对称地画在佛像的两边，在北魏到北周时代都有这样的形式。如第249窟、285窟窟龛内的飞天，各有两身形成一个单元，两身飞天在形体、动作上都十分协调，形成了双身飞天的对称构成。

图100　飞天　莫高窟第428窟　南壁　北周
这是绘于窟顶的双飞天，强调其动态之美，却分不出男女之别。

敦煌壁画中的双身双飞天大多与云冈石窟一样也没有表现出性别的特征来。但我们还是在敦煌早期壁画中找到了体现出性别特征的飞天，如第 285 窟的南壁有两身裸体飞天。此外，在第 260 窟、431 窟、第 428 窟等窟中也都发现了裸体飞天。不过这些裸体飞天都是男性的。而且如第 285 窟南壁的裸体飞天是画成小孩的形象。说明中国画家们对于表现裸体有着某种禁忌，即使按照西域传来的样式表现，也要作一些改变，如改成小孩的形象，这样就容易为中国的观众所接受。

唐代敦煌壁画中，双人组合的双飞天往往采用第一类对称型的构成形式，形成了两组双飞天相对称表现的画法，实际上共有 4 身飞天。在第 209 窟窟顶四披每一面披都画出一铺说法图，上部都是双人组对称表现的双飞天形式。第 320 窟南壁著名的《佛说法图》的上部，两侧各有两身飞天。这两身飞天，一身回头好像在招呼后面一身飞天，而后面的一身飞天则挥手与前面的飞天相呼应，表现得十分生动而有情趣。在第 172 窟龛内顶部，也有类似的双飞天，一身向上，一身向下，周围画出流云，形成了一个旋转的动势，充满情趣，在画面构成上表现得十分完美（图 62）。

飞天在中国，其数量及表现的普及程度已远甚于印度，而在表现形式上与印度也大不相同。尽管在中国的佛教艺术中，依然可以找出印度的某些样式特征，毕竟飞天作为佛教艺术的一种形象，本来就是来自印度，不可避免地带有印度的痕迹。而从双飞天形式在中国的变迁，正可以看出中印两国审美精神的差异。印度所欣赏的那种带有浓重性爱特征、表现形式上又注重肉体感观之美的双飞天，在中国几乎消失殆尽，而代之以中国自魏晋以来对神仙境界的追求，在形式上则追求一种流动飘逸之美。中国画的流畅舒展的线条美在飞天身上表现得淋漓尽致，这正是中国艺术所追求的美的所在。

第六讲

故事画的艺术

　　故事画是通过描绘一定的人物、动作以及人物之间的相互关系等来展示一个故事的发生、发展和结局，它综合了各种绘画手段为表达故事的思想内容服务，有别于肖像画、山水花鸟画等画科。中国的故事画起源较早，考古发现的西汉墓室壁画"二桃杀三士""鸿门宴"①，大约是现在所见较早的故事画。两汉的画像砖、画像石中，故事画也较为丰富，历史故事"荆轲刺秦王""泗水捞鼎"和神话故事"嫦娥奔月""后羿射日"等都是较为常见的题材。由于故事画内涵丰富，一幅画可以告诉人们很多情节内容，同时，故事画又根据内容的不同而采用灵活多变的绘画方式和技巧，因而深受广大群众喜爱。封建统治者把绘画当作"成教化，助人伦"的工具，要"留乎形容，式昭盛德之事，具其成败，以传既往之踪"。②对于这个目的，故事画显然是很适合的。因而故事画在汉晋以来较为流行。画史载魏少帝曹髦曾画《盗跖图》，晋明帝司马绍绘有《禹会涂山》《殷汤伐桀图》，卫协绘有《卞庄子刺虎图》，史道硕绘有《燕人送荆轲图》等等，这些名人的画作现在已经不存，但从南北朝时期的文物中，还可以看到象北魏孝子棺线刻画表现孝子故事，北魏司马金龙墓出土的棺板画，表现"列女传"的故事等以及传为顾恺之的《洛神赋图》，可知魏晋南北朝时期故事画兴盛的状况。

　　在古代印度的艺术中，故事性的雕刻和绘画也是十分流行的。

①河南省文化局文物工作队：《洛阳西汉壁画墓发掘报告》，《考古学报》1964 年第 2 期。
②《历代名画记》卷 1，人民美术出版社，1963 年。

早期的佛教艺术，如建于公元前 2 世纪的山奇大塔、巴尔胡特大塔的塔门和周围护栏中就有很多关于佛传故事、本生故事的浮雕。南印度的阿玛拉瓦提雕刻中也有不少故事性的内容。流波所及，在佛教传入中国之后，石窟寺院普遍兴建，佛教故事画也同样在众多的寺院及石窟里流行起来。

　　敦煌石窟中的故事画在北朝到隋代是第一个兴盛期，现存北凉至北周 40 个洞窟中，[①]就有 17 个洞窟绘有故事画，计 26 种、42 幅。唐代初期故事画一度减少，但在盛唐以后，随着经变画的兴起，故事画以另一种形式出现，形成了新型连环画形式，并取得了很高的成就。唐代后期，屏风画形式的故事画兴起，成为石窟壁画中普遍流行的形式，此后，故事画出现多种形式并存的状况。

一　单幅构成的故事画

　　北凉到北魏时期，是敦煌壁画故事画发展的最早阶段，这一时期的故事画以单幅画为主要特征。在北凉第 275 窟北壁，依次画出了"快目王施眼""月光王施头""尸毗王割肉贸鸽""虔阇尼婆梨王剜肉燃千灯""毗楞竭梨王身钉千钉"等本生故事。这些故事画都是通过表现故事中一个情节来反映故事的全貌。如毗楞竭梨王本生仅绘了三个人物，右侧是毗楞竭梨王面左而坐，两手作转法轮印，面相庄严沉静，左侧一人站着，一手掌钉钉在毗楞竭梨王胸部，一手扬起作敲击状。二人一站一坐，一动一静，对比强烈。毗楞竭梨王身右侧还有一人，形体较小，正悲伤痛哭，这是表现国王亲属不忍心让国王受这种痛苦而忧伤的情

①洞窟的数目依据《敦煌莫高窟内容总录》，文物出版社，1982 年。

节，在画面上却起到了均衡的效果（图101）。

这类故事画，我们称为单幅画，由于只有一个画面，画家必须选择一个最典型、最有代表性的情节来刻画，使人一望就明白故事的前前后后，前面所述毗楞竭梨王本生便是选择了故事中毗楞竭梨王为了听佛法，甘愿忍受身钉千钉之苦的情节作画面，至于故事的起因及最后的结局，都是无关紧要的事，都不如这一场面更集中。把次要情节省去，同时也省去了很多次要人物，画面只出现三个人物，这样使主题更加突出了。月光王本生也同样，仅画

图101　毗楞竭梨王本生　莫高窟第275窟北壁　北凉

毗楞竭梨王上身半裸，坐于束腰座上，左侧的婆罗门正在向他身上钉钉。右下部是国王眷属悲伤痛哭，上部有二飞天赞叹供养。

了两个人物，月光王坐在凳子上，一人跪在月光王前，手托一盘，内盛三颗七宝头，哀求国王以此代替。画面更简练，意义也非常明确。这类佛经故事都是宣扬佛教的忍辱和牺牲精神，没有较多的情节变化，画家抓住主要的情节加以刻画，故事的环境及其他人物都省略了。这种构图的简约、造型的质朴，是可以看出雕刻艺术的某些特点的，不能排除早期壁画接受了雕刻的影响。至于单幅画的形式，在中国汉代绘画中也可以看出，在古印度的佛教雕刻中也同样存在，如果考虑到佛教来自于印度文化的深刻背景，这些故事画接受了印度和西域的影响是很好理解的。

随着佛教在中国的进一步传播，更多的佛经故事题材需要通过绘画来加以宣传，这种情节单一的单幅画结构已经不太适应新的需要了。在北魏第254窟，单

幅画有了新的发展。本窟南壁描绘了萨埵太子本生（图42）。这个故事情节较多，而且故事发展并不在同一地方，要在一个画面中概括地描绘是比较困难的。这里，画家采用单幅画多层次的处理方法，异时同图，全图大致描绘了七个情节：故事的开端，萨埵与二位兄长出游遇见饿虎这一情节置于画面中部；右侧刻画了萨埵刺项、跳崖、饲虎这三个连续场景；左侧描绘出亲属悲哀、抚尸恸哭以及造塔供养等场面。对于各个情节的处理，作者并不是平均使力，而是有主有次、有轻有重的。画家紧紧抓住萨埵饲虎这一故事发展的高潮，并相应地画成了"刺项""投崖"而组成一个连续的场景，把萨埵勇敢地刺破喉咙、从山崖跳下而躺在老虎旁边这个过程较完整地表现出来。同时描绘了饥饿、凶狠的老虎，双眼闪着逼人的寒光，正贪婪地大口吞噬萨埵太子。这一场景占了较大的画面，突出表现了萨埵太子为了他所追求的佛教宗旨而不惜舍身饲虎的崇高精神。画面左侧，表现萨埵的亲属抚尸痛哭等场面，通过描绘众多人物的神情，进一步渲染了强烈的悲剧气氛。画面上部和左右两侧的人物场景，始终围绕着萨埵饲虎这个中心来描绘。左上角明亮的宝塔，轻快的飞天，表现萨埵太子光明的结局，但在画面中，毋宁是对萨埵饲虎的悲剧性的衬托。

从克孜尔第114窟的菱格本生故事画中，可以看到同一题材的处理方法，在菱格形画幅中，仅画了萨埵跳崖、饲虎两个场面（图43）。显然，画家是抓住了这个故事的关键。而在敦煌第254窟，画家虽然在一定程度上借鉴了新疆壁画的办法，但是又不仅仅要对故事作简单的图解，而是通过众多情节的组织和对人物形象的刻画来表达这个故事所包含的更为丰富的美学内涵——崇高、悲壮之美。因此，萨埵的形象不再是一种概念化的人物，从他跪在山上，一手伸直，仿佛在起誓，一手握木刺毅然刺向喉咙这一情景体现出坚决果敢的气氛；当他侧身虎口，让张牙舞爪的老虎吃他时，神态又是那样安详自如；而在描绘亲属抚尸痛哭这一场景。本来只剩白骨，画家却有意画成肌肉完好的身体使萨埵的形象完美，这在观众看来却是那样合情合理，而不会感到不真实。画家正是通过"形美以感目"而达到"意美以感心"。①因此，这幅故事画的成功，不仅仅在于完美的构图，精细的刻划，而更在于画家通过各种艺术手段而达到的美学境界。

　　同窟北壁的尸毗王本生，与前者又有所不同，采用以主人公为中心大致对称的构图方法，部分细节从侧面展开。画家着力刻画了慈悲为怀的尸毗王形象，他一手托着鸽子，一手扬起，似乎在阻挡追逐鸽子的老鹰，面相沉着而自信。他一条腿自然下垂，另一条腿平曲，一个面貌凶狠的人正从他腿上割肉，右侧有一人提秤，秤的一端放着鸽子，一端坐着尸毗王。坐在秤盘中的尸毗王体肤完好，这是画家为使尸毗王形象完美而作的艺术处理。关于"尸毗王本生"这一题材，在印度和西域石窟中多有表现，画家在此采用对称构图，尸毗王形象很大，神情刻画也较仔细，两边人物在对称中有所变化，因而显得在庄严的气氛中不乏活泼的动感（图102）。同窟的降魔变和难陀出家因缘也采用了以佛为

①鲁迅：《汉文学史纲要》，载《鲁迅全集》第十卷，人民文学出版社，1973年，第521页。

图102　尸毗王本生　莫高窟第54窟北壁　北魏
故事讲述释迦牟尼的前生为尸毗王时，为救助弱小的鸽子而将自身的肉割下喂鹰的牺牲精神。画面强调尸毗王沉着的表情与安详优雅的神态，是北魏时期故事画的代表作。

中心的对称形式，具有较完美的装饰性，但对于故事内容的表达来说，显然是过分简略了。

总之，单幅故事画较多地受到西域艺术风格的影响，现存克孜尔等西域石窟中的本生故事画，如"月光王本生""虔阇尼婆梨王本生"及"萨埵本生"等题材的表现手法都直接影响到了敦煌北凉到北魏时期同类题材的创作，至于西域式晕染法的使用，人物面部的特征等方面，则更体现出明显的西域艺术特征。以佛为中心的对称构图，同样是借鉴了龟兹壁画中"菱格因缘"①故事画法，只是在这里画面更大、人物更多，层次更丰富了。

二　长卷式连环画的兴起

如果说单幅画是独幕剧的话，连环画便是多幕剧或连续剧了。对于表达故事内容来说，自然后者的容量大得多。尽管单幅画在处理复杂的故事情节上，曾取得很高的艺术成就，但对于普通观众来说，一个个情节相接而成的连环画形式，更容易接受。因而在北魏晚期至西魏，画家开始探索故事画新的构成方法，单幅画逐渐向连环画过渡。

第257窟的九色鹿本生，是一幅著名的故事画，这个故事以它深刻的寓言性而广为流传。画家在表现这一题材时，完全改变了印度和西域式构图的格局，而采用长卷式构图，多个情节平列、又互相衔接而反映出全故事的内容（图103）。画面左侧以斜向连绵的山峦分隔出一片片场景，从中表现人物情节。这里的山水，既作为故事的背景，又作为分隔画面场次的手段，使每一个场景既有一定的独立性，又是全画不可分割的部分。值得一提的

① 参见马世长：《克孜尔中心柱窟主室券顶与后室的壁画》，载《中国石窟·克孜尔石窟》，文物出版社，1996年。

是，这幅画采用两头向中间发展的顺序，由于故事内容有两条线索，一方面是九色
鹿拯救溺人，溺人感恩发誓而去；另一方面是王后梦见九色鹿而要求国王捕杀，国
王张榜、溺人见利忘义而引国王入森林，与九色鹿相逢，九色鹿控诉溺人忘恩负义，
至此故事结束。而画面上仍采用这种"话分两头"的办法，从左右两头表现两条线
索，最后交汇于画面中部，这样巧妙地把时间的发展与画面的空间顺序对应起来。
这幅长卷式故事画的构思，实质上仍然体现出单幅画的意识。画面右侧是王城，左
侧是山峦和小河，整幅画构成一个较为客观的整体空间，具有一种拉长了的单幅画
效果，同时突出表现情节的高潮，这个单幅画的最大特点在这里也得到加强。作为
一个横卷画面，不可能像方形构图那样以加大人物形象来强调主要情节，因而，作
者利用画面中部两条线索交汇之处这一显眼位置。另外，在视觉效果上，利用了人
物行动趋向，左侧的几只鹿都向右行，右侧的人马都向左行进，两头的趋向使人的
注意力集中九色鹿在国王面前控诉溺人这一情节上，这样突出地强调了这一情节，
却又不露斧凿痕迹。

图 103　九色鹿本生　莫高窟第 257 窟西壁　北魏
　　故事采用长卷式画面，从两头到中间的顺序展开，把故事的高潮放在画面中央，烘托出九色鹿正义凛然
的形象。

　　此外，对人物的性格也进行了细致入微的刻画。如王后向国王说梦，要求捕捉
九色鹿，她一手搭在国王身上，一手伸出比划着，长裙下的光脚，似在有意晃动，
生动地表现了王后在国王面前撒娇的神态和想得到鹿皮的迫切心情。九色鹿的形象
也作了人格化的表现，画家采用不同于印度、西域壁画中所表现的九色鹿跪在国王
面前的处理手法，而是让它昂首挺胸，勇敢地站在国王面前，揭露溺人，充分表现
出一股凛然正气（图 104）。相反，溺人的形象则被置于国王侍从身后，他身体不敢

图 104　九色鹿本生（局部）

伸直，双腿似在打战，右手指着九色鹿，脸上露出畏缩不安的神色，活现一个反复小人的形象。

　　本窟南壁的沙弥守戒自杀缘品，也是一幅长卷式画面。第一个场景表现长者送小沙弥受戒，第二个场景比丘遣小沙弥化缘，两个情节中比丘同一坐势、相同的禅窟与山峦重复出现，这种表现手法意味着具备了连环画的某些特征。后面，表现沙弥化缘、少女心生爱慕、沙弥自杀、少女惊怖等情节，却又用了一个场景来描绘，又流露出单幅画多层次构图的特点（图 105）。同窟西壁至北壁的《须摩提女因缘》故事画，虽作长卷构图，但主要情节仍是单幅画构成。从北魏第 257 窟的故事画可以看出画家不满足于过去那种单幅画的艺术形式，而开始探索新的途径，为了解决多情节构图中的顺序问题，采用了长卷式布局，这样形成的每一个场面意义明确，情节发展顺序清晰，场景之间有相对的独立性。这种布局接近了连环画的艺术形式，但在画家的构思中，始终没有摆脱单幅画构成的本质精神，说明新的形式尚未定型，旧的形式仍然起着作用。

图105　沙弥守戒自杀故事　莫高窟第257窟南壁　北魏
画面由左至右，表现小沙弥出家、出门化缘、少女求欢、沙弥自杀等情节。

　　而在南北朝时期，中原的绘画正在发生重大的变革，对老庄思想的崇尚，清谈、隐逸之风盛行，特别是山水诗、山水画的兴起、对故事画产生了重大影响，从传为顾恺之的《洛神赋图》看，画家把故事情节放在一个广阔的空间来展开，通过描绘蜿蜒的山峦、潺湲的流水，天空腾飞的龙和瑞鸟，地上葱茏的树木以及人物、车马，表现了一个充满诗情的梦幻般的境界，反映了当时的社会审美趣味。这种美学情趣以及在绘画上的新技法，到了北魏晚期，开始在西北流传，并进入了佛教壁画之中。在麦积山石窟北魏第127窟，可看到具有中原新风格的"睒子本生""萨埵本生"等故事画。但在敦煌则是到了西魏时期，才出现这种新的画风。

　　北魏末至西魏时期，来自中原的元荣出任瓜州刺史，中原的新画风也随之而传入敦煌。第285窟，这个保存有大统四、五年（538、539年）题记的洞窟，南壁主要壁面描绘了五百强盗成佛故事，画面采用长卷式构图，从左至右发展，第一个场面描绘官军与强盗作战：表现众多人物相互鏖战，视点较高，场面较大，形势激烈，体现出中原式画法处理空间的优势。以后的情节便在较为广阔的山水空间展开，巍峨的殿堂，茂盛的树木以及山水的布局，大大增强了画面的纵深感（图37）。人物形象清瘦，显示出"秀骨清像"的中原时尚，造型手法几乎全是以线描为主，抛开了西域式晕染法。大约是受了中原山水画的影响，这幅画较多地用山水林木作背景，并仔细描绘了山中奔跑的小鹿，水中嬉戏的水鸟以及弯弓搭箭的猎人等，这些栩栩如生的形象使画面饶有情趣。由于这幅画过分照搬中原式画法，场面过于空洞，人物形象较小，全图结构较为松散，特别是因照顾到房屋与人的比例关系，在画面中的殿堂画得过大，而使这幅画割裂为两部分，产生不协调之感。画家注重了山水景物的刻画，其结果却是更显得喧宾夺主了。总之，"五百强盗成佛图"作为故事画来说并不是很成功的，西魏以后的故事画再没有类似的布局画法，说明这种纯粹中原风格的绘画在敦煌并没有流行开来。

北周的故事画达到了空前的繁荣阶段。现存北周洞窟中有 9 个窟绘有故事画共19 幅，占了北朝故事画总数的一半，而大多采用长卷式构图，所占幅面则远远超过了以前几个时期。除了绘于洞窟侧壁，还往往绘于洞窟顶部。故事画结构普遍采用长卷式连环画形式，每一个场面只表现一个情节，具有相对独立性，各情节相互连贯组成一卷完整的画面，有的故事用一条长卷画不完，还用两段三段横卷相连，最长的是长达六条横卷相接，规模很大。

由于篇幅拉长，画家可以较为仔细地刻画故事的细节，把故事从头到尾无一遗漏地反映出来。如第 428 窟东壁的萨埵本生，共画了 14 个场面（图 106），把单幅画所省略的情节都一一补充出来，特别是表现萨埵的两位兄长见到萨埵的尸骨时，夸张地描绘了他们惊愕、恸哭的神情；接着他们匆匆策马回宫禀报，画出他们骑马奔驰，路旁的树也因风急而向前倾斜，反映了他们急迫的心情。同窟东壁北侧的须达拿本生共描绘了 19 个场面，与萨埵本生一样采用三段长卷相连，按"己"形顺序发展，其中描绘敌国人得到白象后手舞足蹈，得意忘形的神态表现得也很生动。这类次要情节，若在单幅画中必然要省略的，但在连环画中，则成了故事发展不可分割的部分。

第 290 窟的佛传故事，是北周连环故事画的突出代表，在长达六段的画卷中，共绘了 87 个情节，详细描绘了释迦牟尼从出生、成长至看破红尘而出家以至成佛的

图106　萨埵本生（线描）　莫高窟第428窟东壁　北周

采用长卷式画面分三段表现故事情节，上段从右至左，中段从左至右，下段再从右至左，详细地表现萨埵太子与兄弟离家入山到返途遇虎，萨埵投崖饲虎及家属收拾遗骨等情节。

全过程，内容丰富、情节复杂，刻画精细。这样的鸿篇巨制在古代故事画中是非常罕见的。这组连环画的情节与情节之间都有一定的分界线，或以房屋、树木的直线分开，或直接以横隔画卷的题榜分开，造成每一场景的相对独立性。突出主要人物，是这组故事画的重要特点。在全画200多个人物中，绝大部分人物仅作了类型化的描绘，只能通过衣冠服饰和动作猜出人物身份，而对于悉达太子，则通过各种手段把他画在显要位置上，在悉达太子刚诞生时，就能走路，"步步生莲""九龙灌顶"等场面，他比常人形象还要大，可是在"相师看相"等场面，又画成婴儿状。这些都是为突出主人公而进行的艺术处理。在麦积山石窟127窟壁画里，我们看到画家以近乎科学的透视法描绘房屋，使人与房屋的比例关系协调。而这里，房屋、山水树木等仅作为一种道具，都是为表现故事内容服务的。如画中表现王者与大臣在宫中议事的场面，画家把宫殿从中割开，使人能看到人场物面，这里，屋宇如舞台上的道具一样，可供画家根据内容的需要而随意拆卸。另外，画家还利用房屋作为一种装饰带而统摄全面，屋顶透视所构成的斜线，或左高右低，或右高左低，在画家有机的组合下，形成了上下起伏的节奏感，具有强烈的装饰性。

第 296 窟的善事太子入海品和微妙比丘尼因缘画中，由于采用双层长卷上下交错发展的顺序，画家把上下层房屋建筑交错开来，形成"品"字结构，既标志着故事发展的顺序，又构成一种装饰效果。在第 428 窟、299 窟的故事画，则利用起伏柔和的山峦构成一种富有韵律感的曲线，统摄全画。利用富于装饰性和象征性的山峦、树木和房屋来构成一条联系全画的纽带，这种方法在北周成为固定的样式。另外，画家还利用人物、动物行动的趋向，来标志长卷连环画的发展方向，在"微妙比丘尼因缘""善事太子入海品"等故事画中，人物、乘骑的走向始终与故事的发展走向一致，这种方向一致的动作，构成了全画统一的行进趋向，加强了连环画长卷的内在联系而保持了画面的完整性。

这个时期的故事画，由于情节复杂、人物众多，每一个具体场景的画幅很小，若敷色太重，必然令人眼花缭乱，不得要领，因而线描造型成为主要表现手段。第 290 窟佛传故事画中人物全用线描，服饰以浅淡、单纯的颜色染出，人物面部用中原式晕染法作晕染，形成疏朗、淡雅的风格。第 296 窟、301 等窟的连环故事画，人物主要以赭色线钩描，横贯全画的山水色彩鲜艳，远远看来，画面的整体感很强。

总之，无论从画面结构的严密，规模的宏大，还是线描、敷色、构图等方面的完美结合以及自由处理人物与环境的关系等方面都说明了故事画在北周发展成熟，而且达到了一个艺术高峰。有人认为，北周大部分故事画分布在窟顶四披或人字披两侧这些不太引人注目的地方，说明此时故事画已不受重视、甚至断言故事画趋于衰落。①这种观点颇值得商榷。从北朝佛教故事画的发展来看，如前所述北周正是繁荣兴盛的时期。若从宗教的目的来看，

① 参见高田修：《佛教故事画与敦煌壁画》，载《中国石窟·敦煌莫高窟》第 2 卷，文物出版社，1984 年 10 月。

则故事画的地位在任何时候都比不上佛像画，在北凉、北魏时期常见故事画绘于南北两壁，而在北周，两侧壁多绘佛说法图或千佛，把侧壁让给更崇高庄严的说法图，并不意味着故事画遭到冷遇。应该看到，石窟作为一个整体的设计也是不断发展的，北周的洞窟除第428窟外，大多是中小型洞窟，为了使洞窟在视觉上不感到过分拥挤，就需要在四壁绘制一些较单纯、整齐的画面，造成一种空阔感。故事画人物众多，动态变化丰富，显然不适宜这种装饰的目的，于是画家改用规整的图案化的千佛或对称性的说法图绘于两侧壁，而把故事画绘在窟顶，由于洞窟不大，窟顶内容是完全可以看清的。在第428窟这个较大的洞窟里，故事画则绘于东壁，说明故事画的位置是根据整窟设计来确定的，与故事画本身的兴衰关系不大。从隋代故事画的进一步发展来看，北周正是故事画艺术方兴未艾的时期。

三　隋代故事画的承先启后

隋代是莫高窟佛教艺术高度发达的一个时代，在隋代短短的三十多年时间里，莫高窟营建洞窟竟达一百多个，而且有不少是大型洞窟。一方面表明了隋代强大的经济力量，一方面也反映了这个时代正是佛教和佛教艺术处于上升的发展阶段。从壁画中的故事画来看，隋代主要继承了北朝以来的长卷式连环画形式，但表现得更为精致和细腻，刻画人物的线描更加成熟，色彩表现更加丰富。

隋代前期的小型洞窟中，故事画大都画在窟顶四披或人字披两披，如第301窟、302窟窟顶绘的萨埵本生、睒子本生等故事，不论是题材内容还是画面布局等表现特征都与北周的故事画一致，看起来是北周时代故事画的延续。第303窟的人字披两披绘出法华经观音普门品变，这是新出现的题材。人字披的东西两披分别以两道长卷式画面，连续地描绘观音菩萨救苦救难及三十三变化身的形象，壁画中通过房屋建筑和树木、山水分隔出一个个画面，每个画面表现一个情节。但在表现观音菩萨救水难、盗难时，画面空间较大，表现河流和山峦，显得不规整。反映了画家对景物表现的重视。《法华经·观音普门品》的内容早在南朝时期四川地区的佛教雕刻中就出现了，此后逐渐在中国流行起来。在敦煌石窟中，从隋代出现以后，就很快流行起来了，到唐以后发展成了独立的观音经变。所以第303窟的观音普门品具有十分重要的意义。

在第423窟、419窟、420窟，我们看到画家用长卷式画面表现丰富的故事。在形式上有了进一步的发展。第423窟人字披东披表现的是须达拿太子本生故事（图107）。这一题材在北周第428窟是以三段式长卷的画面来表现的。在第423窟则打破了长卷的形式，画家以连续的山峦或房屋形成一个个椭圆形的画面，在其间展开故事情节，在椭圆形的中央表现主要的情节，而在各个山峦或树木间也同样描绘一些相关的情节。连续的山峦树木以及建筑形成富有动感的装饰物，使全画面连成一气，从视觉上来说更显得完整而富有韵律感，摆脱了北周形成的严格的带状分隔线，显得奔放自由。

图107　须达拿太子本生　莫高窟第423窟人字披东披　隋
这幅画面很难看出长卷画的起始，画家以山峦组成一个个连续环境表现故事情节，山水背景与故事内容融在一起。

第419窟的人字披顶表现的须达拿太子本生和萨埵本生故事；第420窟是个覆斗顶形窟，窟顶四披表现的是内容丰富的法华经变。这两个洞窟故事画的风格一致。虽然画家沿用了北周以来的长卷式画面构成，但同第423窟一样，很多地方打破了严格的带状分隔，以树木、房屋、山峦作为背景，并使全画面统一起来。如第420窟南披的画面以火宅喻品为中心，表现绵延的建筑，转折的墙垣和屋顶使画面充满了几何形结构，形成另一种韵律。由于变色严重，画面大多变黑，我们不能清晰地看到当年艳丽的色彩了，但从现存的画面状况来看，以石绿石青为主的色调仍表现出典雅而灿烂的风格。从山峦、树木及建筑部分厚重的晕染及残存的细腻的线描来看，隋代在表现景物方面有了极大的进步。

在第427窟的中心柱边缘，有一幅须达拿太子本生故事，由于画面的位置结构，完全以长卷式连环画的形式来表现。画面残破较多，从残存的画面来看，引人注目的是图中的人物造型完全是汉民族的人物形象，而且表现手法以线描造型为主，是传自中原的技法。

从以上隋代洞窟故事画的情况来看，在北周确定了的长卷式构成形式到了隋代又有了新的发展，并在接受中原艺术影响下取得了新的成果。

但是长卷式故事画似乎到了隋代就进入尾声，唐代以后极少出现像北朝时期流行的那种长卷式连环故事画了。而另一种表现故事的新的形式也在隋朝开始了，这就是在佛龛两侧对称地表现佛传的形式。

隋唐之际，洞窟形制与壁画布局产生了很大变化，中心柱窟减少了，方形覆斗顶殿堂窟成为这一时期洞窟的主要形式。在这样宽敞的洞窟里，除了正壁开龛塑像外，左右两侧壁大多绘制大型经变画或说法图，早期那种横卷式连环故事画显然已不能适应这种布局的需要。这一时期出现了把佛传故事中的"乘象入胎"和"夜半逾城"两个场面，以单幅画的形式对称地画在佛龛外两侧或龛内顶部的形式。在佛传故事里，"乘象入胎"是指佛母摩耶夫人梦见一菩萨乘象而来，醒而有娠，后来便生下了悉达太子（释迦牟尼）；"夜半逾城"讲的是悉达太子长大成人后，见到人间生老病死诸苦，思求解脱之道，在一个夜晚骑马逾城出走，终于成道。这两个情节，一个说明佛的诞生，一个说明释迦的悟道成佛，是释迦牟尼一生中的两个关键时刻，因而很能概括佛传的内容。在佛传故事中选取这两个情节单独绘出，莫高窟最早出现于北魏第 431 窟，绘于中心柱南向龛外两侧。但在北朝其它洞窟中再也没有出现过。到了隋代出现得较多，多绘于洞窟正壁龛两侧，并逐渐形成定式，并延续到了初唐时期。隋代共有 4 个洞窟绘制了这一内容，包括第 278 窟、280 窟、383 窟、397 窟；唐代共有七个洞窟绘出这一题材，分别见于第 57 窟、269 窟、283 窟、322 窟、329 窟、375 窟、386 等窟。

如第 278 窟的西壁佛龛外上部北侧画的是"乘象入胎"的情节，表现一菩萨乘着大象缓缓而行，后面跟随着二乐伎分别演奏着箜篌和琵琶。在大象的长牙上还站着两个小天人也在演奏乐器。南侧的夜半逾城画面描绘悉达太子骑着白马奔驰而去，四个小天人托着马足在云中奔跑，太子身上的飘带在天空中形成圆弧形，身后还有一些飞天跟随。飘带、彩云烘托出快速奔跑的动感。与北侧的舒缓气氛形成一种对比（图 108、109）。

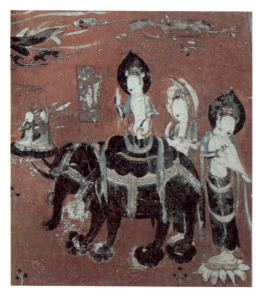 

图 108　乘象入胎　莫高窟第 278 窟西壁　隋
　　表现摩耶夫人做梦而生下释迦牟尼的故事，菩萨乘象缓缓而行，前后均有伎乐演奏音乐，表现出欢乐的景象。

图 109　夜半逾城　莫高窟第 278 窟西壁　隋
　　表现释迦牟尼为太子时，看透了人生的苦难，决计要出家。画面中太子乘马飞升而上，下面有四个小天人托着马足，人物衣服和飘带翻飞，彩云缭绕，又与太子急速奔驰的动势协调。

同样的内容在第397窟是画在龛顶两侧的。北侧画乘象入胎、南侧画夜半逾城，这里两个画面都表现得充满动感，且人物众多，除了前后的伎乐外，还各有飞天或作前导；或上下翻飞，配合彩云与鲜花乃至奔跑的动物，使画面显得热烈而丰富。

初唐的佛传故事在部分洞窟中保持着隋代的格局。如第375窟西壁龛北侧为"乘象入胎"，画一菩萨乘六牙白象（颜色已变黑），正缓慢向前，身后有二伎乐正在演奏琵琶和箜篌，二飞天在上空散花供养。南侧相对画出"骑马逾城"的场面，悉达太子乘马跃起，有四个小人分别托着马足，正急速飞行，菩萨身后有一比丘低头合十，上部有二飞天手托莲蕾上下飞舞。这两幅画主题鲜明突出，用色质朴单纯，稳健而不乏活泼的因素，造型凝重、稚拙，保持了隋代风格。第209窟、329等窟的佛传故事画则更多地体现出新的精神气度，第329窟的佛传画构图较满，人物众多，刻画精致，具有华丽灿烂的装饰效果（图110、111），而第209窟的画面中对骑

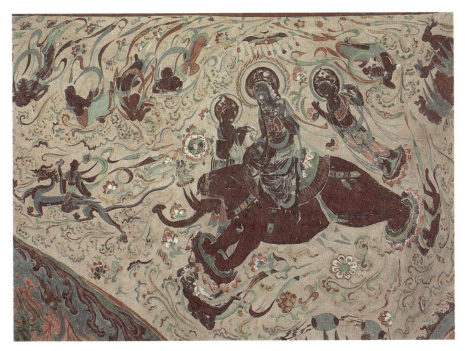

图110　乘象入胎　莫高窟第329窟龛顶　初唐
菩萨乘象而来，前后有飞天和演奏乐器的天人，场面十分热烈。

马形象的轻盈和乘象的凝重等方面的刻画更生动而富于个性化。"乘象入胎"与"夜半逾城"两幅画由于内容和形式上的密切关系，构成了不可分割的组画形式，在洞窟中具有很强的装饰性。

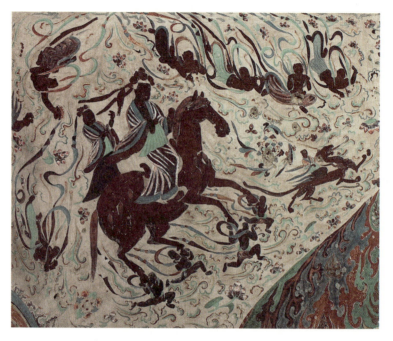

图 111　夜半逾城　莫高窟第 329 窟龛顶　初唐

画面中彩云飘飘，天人飞舞，与太子乘马飞奔的场面形成一种生动的境界。

隋及初唐的壁画中还有以维摩诘和文殊菩萨相对称的布局形式，这类对称性装饰组画在敦煌及中原地区石窟中也多有出现。酒泉丁家闸 5 号墓室顶部对称画出的东王公、西王母，[①]时代为东晋，是较早的壁画装饰组画形式。在莫高窟西魏第 249 窟及北周，隋代洞窟中也有东王公、西王母组画出现。北朝云冈、龙门、麦积山等处石窟中也常见对称画出或雕刻的组画，内容有维摩诘与文殊菩萨、东王公与西王母，佛传（乘象入胎与夜半逾城）等。看来对称式的组画是魏隋至唐代流行的形式。如果说早期故事画那种横卷式连环画形式代表了一定的地方风格的话，对称式组画的流行则标志着敦煌故事画艺术大量接受中原的影响，开始进入了新的时代。

四　连环画的成熟

有唐一代，敦煌壁画取得了辉煌灿烂的成就，特别是那些规模宏大生动而又刻画细腻的经变画，给人留下了深刻的印象。相比之下，故事画并不十分引人注目，随着经变画的兴起，故事画大大减少，洞窟里常常通壁绘制巨型经变画，表现佛国净土世界歌舞升平、美妙无比的景象，体现出新的时代风尚。

然而，故事画在唐代并没有绝迹，通过那些曲折感人的故事来宣传佛教深奥而烦琐的思想，毕竟是佛教传播的重要手段。经过唐初一段时期的低潮之后，唐代壁画中故事画又开始活跃起来，并产生了丰富多彩的表现形式，与其他画种争奇斗艳，共同构成唐代壁画的繁荣局面。

盛唐以后，故事画却伴随着经变画正悄悄地兴起。一些故事常常是组合在经变画之中表现出来，只有少数是有相对的独立性，观无量寿经变中的"序品"（也叫"未生怨"）故事就是较有代表性的。

观无量寿经变通常构图为：中间主要画面绘出极乐世界图，两侧以条幅的形式对称画出"序品"和"十六观"的内容。有的或作"凹"字形环绕构图，有的则将两侧内容移在下部。不论哪种形式，作为序品的未生怨故事都获得了一种独立的意义。以竖条幅形式绘出的未生怨较为典型。第 320 窟、172 等窟是较为典型的代表，这两窟共 3 幅未生怨故事画，表现形式基本一致，以 320 窟北壁为例，从下到上大致描绘六个情节（图 112）：①森严的宫门有一门卫，身后架上插着五支长矛；②王子骑在马上，从人执缚国王；③王后探望国王；④守卒禀告阿阇世；⑤王子执王后举剑欲杀，旁二大臣进谏；⑥王后礼佛，佛从空而降，为之说法。画家利用房屋建筑构成一个个独立的空间，把每个情节描绘在各自的空间环境，与早期横卷式

故事画相比，这里每一个情节画面的独立性加强了，几乎可以分出明晰的界限来。对画面情节的选择与刻画，体现出更成熟的设想，如第 2 画面，右侧为阿阇世骑在马上，左侧是随从抓住国王，国王正竭力挣扎，这矛盾冲突的瞬间，表现在画面上很富于戏剧性。又如王子执王后欲杀的场面，在第 172 窟南壁，选取了王子举剑欲斫、王后惊恐奔逃这个时刻，右侧一班大臣拱手而立，正战战兢兢地苦谏，左右两侧一动一静，各人的精神活动通过外在的动作表露无余。这些富有表现力的画面，大大增强了故事画的感染力。

在总体结构上，画家也考虑到画面的整体感，使每一个画面之间没有完全割裂。自下而上的一个个场面，仿佛是连成一片的院落。如第 172 窟南壁画面中，最下是宫门，第二场景可看作门内，而众人拥国王进一小门，似宫内侧门，第三则是后园式的小院，第四如院中露台，后又有一小殿。如果把故事情节抛开，则其中的建筑完全可看作是宫

图 112　未生怨故事　莫高
窟第 320 窟北壁　盛唐
　　画面从下到上表现六个场面（因拍照的局限，照片中从第 2 个场面开始）：1. 森严的王宫；2. 阿阇世太子执缚国王；3. 王后探望国王；4. 守卒禀告阿阇世；5. 王子执王后举剑欲杀，旁二大臣进谏；6. 王后礼佛，求得解脱。

内错落的庭院，第 148 窟东壁的未生怨故事画中也具有这种特点，建筑画成了联系全画的纽带。通过画面的空间来展示时间的过程，这在北朝的故事画中已经形成的规律，到了唐代则又赋予了新的时代特色。

很多洞窟的情况表明，未生怨故事的画法有固定的样式，但画家们也并非都那样墨守成规，第 171 窟就是独特的例子。此窟在东、南、北三壁绘制了三铺观无量寿经变，其中三组未生怨故事画可以看作是完全独立的连环画了（图 113），画家明确地以粗线或花边在墙面上画出方格，然后在其中按顺序描绘故事情节，如南壁东侧，共十六个画面：①调达唆使阿阇世篡权；②阿阇世指挥军士抓住国王；③国王被囚；④王后探监；⑤王后劝国王礼佛；⑥国王拜佛；⑦佛遣弟子目犍连降临；⑧目犍连为国王说法；⑨佛遣弟子富楼那为国王说法；⑩王子回宫，守卒禀报；⑪王子欲弑王后；⑫大臣劝谏；⑬阿阇世悔过；⑭王后被释；⑮国王王后礼拜；⑯佛为国王王后说十六观。由于画面分成了各不相干的许多方格，每一方格内的画面都不影响其他，这是壁画中第一次完全强调局部情节的独立性，构成了现代意义上的连环画艺术形式。既然画面之间关系完全分开，在表现同一环境中发生的事情，画家就可以重复表现同样的背景，如房屋、山水、树木等，以强调其连续性。这在长卷式故事画中则往往是要有意避免的，如在第 172 窟中，人物总是从一个环境走向另一个环境，以空间的伸延来

图 113　未生怨故事（局部）　莫高窟第 171 窟北壁　盛唐
　　图中明确用方格分出不同的画面，构成了现代意义上的连环画艺术形式。

表明故事中时间的延续，同时，无论怎样，它都是首尾完整统一的画面。但在第171窟故事画中，分割的小方格，明确标志出其时间片断的意义，环境除了对特定情节有意义，不再负有时间发展的意义。每个情节更为真实明确。而画面之间的关联性也被充分重视，每个画面与下一个画面之间总有一些相关的特征，使你看出其内在连续性。如第①画面：透过城楼而见宫中调达与阿阇世王子谈话；第②画面：在相同城门下，国王被执；第③、④画面也画出同样或相似的宫门。这些都暗示了故事始终发生在宫中，同时也自然标志出了故事发展的线索。又如第⑨、⑩两个画面环境和人物的位置不变，但人物动作有细微变化，连贯性更强；第⑪、⑫、⑬画面表现的都是同一场景，或取远景，或用近景，由远及近，一方面交代了故事的特殊环境，一方面展现出情节的发展，充分发挥了连环画艺术的特长。

以上这些特点，在今天已成为连环画艺术最基本的要素，然而，它却出现在一千多年前的石窟壁画中，实在令人惊奇不已。莫高窟第171窟壁画未生怨故事画标志着中国连环画艺术的成熟，也是佛教故事画发展的新的高度。绘画与讲故事，一个是空间的艺术，一个是时间的艺术，以绘画表现故事似乎是用非所长，但自古以来出于政治、宗教等目的，常常需要用绘画来描绘故事，其间艺术家们进行了艰苦的探索，北朝时期从单幅画发展到长卷式画面，已产生了连环画的雏形，但长卷画往往要照顾全画的结构，还不能详尽地交代故事情节，直到盛唐产生的连环画，才为故事画的表现找出了最理想的形式。连环画具有构图灵活，叙事详尽，刻画细腻，连续性强等特点。在莫高窟，除了盛唐171窟的三组连环画外，第66窟也有一组。

虽然连环画是表现故事最理想的形式，但在敦煌壁画中却并未得到普及，除了少数洞窟外，再没有采用这一形式。看来，洞窟壁画的总体装饰决定着各种内容的表现形式，那种把壁画划分成若干小方格的形式，使画面显得过分支离破碎，显然与强调整体效果构图宏大的唐代壁画不太协调。此后，连环画便开始在一些手卷或册页中流行起来，敦煌遗书中一些唐五代或宋朝的《观音经》

插图、《十王经》插图等内容便是例证。①

五　全景画面的构成

在初唐时期，画家已经尝试采用全景式画面来反映故事内容。如第431窟北壁的未生怨故事画，这是个横长卷画面，画家以一个完整的宫廷建筑包容了全部故事情节，宫墙内可见一座座庭院、房屋，其间人物或聚或散，构成一定的情节。不过，不熟悉内容的观者是很不容易从中看出故事的情节发展的。这幅画的整体感和真实性远远超过其叙事性，尽管它的表现不太成熟，却反映了全景式构图的思想。这种设计思想在第323窟得到了较为成功的体现。

第323窟建于初、盛唐之际，在南北两壁的主要壁面上共绘制了八个佛教史迹故事画。①这些故事并列绘于横长的画面上，既不是横卷式连环画，也不是单幅画的并列，而是以统一的全景式构图，各个故事穿插其间，形成自然的平衡。画家以绵延不断的青绿山水作背景，利用山峦自然形态，隔出一个个空间来展开故事情节。由于青绿山水技法的成熟，这里不像早期那种装饰性山峦，仅仅起到分隔画面和象征性背景的作用，而是利用山水透视构成一个巨大的空间环境。在整体布局上，山水决定着画面的均衡与变化，并且与人物巧妙结合起来，极大地增强了故事画的表现力。

南壁"石佛浮江"故事（图114），共有三个情节，从右上角开始：①远处江面有二石佛，岸边可见僧俗七八人注目礼拜；旁有榜题："此西晋时有二石佛浮游吴淞江，波涛弥盛，飘飘逆水而降，舟人接得，其佛裙上有名号，第一维卫佛，第二迦叶佛，其

① 敦煌遗书S.3961绘有十王经变，共绘12个画面。S.5642号为《观音经》，上图下文，共绘19图。S.6883号《观音经》共绘有75图。此外，敦煌遗书中类似的佛经插图还有很多种。

① 参见马世长：《莫高窟第323窟佛教感应故事画》，《敦煌研究》试刊第1期；孙修身：《莫高窟佛教史迹画介绍》（三）、（四）、（六），《敦煌研究》试刊第2期、创刊号、1986年第2期。

像见在吴郡供养。"②绘巫祝三人在岸边扬幡设醮，后边有二人正在讲话，下有题记："石佛浮江，天下希瑞，请□□□谓□道来降，章醮迎之，数旬不获而归。"③绘水小一船载二佛，船上比丘二人，扶持佛像者二人，船工二人。岸上有比丘跪拜，僧俗多人从远处赶向岸边。题记："灵应所之不在人事，有信佛法者以为佛降，风波遂静，迎送向通玄寺供养，迄至于今。"这个故事利用山水分出三个情节，由远及近，推向高潮，曲折的河流把远景、中景、近景联系起来，画家着重刻画了故事的高潮——迎佛的场面，以佛为中心，周围的人们不约而同地向佛走去，这样，就把四周疏疏落落的人群统一起来，构图形散而神不散。在统一中又有变化，不同的人物表现出不同的个性，如步履蹒跚、拄杖而行的老人，天真稚气的小孩等形象

图114　石佛浮江故事　莫高窟第323窟南壁　盛唐

右上部为二石佛浮于江面，下部为人们纷纷前来观看。画面中部表现佛教徒以小船载二佛而归。在山水景物中表现人物，情景交融。

都描绘得细腻生动。又如北壁西侧"张骞出使西域"故事画，以"U"形顺序从右至左发展（图 115）。①汉武帝在甘泉宫拜佛；②武帝遣张骞前往大夏国；③张骞与随员在途中；④张骞到达大夏国。画家把张骞与汉武帝辞别这一情节作为重点，放在下部近景中，右边是汉武帝及大臣们，张骞持笏跪拜于左侧，身后是随从二人及马匹、行李等物。左侧表现张骞一行数人正在艰苦跋涉，愈往远去，人物形体愈小，体现出辽远的空间感。从右及左，画面的空间与故事情节的延续结合起来。

图 115　张骞出使西域　莫高窟第 323 窟北壁　盛唐

近处表现张骞辞别汉武帝，左侧表现张骞一行向西域走去，右上部表现汉武帝于甘泉宫拜佛（故事结局）。

　　第 323 窟故事画的成功，更在于画家在通壁大画面上处理较多的故事，使其具有各自特色，又相互均衡、统一。如南壁画面中共有三个故事，画家用两组山脉将壁面分为三段，右边一组山脉大体呈"C"形，把"石佛浮江"故事环抱起来：左侧山脉呈"之"字形走向，两侧分出"隋文帝请昙延法师祈雨"和"杨都西灵寺瑞像"故事。通壁看来，是一幅大型的山水人物画，山脉之间自然相连，有分有合，布局聚散合理，轻重协调，体现出高超的设计水平。

全景式构图显然借鉴了经变画处理大空间的手法，如初唐第321窟十轮经变、第332窟涅槃经变等都是利用山水配合人物、故事情节组织的成功之作。但经变画往往过分强调佛的崇高地位，而形成以佛为中心的对称式构图，显得刻板、单调，不如故事画活泼而富于变化。盛唐第103窟、217窟法华经变中的"化城喻品"故事画具有一定的独立性，也可看作是全景构图的故事画（图19）。但在"化城喻"故事画中，由于山水画的过分加强，大大冲淡了故事情节，这也透露出了全景画表现故事的弱点。

而在唐代，像第323窟这样的故事画形式再也没有出现过，一方面由于洞窟主要壁面更多地用来绘制庄严的佛像和经变画，另一方面，通壁绘制全景式画面没有较高的艺术修养是无法创作的。所以，盛唐以后，除少数洞窟以外，再也没有类似形式的故事画出现。

六　屏风画的兴起

唐代后期，经变画的格局产生了很大的变化，越来越多的故事穿插在以佛为中心的经变画之中，如法华经变、报恩经变、金光明经变等，在佛说法图周围，少则二三个，多则七八个故事。这样，初盛唐那种气势宏大、单纯完整的精神失去了，画面变得琐碎、繁乱。于是，一种新的形式应运而生了，这就是屏风画。

屏风画在中唐以后得到普及，主要是配合经变画而出现的：上部绘极乐世界图，下部由几幅屏风表现其中的故事和相关内容。如第159窟南壁共绘制三铺经变，下有九幅屏风画，弥勒经变下部为该经的"嫁娶"等内容，观无量寿经变下部屏风绘

制"十六观""未生怨"内容（图116），法华经变下部绘制"随喜功德品""观音
普门品"等内容。可见，屏风画附属于相应的经变画。但也有很多屏风画与经变无
关，而是绘制独立的故事画。如晚唐第9窟中心柱东向龛内西壁屏风画分别绘"萨
埵本生"和"闻偈施身"故事，北壁三幅屏风画为"须达拿本生"故事。其中
"须达拿本生"较有代表性，第一幅屏风画自上而下绘出：①须达拿被驱出城；②
须达拿携妻子出走；③遇人乞马，须达拿将马施人；④须达拿推车而行；⑤遇人乞
车，须达拿把车施人；⑥须达拿一家步行前进。第二幅屏风画自下而上绘出：⑦须
达拿一家迤逦前行；⑧山中结庐而居；⑨婆罗门求施二小儿。第三幅屏风画自上而
下绘出：⑩须达拿夫人痛哭；⑪婆罗门驱二小儿行走；⑫二小儿随婆罗门前行，路
见行人；⑬婆罗门入城。这个故事可以看出，屏风画仍然具有连环画性质，只不过
没有明确的顺序，观众根据画中的榜题文字来辨别故事情节及发展顺序。几幅屏风
相连接时，情节先自上而下，再自下而上，自然相衔接，便于观览。每一幅屏风画

图116　屏风画　莫高窟第159窟南壁　中唐
本窟南壁共绘制三铺经变，下有九幅屏风画，分别是三铺经变画中的故事详情。

中又形成一个完整的画面，以山水为主体，穿插人物故事。

屏风画具有外在形式整齐、规范，情节布局灵活、方便、容量大等特点，在中晚唐洞窟中成为最流行的故事画形式。中唐第 231 窟、237 窟、238 窟、晚唐第 9 窟、85 等窟的屏风故事画都是优秀之作。许多屏风画表明，画家似乎在努力使每一幅屏风具有独立的观赏意义，因而叙事性有所减弱。如第 238 窟龛内西壁南侧第一幅屏风画（图 117），画的是"善事太子入海求宝"故事中的三个情节，画面上大体分为三段，上部内容不详；中部绘恶友刺伤善友眼睛的情景；下部描绘牛王将善友眼中毒刺舐出。画面利用山水分出远景、中景、近景，分别表现三个情节，近景处描绘细腻，成为画中的重点，若抛开其故事内容，则是一幅富有意境的山水人物画。更多的屏风画则过分注重图解故事内容，一扇屏风包涵了许多情节，榜题也较多，使画面过于烦琐、散乱，艺术性较差。值得一提的是，由于故事内容增多，为了使观众清楚地了解画面中故事的来龙去脉，榜题文字起到了越来越重要的作用。早期故事画中，榜题寥寥数字，仅作为画面内容的提示，而唐代后期的故事画中，往往一则榜题就有数十字，描写其画面内

图 117　善事太子入海故事　莫高窟第 238 窟龛内西壁　中唐

画面中部绘恶友以刺刺瞎善友双眼，下部绘牛群走过，一头牛将善友太子眼中的毒刺舐出。由远而近的山水风景富有真实感。

容，有的还有一定的文学色彩。文学与绘画结合起来，榜题补充了画面的不足，达到图文并茂、相得益彰的效果。这一点，在后来的连环画中得以广泛运用。绘画题

榜的文学化，最终完善了故事画艺术形式。

屏风故事画在唐代后期盛行以后，直到五代、北宋时期，仍然是故事画的主要表现形式，并产生了如第 61 窟的佛传故事，第 98 窟的贤愚经故事等规模较大的作品。唐代后期，洞窟的布局出现了一些变化，正面的敞口龛改成了方形帐形龛，龛内画出屏风画。或窟内不开龛，在中央设中心佛坛，四壁下部均有屏风画。这些都是模仿世俗生活中屏风在屋内陈设的状况。屏风画的迅速发展，说明了佛教艺术的不断世俗化。对于故事画来说，要刻画细致而又不影响全窟壁画的统一布局，屏风画较之其他形式更为合适。在屏风画开始流行之时，画家也往往在屏风里绘制菩萨或树木等内容，但只有故事画才使屏风画显得丰富多彩，摆脱那种外在单调的形式。所以，不仅仅是故事画需要屏风画的形式，从某种意义上说，也是屏风画选择了佛教故事这一题材。

七　小结

莫高窟早期故事画艺术的发展，大体经历了单幅画到连环画的演变。从佛教故事的内容来看，早期的本生故事情节单纯，单幅画足可表达全故事的内容了。但随着佛教的深入传播与发展，故事内容越来越丰富，画家在单幅画里尝试做多情节处理，虽取得很好的效果，但比起连环画来，它的短处是很明显的。因此，长卷式连环画应运而生，并逐渐发展完善。早期的单幅故事画较多地吸取了西域画法的长处，具有纯朴、豪放又富于装饰性的特点，但又有别于西域那种注重人体比例、精细而具有图案化效果的特征。西魏以后，画家们接受了来自中原横卷式构图和山水、房屋衬托等优点，同时也吸取单幅画的一些长处，创造出了这种容量较大，情节设计灵活，首尾完整统一，线描造型手法规范等特点的连环故事画。到了北周时期，具有本土特色的长卷式连环画成为流行的形式。

北周到隋代，长卷式连环画成为表现佛教故事最流行的形式。但其短处也是显而易见的，就是在大型洞窟之中，故事画的具体画面很小，尤其是在古代缺少更好的照明方法，在微弱的烛光下，更不容易看清内容。而在小型画面中，对具体人物的刻画相对来说也比较简率了。唐代以后，随着大型经变画的兴起，隋代以前的那种长卷式连环画几乎不再出现。

初唐的故事画注重装饰性，在色彩处理上独具匠心。如第375窟、57窟等窟的佛传故事画，通过对比色突出形象，画家并不追求人物形象的写实性，而更注重画面的均衡、对称与统一，在佛的周围绘有伎乐、飞天等，但常常留出较多的土红地色，具有厚重而强烈的效果。在第329窟的佛传故事画中，则是在浅赭色的地色上绘出深棕色的人马，人物服饰点缀着石青、石绿等色，并以五彩的流云、飘洒的莲花，以及众多的天人充满画面，形成流动而绚丽的装饰效果。总的来说，以单幅画形式对称画出的佛传故事画具有大写意的特点。这与连环故事画正相反，在连环画中，每一个场面、每一个细节都有仔细的描绘，写实性得到空前的重视，人物不再处于虚无缥缈的地位，每个场景都是非常具体的空间环境。如第172、320窟的"未生怨"故事画，我们看到了非常真实的房屋、院落和其间的人物活动。在这里，线描具有重要的意义，早在南北朝时期，谢赫在绘画六法中就提出了"骨法用笔"的标准，这一点在以后的一千多年中一直受到画家的重视，在敦煌唐代壁画中也可看出画家们对笔法掌握的娴熟程度。有时为了突出笔法，画家甚至削弱了色彩的功用。在第45窟北壁的故事画中，画家还通过不同颜色的线来表现不同的质感，如韦提希夫人的上衣是以浅赭色线描表现柔软的衣料，而下裙则用墨线画出，使人感到有软硬的差别。第323窟的佛教史迹故事画中，同样可以看出画家对线描的把握。如北壁张骞出使西域图中，人物皆以明晰的墨线表现体态和衣纹，而张骞身后的几匹马，轮廓线很淡，几乎与颜色融为一体，这样便很好地表现了马身上的质感，同时在画面中也分别主次，起到协调的作用。同窟南壁故事画中，近景的人物线描清晰，树木、岩石也用劲健的线描勾勒，而在上部的远景中，人物的线描很简略，而山水的轮廓线则与色彩晕染融为一体，几乎看不出线描的痕迹。很多观众误以为是水墨山水，其实，这种山水画与后来的所谓水墨山水画法是完全不同的。总之，不论是刻画房屋宫殿用笔的挺拔而精微，描绘人物所用线法的酣畅而灵活，都可看出唐代故事画中线描的重要意义以及画家对笔法掌握的娴熟程度。

隋唐之际，色彩使用的种类很少。盛唐以后，色彩异常丰富而绚烂，反映了画家们驾驭色彩的能力。但在故事画中，画家并不滥用颜色，而总是遵循着和谐、统一的原则，服从全窟壁画的需要。如第 323 窟"佛教史迹"故事画中，在大幅青绿山水的背景中，人物衣饰多采用赭红、朱砂等颜色染出，具有明朗、绚丽的效果，又与壁画上部排列整齐，以红色为主的千佛，和下部身躯高大、棕红色躯体，青绿色裙襦的菩萨相互协调，构成色彩上的均衡。第 171 窟的"未生怨"故事画，以冷色的石青、石绿色为主调，与壁面中间净土图的热烈、绚丽形成对比和谐，具有典雅、明净的风格。此外，在第 45 窟、172 窟、320 窟等窟故事画中，也可看出画家对装饰色彩的成功表现。

中晚唐的屏风画中，用色日渐单调，大多以石绿为主，配以浅赭色，人物线描也多以土红或赭石，逸笔草草，也偶有佳作，如第 238 窟龛内屏风画"善事太子入海"的故事，石绿与赭石配合表现的山水景致以及赭红色晕染的牛王形象都比较成功。但总的来说，缺乏盛唐那种劲健而细致入微的笔法，此时的故事画较少优秀的作品。

从故事画的发展可以看出，寓意丰富、通俗易懂的佛教故事，是敦煌壁画中的重要内容。早期的佛教强调修"六度"，故事画的内容多表现施舍、牺牲的内容；中晚唐以后，故事画出现了很多新题材，如"恒迦达的故事""海神难问船人""散擅宁的故事"等。这些故事大多风趣、轻松，早期故事画那种悲壮、低沉的情调没有了。就连"未生怨"这个含有悲剧成分的故事画中，也注重表现悟道解脱的光明结局，冲淡其悲剧性，反映了唐代故事画乐观、轻松的精神气度。

　　在表现形式上，故事画总是服从于洞窟壁画的整体设计。虽然画家们不断地探索故事画表现的新形式，产生了像第 171 窟那样的连环画艺术典范之作；像第 323 窟那样的全景画优秀作品，但在具体洞窟里，采用什么样的形式，首先考虑的是整体布局的需要。所以，一些成功的故事画形式并未得到进一步的普及。尽管如此，敦煌壁画中各时代的优秀故事画作品，直到今天，仍然具有很强的艺术魅力，仍然值得今天的艺术家去学习和借鉴。

敦煌壁画与中国画空间构成

　　唐代以后，中国绘画在空间处理方面取得了令人瞩目的成果，这就是在平面的画面中，描绘出接近于三度空间的景色。这一点从唐代流行的经变画中体现了出来。当然这样的空间表现方法还不能算是科学的透视法，但在 7 ~ 8 世纪，能表现出较为真实的空间关系来，在当时也是令人吃惊的事情，因而经变画是那样深受人们喜爱而在各地流行起来。据《历代名画记》等文献的记载，当时首都长安以及东都洛阳的寺院里，绘制了大量的经变。经变画是隋唐以来中国石窟及寺院壁画的主要内容，是最富有中国特色的佛教艺术形式。经变画在表达佛教思想义理，表现佛国世界境界，以及佛像、世俗人物、建筑、风景等各方面都取得了很高的艺术成就，同时它形成了有别于印度和西域佛教艺术的中国式的佛教艺术，并影响到朝鲜半岛及日本等地区。

一　故事画的解读

　　敦煌壁画作为宗教艺术，除了表现宗教崇拜的偶像外，还常常要描绘佛的生平事迹及相关的传说故事，以此来宣传佛教的教义。从美术上来说，故事画的意义在于它不同于单尊的佛像或单独的人物那种静止的画面，而是要通过许多人物的刻画及景物的描绘来讲述一个完整的故事过程，要表现一种在时间延续中发生的故事。北凉北魏时期的故事画主要受西域的影响，以人物为主体表现故事，景物表现较少，画面构图较满。北凉第 275 窟的本生故事画，一幅图表现一个故事，人物较少，选取有代表性的一个场面来表现，这种一图一事的表现手法，是克孜尔石窟壁画中最为常见的（图 101）。此外，第 254 窟的舍身饲虎图，在一个画面中表现出萨埵太子兄弟三人在山中见虎，萨埵刺项、投崖、饲虎；亲属收拾遗骨，造塔供养等五六个情节（图42）。这种异时同图的手法也可以看出印度和中亚的影响。

北魏以后，中国传统的画卷式构图方法开始出现在敦煌壁画中。就是在一个横长的画面中按一定顺序依次表现故事情节的方法，第257窟的九色鹿本生（图103）、第285窟的五百强盗成佛故事（图37）、第290窟的佛传故事和第428窟的须达拿太子本生、萨埵本生等故事都是采用了画卷形式来表现的（图106）。这种形式按顺序叙述故事情节，具有条理清楚，易于观者读懂的特点。同时，这些长卷式故事画中还十分重视景物的表现，把人物放在一定的背景之中。如九色鹿本生故事中的长河、山峦等表现。这些景物一方面作为画面的背景，一方面又把长卷式画面分隔成一个个小场面，以展开故事情节。西魏北周以后，风景的表现进一步发展，在一定程度上体现出了空间关系。如第285窟南壁的五百强盗成佛故事画中，斜向排列的山峦使人感到形成了近乎三度空间的深度。树木和房屋建筑的构成也在加强这种空间感。这样，把时间的延续与画面的空间相结合，逐步形成了具有中国特色的注重空间关系的绘画（关于敦煌壁画的故事画艺术，参见本书第六讲）。

二 叙事性的经变画

唐代以后，大画面构成的经变画开始流行。所谓大画面构成，是指相对于北朝故事画那种一个一个连续性的小画面而言的，画面整体构图统一，背景也具有一定深度的空间构成。经变，就是综合地表现一部佛经主要内容的绘画，经变画一般规模较大，往往一铺经变就画满一壁。从内容和表现形式上可以把经变画分成两大类，一类是叙事性经变，一类是净土图式经变。

叙事性经变画继承了北朝以来故事画的传统，按一定的发展顺序表现经变主题，以连续的画面来图解经典的内容。因此，根据内容的不同，又出现一些不同的构成形式。第332窟的涅槃经变、维摩诘经变，第335窟的维摩诘经变，第148窟的涅槃经变等都是代表性的作品。

1. 涅槃经变

涅槃经变是大乘佛教的重要题材，唐代十分流行。涅槃图在北朝时期佛传故事画中已经出现了，其形式受到犍陀罗艺术的影响。因而使敦煌初期涅槃经变构成形式与早期的长卷式故事画的构成有着密切的联系。唐代涅槃经变往往把壁画与塑像结合起来综合地表现，如初唐第 332 窟、盛唐第 148 窟、中唐第 158 窟等都塑出了大型的涅槃像，然后在相关的壁面画出经变内容。

第 332 窟是一个中心柱窟，在主室的后壁凿龛，其中塑涅槃佛像。在南壁画出了高 3.7、宽 6.08 米的涅槃经变。在中心柱后壁凿龛造像的习惯源西域，在克孜尔石窟中较为常见，但图绘大型的涅槃经变则是西域石窟所不见。这铺涅槃经变的构成是按时间顺序来描绘故事情节，从画面下部右侧开始，由右向左，然后转向画面上部由左向右，共描绘 8 个情节，大体上描绘了释迦牟尼入般涅槃至八王均分舍利的过程。这样按时间顺序，以连续性画面来表现故事的方式，使人们想起北朝后期的故事画表现形式。但在这里，横长条状的画卷形式已经消失，用于把画面分隔成带状的横向隔离线没有了，故事的情节与情节之间以山水背景来分隔，整体看来，仿佛是一幅巨型山水人物画，而在其中通过人物的走向及山水的聚散来反映故事发展的脉络，山水风景在画面中起着不可缺少的作用。而山水不仅仅是背景，从风景中还体现出一种宏大而壮阔的空间氛围。

盛唐第 148 窟，涅槃经变发展到了一个更为完美的境界。本窟正面为横长的佛坛，坛上塑出长达 14.4 米的涅槃佛像，涅槃经变就在佛像的后面展开，由南壁西侧经西壁由南到北，然后在北壁西侧结束。这铺经变通过长达 10 组的画面详细描绘了涅槃经变的主要情节。场面有起有落，有急有徐，空间的推移与时间的发展联系起来，又突出重点，在丰富的景物变换中，山水、树木、城郭、宫殿、宅院等等，各尽其宜，与故事的发展融为一体，仿佛一部交响曲，给人以无限丰富的感受。

2. 维摩诘经变

除了涅槃经变以外，维摩诘经变和劳度叉斗圣变等并没有按时间顺序来描绘，而更注重画面的对称组合关系。《维摩诘经》的主要内容是维摩诘与文殊菩萨的对谈，所以北朝以来，维摩诘与文殊菩萨对称表现的形式十分流行。十六国时代的炳灵寺石窟第 169 窟的壁画中已出现了维摩诘与文殊菩萨在佛两侧对称绘出的形式。在云冈石窟和龙门石窟也经常可以看到这样的表现形式。隋代的敦煌石窟中已出现了在佛龛两侧对称的画面中描绘维摩诘经变的情况，这正是北朝以来的传统表现形式。唐代以后，维摩诘经变的内容变得十分丰富，维摩诘与文殊菩萨周围描绘了众多的人物，特别是描绘了各族国王、王子及大臣的形象，反映了当时中国社会的一个侧面。由于描绘了大量的人物和风景，使画面形成了较大的空间构成。而维摩诘与文殊菩萨对称的构成则一直不变。如初唐第 220 窟、盛唐第 103 窟、中唐第 159 窟的维摩诘经变都是在东壁门两侧分别描绘维摩诘与文殊菩萨的。当然也有通过一面壁来描绘的，如第 332 窟、335 窟的维摩诘经变。但其中的维摩诘与文殊菩萨以及这两个主人公周围的人物依然是两组群像对称画出的形式。五代以后，维摩诘经变也常有一面壁描绘的，而且常在画面的中央表现建筑物，这大约是受到净土图式经变画的影响。

晚唐以后流行的劳度叉斗圣变，表现佛弟子舍利弗与外道的劳度叉斗法的故事。其构成与维摩诘经变一样是分别以舍利弗和劳度叉为中心的两组群像对称的构成。

三 净土图式经变画

唐代以后，以表现净土世界景观为主的经变画很快流行起来。初唐的净土图式经变主要描绘以净水池、宫殿、灵鹫山、须弥山等为中心的佛国风景。盛唐以后的经变往往以建筑为中心来刻画净土世界，而在四周画出相关的故事内容。或者在中央描绘净土世界，两侧以条幅的形式绘制相关的内容（如观无量寿经变和药师经变等）。中唐以后，在上部描绘净土世界，下部以屏风画的形式展开一部分情节的构成也流行起来。唐代后期以后的经变中，山水风景的成分越来越多了。

1. 法华经变——以自然山水来表现净土世界

有关《法华经》的内容在南北朝时期石窟中已或多或少地表现出来了。如见宝塔品（释迦多宝并坐说法）就出现较多。但仅仅是见宝塔品还不能称为经变。如前所述，成都万佛寺的南朝浮雕法华经变是至今所见法华经变最早之例，这件浮雕上部表现了以释迦在灵鹫山说法为中心的场景。佛的前面在广场周围环绕着净土池。池中描绘出莲花化生，佛的背景是山峦（灵鹫山），两侧的建筑表现出一定的远近空间，这样的构成可以说是经变空间构成的先驱作品。

敦煌壁画中，隋代第 420 窟窟顶详细描绘了法华经变中的"序品""方便品""比喻品""见宝塔品""观音普门品"等内容。[1]可是其构成却依然承继着北朝流行的故事画的画卷式构成。初唐以后，敦煌壁画的法华经变才形成了以说法会为中心的构成。如第 331 窟东壁门上部法华经变，中心是释迦多宝说法的场面（见宝塔品），两侧绘出听法的菩萨，并分别表现"序品"和"妙音菩萨品"等六品的内容。这铺经变初具法华经变的规模，而两侧菩萨排列成三行，则依然保留关着北朝的构成形式。第 202 窟和 335 窟把龛内的塑像与壁画结合起来，龛顶表现"见宝塔品"龛壁两侧表现"从地涌出品"等内容。可以说形成了一个立体的空间构成。盛唐时代，法华经变的空间表现达到成熟，第 103 窟、217 窟就是代表性的作例。这两个石窟的法华经变构成大体相同，中央部分表现释迦在灵鹫山说法的场面，释迦两侧

[1]贺世哲：《敦煌石窟全集·法华经画卷》，（香港）商务印书馆，1999 年。

围绕着菩萨、弟子等圣众。灵鹫山上描绘出宫殿楼阁，表现天宫的景象。周围表现《法华经》的相关各品内容，这部分画面呈"凹"字形环抱着中央的说法场面。各品的具体内容都表现出特定的人物、风景等，十分写实。而中央的画面与周围的画面之间有明确的界线分开，中央是净土世界，周围则如人间世界一般，这样形成了二重景观，即天国的景观和人间的景观。

2. 弥勒经变

迄今为止所见最早的弥勒经变为成都万佛寺出土的弥勒经变浮雕。可惜的是下部残毁，不能看出当时的全貌。现存部分包括六个场面：①弥勒菩萨于兜率天宫说法；②翅头末城洒扫。③老人入墓；④农业耕作（一种七收）；⑤弥勒三会；⑥迦叶禅窟。[①]中央上部在一个屋顶有五座宝塔的建筑（兜率天宫）里表现弥勒菩萨说法；中部描绘三组说法场景，表现弥勒三会；其余场面都画在周围。

敦煌石窟的弥勒经变是隋代开始出现的。通常是以一座建筑来表现兜率天宫，弥勒在里面说法，周围有众多的菩萨听法。唐代以后，弥勒经变的内容逐渐丰富起来，初唐往往把弥勒上生经和下生经合在一起描绘，特别表现出弥勒下生经中的儴佉王及眷属剃度出家的场面，以及一种七收、龙王降水、罗刹扫除等场面。西方净土变往往只表现净土世界的景象，而弥勒经变表现的不仅仅是净土世界，而且还表现了人间的生产和生活的场面，所以画面中很难区别出俗界和天界。这也是天国景观与人间景观两重景观一起表现之例。只是在法华经变中，天国景观与人间的景观是有分隔线的，而弥勒经变中，天国景观和人间的景观没有分隔线，完全融合在一起。使佛国世界具

①有关此弥勒经变的详细内容考证，参见赵声良：《成都南朝浮雕弥勒经变与法华经变考论》，《敦煌研究》2001 年 1 期。

有了浓厚的人间性。

　　弥勒经变和法华经变与阿弥陀等净土世界的区别在于，不描绘净水池，而画出山峦景观。弥勒经变刻画的是须弥山，法华经变表现的是灵鹫山。法华经变中的灵鹫山上描绘出具体的岩石，富于质感；弥勒经变多描绘远山的景色，中央描绘高耸入云的须弥山，周围的山峰则呈圆环状环绕，仿佛从宇宙的高空中来俯瞰地上的山脉。如第 33 窟南壁（图 125）、446 窟北壁的弥勒经变就是代表性的作品。

　　佛国的景观与人间的景观一起描绘的经变，不仅仅限于弥勒经变和法华经变，唐代后期流行的报恩经变、金刚经变、金光明经变等也是如此。在佛说法场面的周围直接描绘与佛经相关的故事内容，往往具有人间的现实社会特色。使神圣的佛教经变场面中充满了现实的人间气息，这正是中国式佛教美术的特点。

3. 净土变——水池和楼台表现的净土世界

　　阿弥陀经变、无量寿经变和观无量寿经变通称西方净土变。[①]这三种经变的主体构成基本一致，即中央描绘佛说法场面，通过雄伟的宫殿建筑来表现天宫的华美。无量寿经和观无量寿经中还绘出净水池及化生。观无量寿经变较为特别，一般都要在净土图的两侧以条幅的形式描绘序分（未生怨故事）及十六观想的内容。这一形式又被东方药师经变所借鉴，在药师经变的两侧也有以条幅的形式表现"九横死"和"十二大愿"的内容。

　　从某种意义上来说，净土图形式是由说法图发展而来的，初唐第 322 窟北壁的说法图，或许就是初期的净土图。北朝说法图的一般形式就是一佛二菩萨（三尊像），北朝后期增加了二弟子，

①净土经变中，无量寿经变以前未有论及，施萍亭《敦煌石窟全集·阿弥陀经画卷》（香港商务印书馆，2002 年）首次将无量寿经变从以前认为是阿弥陀经变中找出来。由是，与净土三经同样，西方净土经变也存在三种经变：即阿弥陀经变、无量寿经变和观无量寿经变。

就成了五尊像。其后又增加了二天王，而成了七尊像。到了隋代，说法图中绘出的尊像越来越多，如菩萨为四尊，天王以外再加二身力士，全部达十几尊像。唐代以后，说法图里的尊像更多了。仅从表现形式来看，经变就是在说法图中增加了建筑等景观而把说法场面置于一定的空间环境之中。就是这一景观的描绘就使画面产生了质的改变，具有深度的空间变得可感，经变的构成就形成了。

唐代的大型经变宫殿楼阁规模宏大，人物（尊像）众多，常常是佛、菩萨等尊像及人物合计达百人以上。人物群像的表现可以说达到空前的规模。除了庄严的佛说法图以外，说法场面下部描绘舞乐、供养人等，上部描绘飞天。而且舞乐的人数也越来越多，初唐人经变画中，往往画一两个人舞蹈，两侧有数人奏乐。盛唐以后，舞伎增加到几组，乐队最多达三十几人。如莫高窟第172窟、148窟的观无量寿经变就是代表之例（图14）。

净土经变中最有特色的还有净水池，在池中描绘莲花化生。据佛经，要进入西净土世界，须从莲花中化生而出。所谓化生，就是进入净土世界的象征。唐代的净土变中，净水池的描绘成为一个重要的内容。文献有长安的赵景公寺中"范长寿画西方净土变及十六对事、宝池尤妙绝、谛视之、觉水入浮壁"[1]的记载，范长寿画的宝池使人感到好像水在流动一样，可见画家技艺之精。

净土变中通常在净水池上绘出台榭和宫殿楼阁，水上的台榭又画出舞乐的场面，以表现出歌舞升平的气象。为了表现天国的美好景象，歌舞的场面也就越来越大，有时甚至占据了画面的三分之一的地方。

由于要表现众多的尊像（人物），就必然要考虑空间处理的诸

[1]段成式：《酉阳杂俎·寺塔记》，人民美术出版社，1964年5月。

问题，所以，经变画从一开始就在营造一个佛国的空间，从净水池到宫殿的建筑、背景的自然景观乃至人物的配置，都是空间构成的因素。

四　经变画中的建筑及其空间表现特征

这里引人瞩目的是净土世界的表现，一般以佛说法为中心，在佛周围描绘华丽的殿堂楼阁和宝池平台，用以表现佛教净土世界。如观无量寿经变和药师经变等。或者描绘山水风景，如法华经变、弥勒经变等。于是，佛经的表现不再仅仅是对佛说法等情节的图解，而是以丰富的环境，烘托出一个理想的佛国世界。虽说是理想的世界，但其中的一山一水，和无数楼阁连同其中的佛、菩萨、伎乐、飞天等却是那样真实可感，充分体现出唐代画家在技法上的一大飞跃，这是对空间的设计。

建筑画是经变中的重要组成部分。尤其是在净土图式的经变画中，如果没有建筑恐怕也就没法表现净土世界了。隋代画家展子虔和杨契丹都以建筑画而著名，而当时宫殿建筑实物也给画家们提供了写生的对象。《历代名画记》曾记载当时画家杨契丹长于画建筑，郑法士想要借他的画本（底稿），"杨引郑至朝堂，指宫阙、衣冠、车马曰：'此是吾画本也。'由是郑深叹服"。[1]说明那时的画家是以现实的宫殿建筑为依据来画的。由于这些画家们的努力，使隋唐时代的建筑画达到了极高的水平。特别是唐代以后的建筑画在表现远近的空间关系方面取得了很大的成果。

敦煌壁画中隋代经变中的建筑往往描绘一座单体建筑。唐代以后，建筑群的描绘更受到重视。这些建筑都是以中轴对称的形

[1]《历代名画记》卷8，人民美术出版社，1963年。

式，中央描绘一座大殿，两侧又有数幢殿堂，建筑物之间以回廊相通，通常在画面下部还要绘出平台。当然这里表现的建筑群也并不是唐代建筑的完整再现，可能仅仅是那时佛寺的大殿及相关的建筑。①画家们主要是通过这些建筑来作为佛说法的背景，并象征佛教净土世界。因此，也许并不全是写实的，也会有想象的部分。相对于描绘真实的建筑来，画家常常会从绘画构成的角度来表现建筑的形体及其位置。但从隋入唐，建筑画逐渐向三度空间发展则是一个大致的倾向。

1. 三段构成

初唐的经变画大体上还保留着说法图的构成形式。但比起说法图来，空间的范围大大地扩展了。三段式构成就是说法图扩展以后的产物。经变画中按水平线分成三部分，中段是说法场面；下段描绘净水池和平台，平台上往往有乐舞形象；上段象征天空，有飞天等形象。如第 221 窟南北壁分别绘出净土变，两壁的构成一致都是三段式构成：中央部是画面的中心，平台上绘出说法的佛及环绕的菩萨圣众；下部为净水池，上部为天空；中央的平台前有栏杆，把中段的画面与下段隔开。类似这样的三段构成在初唐的经变画中十分流行，但其中三段的内容却在逐渐变化。如为了表现舞乐的场面，下部的水池往往用池上的平台来代替。如第 334 窟北壁的阿弥陀经变，上部描绘天空，中央部画出平台上的说法场面。下部也在池上的平台中描绘舞乐场面（图 118）。这样的构成在第 331 窟、335 窟、340 窟的净土变中都能看到。中央的说法图总是经变的主体，要占据很大的画面，下部的舞乐和上部的天空所占比例则有所不同。如第 329 窟的阿弥陀经变，天空的部分就很小；中心部说法的场面较大，建筑物画得也较高；最下部舞乐的场面也较小。

①萧默：《敦煌建筑研究》，文物出版社，1987 年。

图118　阿弥陀经变　第334窟北壁　初唐
中部是佛说法场面，下部绘近景的伎乐在表演舞乐，上部绘天空中乘彩云飞
来飞去的佛和菩萨及不鼓自鸣的乐器。

可是盛唐以后，舞乐场面所占的比例就越来越大了。

　　说法和舞乐的场面都离不开建筑的背景，而通过这些建筑背景就表现出远近空间的关系来了。在三段的最上部，通常是象征天空的，如第321窟，在佛说法的平台以上的画面，用深蓝色绘出天空，还描绘出很多飞天飞来飞去，使人感到空间的无限辽远。

　　不仅阿弥陀经变，初唐的弥勒经变也常常采用三段构成的办法。如第331窟南壁的弥勒经变，上部绘出平台及楼阁，表现弥勒上生经的内容；中部表现弥勒三会说法场面；下部则表现儴佉王及其眷属们剃度出家的情景，具有现实感。第329窟、341等窟的弥勒经变也是类似的构成（图119）。盛唐以后，弥勒经变内容变得十分丰富，如耕作图、嫁娶图等世俗生活的场面就表现得很多，画面就很难再分明确地出三段来了。

图 119　弥勒经变　第 329 窟北壁　初唐

上部表现弥勒为菩萨时于兜率天宫说法的场景，下部是弥勒下生为佛时的景象。华丽的楼阁与平台表现出弥勒净土世界的美好。

2. 鱼骨式构成

古代中国画家描绘空间的最有效的办法，就是欧洲人称为"鱼骨式构成"的方法。[①]其特征在于画面中，以中轴线为中心对称构图，两侧的建筑等景物形成的斜线与中轴线相连，形成像鱼骨那样有规律的排列形式。

下面我们以盛唐第 172 窟北壁的观无量寿经变为例来看唐代壁画中的鱼骨式构成是怎样形成的。首先我们在画面的中央画出一根中轴线，由下而上，这条中轴线贯穿了小桥、平台、佛像、大殿等建筑。中轴线两侧的建筑都呈对称排列，于是我们把两侧的建筑形成的斜线向中轴线连接起来，就形成了鱼骨的形式

① "鱼骨式构成"这个词最早是西方美术史家用来指文艺复兴时期佛罗伦萨画家杜乔的作品所表现的空间处理方法。日本学者小山清男氏在对日本古代曼陀罗画（经变）分析时，把它用于东方美术的分析（见小山清男：《幻影としての空间》，东信堂，1996 年）。

（图 14、120）。中轴线两侧的斜线大体上是平行的，不同的斜线与中轴线连接而形成的交点就有很多，说明作为透视的消失点不在一个点上，而是不断地推移。这就是鱼骨式构成的特点。比起科学的透视法来，它还不完善，但在科学的透视法还未发现之前的 8 世纪，鱼骨式构成就是表现空间远近关系最有效的办法。欧洲从 13 世纪开始研究远近表现的方法，到了文艺复兴时期产生了科学的透视法。可是在中国 8 世纪前后就已产生了鱼骨式的处理方法，大大推进了空间关系的表现。

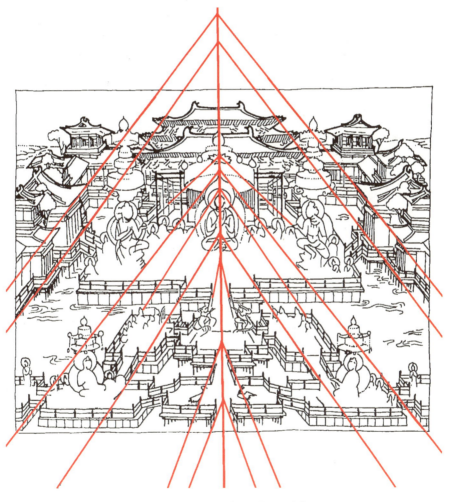

图 120　鱼骨式示意图（第 172 窟观无量寿经变）

以中轴线为中主，两侧的建筑都对称地表现，沿建筑斜向与中轴线连成的线大体呈平行状
（并非如科学透视原理斜线集中于一个点上），全画面看起来就像鱼骨的构成一样。

　　鱼骨式构成在表现经变方面取得了极大的成果，在唐代很快就得到普及。莫高窟盛唐以后的经变画大部分都采用了鱼骨式的方法。第 45 窟、171 窟、148 窟等窟的经变画中，都有成功的描绘。这种以中央殿堂为中心，两侧配置宫殿楼阁等建筑，形成对称构成的经变画在当时成为经变画流行的构成方法（图 121）。

图 121　观无量寿经变　莫高窟第 148 窟东壁　盛唐
以复杂的建筑构成表现丰富的空间关系，前后平台有四个层次，体现出“深”与“远”的距离感。

　　鱼骨式构成的方法，其消失点沿中轴线在向上延伸，说明视点在逐渐地上升。

但问题还在于经变画中视点的移动也并不是按一定的规律移动，于是就产生了很多
矛盾。或许当时画家的出发点是构图比透视更优先考虑。由于经变画中人物众多，
景物也较丰富，画面的构图就很重要，这也就是《历代名画记》把它列为"六法"
之一的"经营位置"，所以我们在画面中看到的人物或建筑物可大可小，可远可近，
其配置的原则并不在于远近透视关系，而在于构图的需要。

如果仅从构图的角度来看，鱼骨式构成也可以理解成中轴对称的方法。但两者
是有区别的，鱼骨式构成意在表现远近的空间关系，而中轴对称则可以不管远近透
视。结果，唐代后期的经变虽然有一些在透视方面更为进步，而更多的经变则是发
展了中轴对称构图的形式，而把透视关系放在其次的地位。

3. 视点的问题

如果从科学的透视法来看，唐代经变画的透视表现有时是很混乱的。比如同一
建筑物的上半部好像是仰视的角度，而下半部可能就描绘成俯视的，结果其消失点
并不在同一点上。

从初唐的建筑画中可看出，画家们对建筑的描绘手段尚未成熟，多刻画单体
建筑，或将这些单体的建筑简单地连接起来，有些不自然。如第 225 窟南壁龛顶
的净土变，两侧的建筑好像从极高的视点向下看，中央的建筑则像是仰视所见的
样子，而位于建筑当中的佛像的视点，既不像中央的建筑也不像两侧的建筑（图
122），于是画面中至少出现了三个明显不同的视点。这种视点的不统一使画面有
一种不自然之感。

第 45 窟北壁的观无量寿经变较为特别，中央的建筑物在透视方面有着明显的
矛盾（图 123）。但如果我们的视点稍微改变一下，就可以看懂画面的远近关系
了。比如当你看画面左半部时，视点就在左侧。看画面的右半部时，视点就放在右
侧。如果要按科学的透视法，只能确定一个视点，那么左右的透视关系就是矛盾的。
但画家并没有科学的透视方法，他们是以构图的需要来安排这些景物的，使画面形
成中轴对称之美，而不是景物的真实。盛唐以后经变画中建筑，视点逐渐协调统一

图 122　西方净土变　莫高窟第 225 窟龛顶　盛唐

中央佛像身后的建筑表现的是仰视的效果，但两侧的建筑则表现出俯视的效果，形成了视觉上的矛盾。

图 123　观无量寿经变　莫高窟第 45 窟北壁　盛唐

画面下半部平台栏杆等建筑形成的斜线与上半部分建筑构成的斜线相矛盾，不合透视原理。

是一个趋向，如第 172 窟、148 窟的观无量寿经变就是代表之作。

不仅是建筑物刻画中存在矛盾，建筑物与人物（尊像）之间也存在着矛盾。通常对于佛、菩萨的描绘，往往视点稍低于水平线，以利于表现其崇高的形象；而对建筑的描绘一般是从俯视的角度更能表现出其复杂的结构来。这样的矛盾在唐代的经变画中一直存在着。即使像第 172 窟那样成熟的经变画中也不例外。实际上中国人已经习惯了这样不科学的处理手法。尽管其表现的景观不完全真实，但中国古代的画论，一般都不要求绘画要多么逼真，而往往强调的是一幅画是否表达出某种精神境界，即所谓"气韵生动"。

在以建筑为主干的经变画中，人物的组合与排列也同样表现着某种空间关系，最单纯的是一些说法场面的人物排列成八字形而形成一定的远近关系，如第 45 窟正面龛顶上部描绘的"释迦多宝佛说法"的场面，两侧的菩萨较多，形成了二重的八字形排列。第 205 窟南壁的净土变也是以佛像为中心形成二重或三重的八字形构成。通过这样斜向排列的群像而表现出了一定的空间来。此外如第 148 窟的涅槃经变中描绘释迦为佛母说法的情节，释迦被描绘成半侧面的形象。在释迦的身后一列人物面向右，与之相对的一组人物则面向左，两组听法的人物正好形成八字形排列，而显示出一种空间关系来。

而在人物众多的经变画中，群像往往以佛为中心呈圆形组合，表现更为丰富的空间层次，这在盛唐以后净土经变画中出现较多。第 45 窟北壁、第 217 窟北壁的观无量寿经变都可以见到。这种圆形排列进一步发展，尊像（人物）更为增加，经变画中形成了多组的群像。每一组中以某一佛像或菩萨为中心，其余的尊像或近或远，或聚或散，但都向着中心的尊像，好像星云一样。盛唐经变画规模较大，常常在上部描绘了三组群像，又在下部两侧各绘一组以佛像为中心的群像，形成五组的构成。如第 148 窟东壁的《观无量寿经变》和第 172 窟南北壁的观无量寿经变就是其例。

五　佛国之景与人间之景

除建筑物以外，山水风景也是最能体现空间关系的要素。唐代以后山水风景常常出现在经变中，使经变画的空间表现更为丰富了。但是山水景物的空间构成关系与建筑不太一样，在壁画中的表现存在着很大的差异。

1. 叙事性经变中的山水

叙事性经变还保留着一点北朝时期的表现方法，所以往往画面中有机地配置一些与故事相关的山水景物。如第 332 窟的涅槃经变中山水风景就起着很大的作用。从某种意义上说，这铺经变的内容就是在一幅大型山水画中展开的。这当然也有着唐代山水画成熟的影响。

第 148 窟的涅槃经变则是以山水画来构建经变的成功之作。本窟是一个大型洞窟，正面佛坛上有长达 14.4 米的卧佛，在卧佛身后的西壁到北壁，绘制出规模宏大的涅槃经变。画面用连绵的山水组成巨大的山水图，而其中的每一项内容都在这些山水图中描绘出来。

2. 净土世界空间的延伸

净土图式的经变中主要以建筑物作背景，由于建筑物都有明确的轮廓线，通过这些线而形成的诸如"鱼骨式构成"等方法，从而表现出远近关系来。相比之下，山水风景表现的远近关系多少有些暧昧。比如一个山丘，可以把它看作是远山，也可以把它看作是近景。唐代壁画中的青绿山水图，像这样的情况比较多。在一部分阿弥陀经变和观无量寿经变等以建筑为主体的经变中，有时也用山水来做配景，在建筑物周围描绘一定的山水树木，把建筑物没有完成的一些空间补充了出来。如第 172 窟北壁的观无量寿经变，在建筑物后面画出一些远景山水，给人与无限远之感（图 124）。这样的方法改变了初唐那种舞台式背景的不足，而使画面的空间表现达到完满。中唐以后综合处理山水与建筑的经变较多，通常建筑物作为近景，山水作为远景，把远近空间有机地联系起来。如中唐第 231 窟北壁的弥勒经变、第 112 窟南壁的金刚经变、晚唐第 85 窟南壁的报恩经变等等。

图 124　观无量寿经变（局部）　第 172 窟北壁　盛唐
在建筑物的后面，通过山水景物的表现，更延长了画面的空间。

3. 从以建筑为中心到以山水为中心

弥勒经变在隋代多以建筑为中心景物，但在盛唐以后开始以山水背景来表现弥勒经变，并形成了固定的形式。第 445 窟北壁、第 446 窟北壁的弥勒经变都是以山水为中心而描绘出来的。弥勒经变通常在中央部绘出须弥山，山上绘出宫殿，象征须弥山和兜率天宫的景象。第 33 窟南壁（图 125）、第 446 窟北壁的弥勒经变形成了新的山水空间。中心仍然是须弥山，但在周围绘出绵延的小山，仿佛从宇宙的高空向下俯视的远景山峦，给人与无限旷远、无限辽阔的空间感——这样的描绘符合佛经的记载——须弥山作为远景置于画面上部，而近景中则表现儴佉王及眷属剃发出家以及嫁娶图、耕作图等场面。这些富有人间生活气息的场面显得十分写实，而空间处理的成功，也使画面具有写实性。把须弥山的世界（天国）和人间世界这两重世界统一在一个画面中了。中唐时代的第231窟北壁东侧的弥勒经变没有绘出像第33窟那样带有神秘色彩的须弥山，却描绘出云环雾绕的兜率天宫，近景中也是十分写实的山水风景，近处是平原，其中还描绘出动物在安静地或走或停。同样也是天界与人间都描绘在同一画面中，而人间的现实世界特征更强一点。

图125　弥勒经变　莫高窟第33窟南壁　盛唐
弥勒经变以山水为背景，表现出从较高视点所见的自然景象，反映了唐人观察世界的习惯视点。

其他的经变画中，以山水风景为主体的还有十轮经变、金刚经变、楞伽经变、报恩经变等。初唐第321窟的十轮经变是一铺独特的经变，莫高窟仅此一例。整体看来金字塔式的山峰占满了全画面，主峰的两侧还有连绵的山峦。在主峰下面是经变的中心部分，即佛说法场面。整体的构图十分稳定，所有的场面都在山峦中展开。

中唐以后流行的报恩经变，多描绘世俗生活的场面，全画面以山水作背景，如第112窟就是代表，佛说法的场地不再是水池上的平台建筑了，而像是在野外的广场，背景是雄奇的山峰，在山峰中还描绘一些与经典相关的故事。唐代后期的报恩经变较多的描绘故事场面，但山水往往缺乏统一的构成。

金刚经变也是中唐以后才流行起来的。通常描绘以巍峨的须弥山为中心的景观。如中唐第 369 窟南壁的金刚经变，中央是金字塔式的山峰，具有一种震撼人心的力量。楞伽经变也是绘出以楞伽山为主体的景观，楞伽山的形象很像须弥山，也是上广下狭，如高足杯的形式。经变中除了较大的一座楞伽山外，还画出了很多小型的楞伽山，这些山峰之间没有什么有机的联系，缺乏空间关系上的作用，仅具有佛教的象征意义。

六　小结

印度、中亚的佛教美术虽然也表现背景，但主要是以人物为主的，尤其是雕刻作品中几乎看不出对空间的表现。而中国自南北朝以来，对于山水自然的品评与欣赏，促成了山水画的流行，同时也促进了画家们对空间深度表现的探索。东晋顾恺之，南朝宋代的宗炳、王微等都是以山水而著名的画家。隋代以后，建筑画也发展起来了，董伯仁、展子虔便是以台阁（建筑画）而著称的。山水和建筑的表现都必须要考虑空间远近关系，敦煌壁画的经变画可以说就是对空间表现的技法探索的重大成果。敦煌的经变画从隋朝开始出现，唐代兴盛起来，而且在空间表现方面形成了人物群像、建筑、山水等综合表现的方法。初唐开始在处理群像的同时，注重建筑物的描绘，盛唐以后形成了鱼骨式构成的空间表现法，使净土图式经变画中建筑艺术达到极盛时代。相比之下，山水风景完全进入经变画要稍晚一点。但在盛唐以后，山水画的成分在经变画中不断增加；中唐以后，以山水画为主要背景的经变画越来越多。这大约是由于唐代山水画发展的影响吧，由于山水画和建筑画的成熟而使唐代的经变画在空间构成上臻于完善。而经变的意义不止于此，它表现出一个完美、丰富净土世界，使佛教的理想境界变得十分具体可感了，经变表现的是佛国之境。然而这些建筑、山水则是人间的风景，它反映了中国人对风景审美的需要。从敦煌的经变画，我们可以感受到由于唐代山水画、建筑画的流行，使这种对风景的审美风气也渗透到了佛教艺术中来，画史记载吴道子、李思训等画家们都曾在佛寺中描绘山水画，敦煌壁画中的山水画也为画史提供了可感的形象资料。

第八讲

从敦煌艺术看大唐气象

敦煌石窟具有完整的系统性和无限丰富的包容性，从敦煌石窟中差不多可以看出很多历史时期的文化发展状况。我们试以唐代敦煌石窟来剖析艺术中所反映的时代精神——大唐气象，以揭示敦煌艺术的博大与丰富。

一　雄强的开拓精神

魏晋以来经过三百多年的战乱，到隋唐而形成了统一的国家，开始了中国历史上安定而强盛的时代。但在唐初，边患较多，特别是西北一带很不安定，贞观元年（627 年）玄奘西行求法之时，受到官方的多重阻挠，就因为当时中国西部是禁止通行的。此后，在相当长的时期内，唐与周边诸国的争战连年不绝，其中到 7 世纪末为止，西北的较大战事就有：

贞观八年（634 年），唐以李靖为大总管，督兵击吐谷浑，次年平吐谷浑。

贞观十四年（640 年），侯君集平定高昌，分立西、庭二州。置安西都护府于交河城。

贞观二十年（648 年），唐军分别击破焉耆、龟兹，震撼西域。

显庆二年（657 年），突厥叛唐，唐派军平定。

咸亨元年（670 年），吐蕃攻陷西域八州，薛仁贵等率军与吐蕃战，大败，约和而返。

仪凤元年（676 年），吐蕃入侵鄯、廓、河、芳等州，以相王轮为凉州道行军元帅讨吐蕃，不行。

调露元年（679 年），西突厥联合吐蕃侵逼安西，唐命裴行俭率军抗击，破西突厥，筑碎叶城。

永隆二年（681年），裴行俭大破突厥，擒阿史那伏念、阿史德温博。

如意元年（692年），武威军总管王孝杰破吐蕃，复安西四镇。[①]

以上的事件只是唐朝前期重大军事行动中的很少一部分，就可以看出到7世纪末为止，唐朝在近一百年的历史中，北方边关战事频仍的局面。这样的环境下，唐朝一直对边关防卫倾注了很大的精力，对勇武精神的提倡就成了这个时代十分流行社会思潮。对武功的歌颂、对雄强精神的崇敬，也成了唐代文学中重要的主题。初唐的诗人唱道：

宁为百夫长，胜作一书生。（杨炯）

葡萄美酒夜光杯，欲饮琵琶马上催。醉卧沙场君莫笑，古来征战几人回。（王翰）

秦时明月汉时关，万里长征人未还。但使龙城飞将在，不叫胡马度阴山。（王昌龄）

这样的边塞诗成了唐前期诗歌中流行的主旋律。而音乐中则有著名的《秦王破阵乐》等，绘画中同样出现了不少表现军功的作品，在章怀太子墓、懿德太子墓壁画中就以大量的画面表现军队的操练、射猎等场面。在这样的风气影响之下，敦煌壁画中也出现了大量的表现军事、体育的场面。尽管作为佛教艺术，壁画中的每一个场面多少都要有一定的佛经依据，但画家选取表现的角度与具体的形象描绘却反映着当时一种审美时尚。

佛教是反对杀生、反对战争的，表现战争的场面本来是佛教壁画要回避的内容。然而在唐代崇尚军功的大趋势下，敦煌壁画中仍然出现了不少有关战争的场面，如第332窟南壁的涅槃经变

①以上史料，参见史苇湘《莫高窟大事年表》（三），《中国石窟·敦煌莫高窟》第三卷，文物出版社，1987年。

中，表现八王争舍利而进行的战斗，画中八人骑马手持长枪正在广阔的原野鏖战。
周围尘土四起，充满了紧张的气氛。第 217 窟北壁观无量寿经变表现未生怨故事
中，也有一个场面描绘巍峨的城门外有一队士兵身披铠甲，正在操练，左侧五人
持矛刺出，右侧五人则持盾抵挡，旁边有一将军的形象，好像正在指挥（图
126）。在中晚唐时期的第 12 窟、85 窟等窟的法华经变中，还特别表现了一个战
争的场面，面对敌人的进攻，城中冲出一支部队，越过吊桥，追杀而来，敌方的
士兵张皇逃窜，有的还边往回逃边回身挽弓射箭，表现出十分生动的一个激战场
面（图 25）。盛唐第 130 窟东壁涅槃经变中，也表现一名战士骑马行进中，回身弯
弓搭箭，周围有不少甲士站立观看。这些壁画为我们展示了唐代战争和军事演习的

图 126　练兵图　莫高窟第 217 窟北壁　盛唐
两队士兵，一队持枪刺杀，另一队执盾抵抗，右侧
一王者骑马，似乎在检阅这些士兵。

真实场面，特别是射箭的场面令人难忘。唐代壁画中的骑射场面还反映了当时在与周边少数民族的战争中，受到突厥影响等因素。①唐代的射技高度发达，据文献记载唐军中配备的弓箭分两种，一种是步射，一种骑射。弓分长弓、角弓、稍弓、格弓四种，长弓用于步兵，角弓用于骑兵，其余为射猎和禁军使用。箭也分竹箭、木箭、兵箭和弩箭四种，前两种用于狩猎，后两种用于军事。发达的射箭技术与理论，促进了社会上对射箭技术的热心，我们不仅从唐诗中可以看到很多歌颂武将高超射技的诗歌，而且在藏经洞出土的唐五代变文中也有很多对射技的描写。如《汉将王陵变文》："双弓背射分分中，暗地唯闻落马声""遂将生杖引将来，搭箭弯弓如大怒"。②敦煌曲子词《望远行》（P.4692）："年少将军佐圣朝，为国扫荡匡（狂）妖。弯弓如月射双雕，马蹄到处尽云霄。"联系起敦煌壁画的生动可感的形象，我们更能体会出当时的高超射艺。

《张议潮出行图》是表现一位地方节度使的威仪的代表作，张议潮作为一位将军，在晚唐时期朝廷危难之际，凭借地方的力量收复了河西，被封为节度使。在张氏后代开凿的第156窟中，画出了《张议潮统军出行图》（图127）。这里强调了统军出行，正是唐代开拓边疆、崇尚军功等思想的反映。这幅出行图长达8.57米，高1.07米，画面从右至左，仪仗大致分为两行，前面各有四骑分别击鼓、吹角开道，然后两侧各一骑执门旗、各四骑甲士执矛跟随，这是"左马步都押衙"。接下来是文官各五名骑马，当中则有步行的乐舞者，边走边舞，这是营伎。后面又有持旌、节等人物及"银刀官"等卫士。在画面中央，张议潮穿大红袍，乘白马正向一座小桥迈进。旁有题记："河西节度使检校司空兼御史大夫张议潮统军□除吐蕃收复河西一道行图。"后面还跟随着"子弟

①杨泓：《敦煌莫高窟壁画中军事装备的研究之二——鲜卑骑兵和受突厥影响的唐代骑兵》，载《1990敦煌学国际研讨会文集》（石窟考古编），辽宁美术出版社，1995年。

②《汉将王陵变》，载《敦煌变文集》上，人民文学出版社，1957年8月。

图 127　张议潮出行图（局部）　莫高窟第 156 窟南壁　晚唐

画面从右到左，最前面有鼓角开路，其后是门旗以及文武官员，以及持旌与节的人员等，中央还有乐舞。真实地表现出一个节度使出行时的仪仗情况，具有极高的史料价值。

兵"及"麾牙"等。《张议潮出行图》共有 100 多个人物，80 多匹马，场面宏大，气氛热烈而庄严，突出张议潮的威仪及收复河西的军功，是一首英雄的赞歌。[①]

二　盛唐之音

　　唐代是中国音乐舞蹈发达的时代，这时不仅有庞大的宫廷乐队，有《九部乐》等大型音乐组曲，而且在民间也有着多彩的音乐文化。唐朝的宫廷继承隋制，设九部乐，后来增为十部乐，包括燕乐、清乐、西凉乐、天竺乐、高丽乐、龟兹乐、安国乐、疏勒乐、康国乐、高昌乐。[②]这

① 参见关友惠：《张议潮统军出行图》（图版说明），《敦煌研究》试刊第二期，1983 年；暨远志：《张议潮出行图研究——兼论唐代旌节制度》，《敦煌研究》1991 年第 3 期。

② 《新唐书·礼乐志》，《旧唐书·音乐志》。

体现出唐朝强大的国力和对外来音乐文化的吸收。此外，又分在宫廷室内演出者（坐部伎）和室外演出者（立部伎）。特别是立部伎，规模宏大，演奏者多者达 180 人。当然文献中所记载的宫廷乐舞都是服从于政治需要而演出的，并非一般性的音乐演出。但宫廷音乐的曲目和形式一般都来自民间，来自外国，然后进行改编而成，这样宫廷乐集中了全国有代表性的音乐舞蹈艺术。

除了宫廷音乐以外，唐代的乐舞活动十分普及，社会各阶层都有各种乐舞活动，民间节日的歌舞活动，寺院也有与宗教活动相关的舞乐，史书中也记载了不少精于音乐演奏、长于舞蹈者。当时的文人们也常常与音乐表演者和舞蹈家们交往而相互得到灵感。如书法家张旭观公孙大娘的剑器舞后，写出了雄浑的草书作品，画家吴道子也有类似的经历。诗人杜甫观公孙大娘弟子的剑器舞后，想象当年公孙氏的舞蹈，写出了著名诗篇："昔有佳人公孙氏，一舞剑器动四方，观者如山色沮丧，天地为之久低昂……"描绘出舞蹈所达到的一种气势。诗人白居易听了歌女演奏琵琶，而写出了不朽的名诗《琵琶行》。其中写道：

> 轻拢慢捻抹复挑，初为霓裳后六幺。
>
> 大弦嘈嘈如急雨，小弦切切如私语。
>
> 嘈嘈切切错杂弹，大珠小珠落玉盘。
>
> 间关莺语花底滑，幽咽流泉水下滩。[1]

唐代诗人们有关乐舞的诗作是多不胜数，表明了音乐舞蹈在人们的生活中是那样普及和丰富。

然而，唐代无限丰富的音乐舞蹈，现在已经无法看到和听到。我们只能通过一些唐代绘画所表现的乐舞画面来感受早已成为绝

[1] 白居易《琵琶行》，《全唐诗》（下），上海古籍出版社，1986 年，第 1076 页。

响的盛唐之音。敦煌壁画数百座唐代洞窟中的音乐舞蹈画面无疑是唐代音乐文化的一大宝库。

作为佛教艺术的敦煌壁画中出现的音乐形象，一般来说与佛教音乐有关，如最早出现的天宫伎乐所持的乐器大都与佛经中所记的乐器一致，如《妙法莲华经》载："若使作乐，击鼓吹角贝、箫笛琴箜篌、琵琶铙铜钹。"《佛本行集经》亦载："彼阎浮城，常有种种微妙音乐，所谓钟、铃、蠡、鼓、琴、瑟、箜篌、筝箫、笳、箫、琵琶、筝、笛。诸如是等种种音声。"①

沮渠京生译《佛说观弥勒菩萨上生兜率天经》中记载了关于天宫音乐的奇妙场面：

> 尔时此宫有一大神。名牢度跋提。即从座起遍礼十方佛。发弘誓愿。若我福德应为弥勒菩萨造善法堂。令我额上自然出珠。既发愿已额上自然出五百亿宝珠。瑠璃頗梨一切众色无不具足。如紫绀摩尼表里暎彻。此摩尼光回旋空中。化为四十九重微妙宝宫。一一栏楯万亿梵摩尼宝所共合成。诸栏楯间自然化生九亿天子五百亿天女。一一天子手中化生无量亿万七宝莲华。一一莲华上有无量亿光。其光明中具诸乐器。如是天乐不鼓自鸣。此声出时。诸女自然执众乐器，竞起歌舞。所咏歌音演说十善四弘誓愿。诸天闻者皆发无上道心。②

与这些记载相关的演奏状况，我们在第 272 窟窟顶（北凉），第 251 窟、254 窟、249 窟、435 窟等窟（北魏）的四壁上部天宫伎乐图中即可看到。③（图20、21）

唐代以后由于大型经变画的流行，音乐舞蹈便在宏大的经变中展开。通常在表现净土世界时，总是在佛说法场面的下部表现

① 《佛本行集经》第二，《大正藏》第三卷，第660页。
② 《佛说观弥勒菩萨上生兜率天经》，《大正藏》第14册，第418页。
③ 参见万庚育：《敦煌早期壁画中的天宫伎乐》，《敦煌石窟研究国际讨论会文集（石窟考古编）》，辽宁美术出版社，1990年。

一组或多组乐舞画面：中央一名或两名舞伎跳舞，两旁是成组的乐伎，她们弹奏着各种乐器，虽然表现的是天乐，但却展示了宏大的唐代音乐文化。

第220窟北壁的药师经变根据《药师琉璃光七佛愿功德经》绘成。画面以东方药师净土的七佛和八接引菩萨为主体，两旁伫立十二药叉护卫，下部环绕着水池的是"凹"字形平台，平台中央是一座楼阁形的灯架，两边各有一座圆轮形的灯台，在这"灯山火木"的照耀下，两组舞伎应乐起舞：左边这组舞伎，动作刚健有力，脚作腾踏，似有很强的节奏感；右侧的这一组体态轻柔，手舞飘带，身作旋转，舞姿轻盈。有人认为这就是唐朝的"胡腾舞"和"胡旋舞"。两侧为舞伎伴奏的乐队达27人之多，演奏着筝、排箫、方响、竽篥、阮咸、腰鼓、海螺、羯鼓等近20种乐器。特别有意思的是乐伎中有一名歌手伴唱，是棕色头发，身饰环钏，神情激昂，放声高歌。这些都反映了唐朝音乐在吸收异域艺术的基础上，达到了空前的发展和繁荣。

大多数药师经变的构图与观无量寿经变一致，中央画净土世界，两侧以条幅的形式画出"九横死""十二大愿"内容。如盛唐第148窟东壁门北侧，画出巨幅药师经变，中央表现东方药师净土世界，与西方净土变同样通过华丽无比的楼阁来象征庄严的净土世界。与这些高楼相接的是建于净水池中的平台，在这些平台上，都有歌舞作乐的伎乐天。这铺经变的乐舞人数达33人，中央二人对舞，两侧各有两组乐队，演奏着笙簧、琵琶、横笛、拍板等乐器。这样庞大的乐队，可以称得上是最早的交响乐队了（图121）。从这些乐队的规模及乐器配置等方面，可以看出唐代中国音乐的发达状况。①

唐代舞蹈有软舞与健舞之分，②在敦煌壁画中也可以看到有的身

① 参见牛龙菲：《敦煌壁画乐史资料总录与研究》，敦煌文艺出版社，1991年；庄壮：《敦煌石窟音乐》，甘肃人民出版社，1984年。
② 参见常任侠：《唐代的软舞与健舞》，载《丝绸之路与西域文化艺术》，上海文艺出版社，1981年。

披铠甲、舞姿雄健；有的动作舒缓，情调柔和。大多数的舞蹈者都是以长巾作为道具，随着舞蹈的动作，长巾飘动，圆转流畅，气势一贯。有的舞蹈者身体呈"S"形扭曲，颇有印度舞蹈的特色，如第205窟北壁西方净土变中的对舞，二人相对而舞，手作弹指状，侧面出胯，使身体形成"三道弯"。有的则旋转奔放，有如唐代文献所记的"胡旋舞"，如初唐第220窟北壁有两对舞伎，都各站在小圆毡上，东侧的一组，双臂张开，作飞速旋转状；西侧的一组双手持巾一上一下，动作强劲，给人与节奏感（图128）。

图128　舞伎　莫高窟第220窟北壁　初唐
两组舞伎均站在小圆毯上起舞，左侧舞者有腾踏之状，右侧舞者有旋转之姿。

还有一些舞蹈是以乐器为道具的，一边演奏一边舞蹈，是当时舞蹈难度较大的。腰鼓和琵琶是常见的舞蹈道具。腰鼓舞者，配合鼓的节奏，显得刚健有力，如榆林窟第25窟南壁观无量寿经变中的舞者单腿而立，两臂张开，好像正在用力拍击腰鼓，两侧的飘带形成一道道弧形，表现出舞者旋转的轨迹（图129）。琵琶舞是唐代较有流行的一种舞蹈，特别是壁画中多处表现出反弹琵琶的姿势，应是当时舞蹈的绝技。第112窟南壁的反弹琵琶舞表现最为出色，舞者左腿独立，右腿高高提起，左手在后背处高举琵琶，右手则向后伸起，作弹奏状（图130）。两侧各有三人为她伴奏。第172窟南壁、第85窟南壁和第156窟南壁等都有腰鼓舞与反弹琵琶舞相对而舞的场面，反映了这种舞蹈流行的情况。

图 129　舞伎　榆林窟第 25 窟北壁　中唐

　　中央的舞伎身挎腰鼓起舞，两侧的乐伎排成八字形演奏着不同的乐器。舞伎的翩翩舞姿与翻动的飘带形成富有动感的韵律。

图 130　反弹琵琶舞　莫高窟第 112 窟南壁　中唐

　　中央舞伎将琵琶置于背后，反向而弹，两侧共有六人的乐队伴奏，表现唐代乐舞的高超技艺。

从壁画中丰富的舞蹈形象中，我们可以考察唐代一些十分流行的舞蹈形态。如胡旋舞、胡腾舞、柘枝舞等。

胡旋舞是当时流行的舞蹈，甚至杨贵妃、安禄山都是以擅长胡旋舞而出名，元稹、白居易等诗人也都写过有关胡旋舞的诗，如白居易《胡旋女》：

> 胡旋女，胡旋女，心应弦，手应鼓。弦鼓一声双袖举，回雪飘摇转蓬舞。左旋右转不知疲，千匝万周无已时。人间物类无可比，奔车轮缓旋风迟。[①]

从唐代的《乐府杂录》等书的记载中，可以看出胡旋舞的特点在于舞者站在小圆毯上，旋转动作较多。我们从莫高窟第220窟北壁的舞蹈画面中就可看到这样的形象。

柘枝舞也是唐代倍受欢迎的舞蹈，最初从西域传来，是单人舞，后来发展成双人舞。唐代诗人们有不少描写柘枝舞的诗歌，据舞蹈学家的研究，柘枝舞又分为两种，一种则刚健雄壮，节奏鲜明，属于健舞；一种动作柔软，属于软舞，也称"屈柘枝"，是双人对舞的较为突出的形式。唐诗中"体轻似无骨，观者皆耸神""歌停舞罢催连鼓，软骨仙娥站起来"，或者是"将腾跃之激电，赴迅速之惊雷……来复来兮飞燕，去复去兮惊鸿"等等描绘，展示了柘枝舞的动人之处。

敦煌壁画经变画中的舞蹈，大多为双人舞，有的急速有的舒缓，有的柔和有的刚强，表现出多种舞蹈的特点，从中不难找出类似"胡旋""胡腾""柘枝"等舞蹈特征。在世界现存的文物中，像敦煌壁画这样记录了古代大量音乐舞蹈场面的可以说是绝无仅有。借助于敦煌壁画中的乐舞形象，我们可以在一定程度上

①白居易：《胡旋女》，《全唐诗》（下），上海古籍出版社，1986年，第1405页。

复原出唐代乐舞的概貌。[①]

从藏经洞出土的文献中还有一些唐代的乐谱、舞谱的残卷，为我们认识唐代音乐舞蹈又打开了一道窗户。经过中外学者们七八十年的研究，以唐代五弦琵琶谱为代表的乐谱已部分被解读出来，成为可以演奏的曲调了。此外，收藏于法国的 P.3510 号卷子、藏于英国的 S.5613 号卷子以及藏于国家图书馆的残 823 号卷子被认定为唐代的舞谱，这些舞谱用一些符号和文字表示舞蹈时手和脚的动作，以及节奏等。如果这些乐谱舞谱之谜能彻底解开，盛唐之音必将再现于人间。

三　华丽时尚

唐代高度发达的经济，促进了科技文化的繁荣与发展，高消费刺激了生产，形成了物质文明的急速发展。富足的经济促进了唐人华丽的时尚，在衣、食、住、行、风俗、游玩等各个方面体现出来。在敦煌壁画中为我们展示出当时的服饰、建筑、科技、风俗等方面丰富的信息，虽说远远不是唐代物质文明的全部，但也可以说是管中窥豹，略见一斑了。

1. 宫殿与居室建筑

唐代壁画中大量的建筑形象为我们认识唐代建筑提供了形象的资料。[②]表现西方净土世界的经变画出现的建筑就是模仿人间的宫殿建筑，是当时宫殿与寺院建筑的实写照。据唐代的文献来看，当时长安有僧尼寺院一百多座，有的建筑规模宏大，甚至超过了皇宫，如唐高宗所建慈恩寺，寺内房屋近一千九百间。

唐代建筑一般以对称设计，中央有大殿，两侧有侧殿，中央

① 参见刘恩伯：《敦煌壁画与舞蹈》，王克芬《从敦煌壁画、龙门唐窟石雕及其他墓室俑画等文物探索唐代舞蹈的特点》等，以上均见《1983 年全国敦煌学术讨论会文集（石窟艺术编）》，甘肃人民出版社，1987 年。

② 参见萧默：《敦煌建筑研究》，文物出版社，1989 年；萧默：《隋唐建筑艺术》，西北大学出版社，1996 年。

与两侧以回廊相连接，平面往往呈品字形，形成一殿两厢的形式。盛唐以后，建筑变得更加复杂，中央的大殿及两侧的配殿增加，平面形成倒"凹"字形，出现多重殿宇，两侧有多重楼阁，并有不同形式的露台、回廊。楼阁的形式也不完全是单一的，往往出现高台的钟楼，圆亭或八角亭等形象。露台之间有池水流通，水上以虹桥相连。其间廊柱、栏杆，彩画雕刻，地面及墙壁装饰的琉璃花砖等，极尽灿烂华丽之事。虽然很多内容是根据佛经的记叙而画出，但这样丰富的建筑构想，如果没有现实中真实存在的宫殿、寺院等形象的依据，恐怕很难设想出如此具体的建筑构成。第 172 窟、217 窟、148 窟等窟的壁画建筑，反映了当时宫殿建筑的特色（图 14、15）。

此外还有一些建筑表现的是皇室和贵族的宅院，在一定程度上反映了唐人生活的环境，如第 431 窟、172 窟、217 窟等壁画中，表现的具有围墙环绕的宅院，多为前后两院，前院横长，是进入主院的过渡空间，主院宽敞，除了中央有一间高大的房屋外，周围三面还有厢房。与现在的四合院布局一样。如晚唐第 85 窟的法华经变中，宅院的旁边还有马厩，及奴仆所住的房屋。在第 217 窟法华经变壁画中还可以看到房屋内的陈设情况。在第 445 窟北壁弥勒经变中还有一幅拆毁房屋图，这是根据佛经表现一些婆罗门把一座美好的建筑拆除的状况。但我们从中可以看出唐代建筑的内部结构情况。

2. 唐代的时装

唐代壁画中还展示了唐代上至帝王，下至一般庶民的不同人物服饰，这些华丽优雅而各具特色的服饰，是我们了解唐代服饰史的重要资料。[①]

① 参见段文杰：《莫高窟唐代艺术中的服饰》，载《敦煌石窟艺术论集》，甘肃人民出版社，1988 年。

第 220 窟、335 窟、103 窟、194 窟等窟的维摩诘经变中所描绘的"帝王听法"图，不仅在美术上丰富了传世本《历代帝王图》（传为唐代阎立本所绘）的内容，而且真实地再现了当时皇帝的服饰特征。如第 220 窟的《帝王图》中，皇帝戴冕旒，着深衣，青衣朱裳，曲领，白纱中单，并配大带大绶。衣上做出日、月、山、川等所谓"十二章"的纹样。大绶画出龙的形象，这是符合当时服制的。周围大臣们的服装多着深衣袍，这是唐朝官吏的朝服，方心曲领，头戴进贤冠，穿笏头履，在帝王两侧的大臣冠上还饰貂尾，这与唐代所记的"侍中与左散骑则左貂、中书令与右散骑则右貂"相符，在帝王左右两侧的人当为中书令或散骑常侍等职的人物（图 55）。

在很多洞窟经变画中的世俗人物或供养人像中，男子多为头戴幞头，身穿窄袖长袍，足跨乌皮靴的形象，这是官吏与士人的常服。盛唐以后，多为襕衫，如第 130 窟的晋昌郡都督乐庭瓌供养像，就头戴幞头而身穿浅青襕衫。

壁画中妇女的服饰更是多种多样，在第 329 窟的东壁有一身女供养人像，身穿圆领窄衫小袖，领口开得很低，长裙裹脚，裙腰束得很高，披着透明的纱巾（图 131）。这是初唐的时世装，是受"胡服"影响而形成的时装。在西安附近唐墓壁画中，也发现了很多类似的人物。第 130 窟的都督夫人供养像中，夫人头梳抛家髻，着碧罗花衫，袖大尺余，外套绛地花半臂，穿红裙、云头履，披白罗花帔，一派雍容富贵的风度。跟随其后的女十三娘，头戴凤冠，斜插步摇，面饰

图 131　女供养人像　莫高窟第 329 窟东壁　初唐
女供养人双手持一莲花，神态虔诚地跪在方毯上，身穿窄衫小袖，领口开得较低，是当时流行的时装。

花钿，著半臂衫裙，小头鞋履（图59）。

唐代妇女的化妆有多种讲究，如以朱粉涂面，称作"红妆"。唐前期的红妆主要有两种，一种以朱红晕染额头及上眼睑，即"晓霞妆"，第332窟和第57窟的菩萨的形象就属于这一种；另一种是"黑眉白妆"，唐人记载当时的宫女们"施素粉于两颊，相号为泪妆"，在第329窟、220窟等壁画中的供养人及菩萨，第130窟的都督夫人一家的形象上可以看出这样的化妆。唐代妇女画眉之风很流行，初盛唐时期流行画长眉，称为娥眉，如唐诗中写道"淡扫娥眉朝至尊"。盛唐之后流行画短眉，如第130窟都督夫人供养图中的妇女全都画短眉，与《簪花仕女图》中一样。

初唐壁画中已出现了妇女在额头上贴花钿的，就是唐诗所说"眉间翠钿深"。第130窟的都督夫人额上作五出梅花，脸上还有绿色花的面饰。晚唐五代以后，妇女脸贴花钿的风气一直很流行，在壁画中出现较多。

此外，菩萨的形象虽然不能肯定是当时真实的服饰，但也可以感受到各种不同纺织品的质感与特色。如第57窟说法图中的菩萨，第66窟龛外北侧菩萨等，身上的层层披帛，让我们看到轻薄透体的各种丝、罗、纱等材料。其中又有无限丰富的花色纹样，反映了唐代纺织技术的高度成就。

3. 日常器物

敦煌壁画中所展现的唐人生活，以及其中所使用的一些器具，有不少在当时是较新的科技成果，反映了古代科技史的成就。

在法华经变、弥勒经变等壁画中往往画出一些表现耕作的场面，如反映弥勒世界"一种七收"等理想的生活，但画面所表现的耕作图，正是唐代农民生活的真实写照。如第23窟、33窟、445窟等窟的壁画中都有农人赶着牛，辛勤耕作的生动场面，特别是第445窟北壁弥勒经变中一农夫赶着两头牛耕地，所用的犁为曲辕犁。唐代以前耕地多用直辕犁，犁架庞大而笨重，曲辕犁改直辕为曲辕后，犁架变小而轻便灵活，并能调节耕地的深浅，在当时来说是很先进的生产工具。

作为佛的供器，在说法图和经变画中出现最多，是当时寺院生活的真实写照。如在佛像前燃灯供养，在唐代第220窟北壁的药师经变中，画出了大型金属灯轮，中央有立柱，上面如树枝一样伸出一盏盏灯，分布如车轮一样，共有四层灯轮，每层多者达50多盏灯。唐代文献中记载：

> 睿宗先天二年正月十五十六夜，于京师安福门外作灯轮，高二十丈，衣以锦绮，饰以金玉，燃灯五万盏灯，簇之如花树。宫女千数，衣罗绮，曳锦绣，耀珠翠，施香粉。一花冠，一巾帔，皆万钱。……于灯轮下踏歌三日夜，欢乐之极，未始有之。①

这一记载反映了唐代奢华的生活，同时也表明了敦煌壁画中的灯轮是有历史依据的。

由于香炉是佛前少不了的供器，唐代的香炉工艺精湛，样式繁多，如第220窟南壁西方净土变中，香炉为莲花杯形，上部镂空盖，中央还嵌有宝珠。第445窟北壁的香炉也是莲花形，下部底座有六条曲腿，上部如盛开的莲花，在花瓣尖上还有小铃垂下。镂空的炉盖中央饰有宝珠。近年来从法门寺出土镀金的银香炉也有着类似结构，即底座有六腿，香炉盖为莲蕾形，底座和炉壁的边缘分别有坠饰。唐代后期壁画中流行的香炉是下部有莲花形底座，香炉上部敞口呈八边形或六边形，上部有圆形镂空的盖，中央往往饰宝珠。

水瓶（或称净瓶）也是佛家常用的器具，或用作供器。在佛前放香炉和水瓶供养的画面较多，还有一些菩萨和佛弟子手持水瓶的画面。如观音菩萨手持净瓶，是北朝以来较常见的，但南北朝

---

① 《朝野金载》卷三，载王云五：《丛书集成初编·朝野金载及其他二种》，商务印书馆，1936年。

时期的净瓶形象较简单，唐代的净瓶则有不同的形象和装饰花纹，有的还可以辨别出陶瓷或金属制品的特点。如第 44 窟南壁菩萨手持的净瓶，仿佛铜制。第 225 窟南壁菩萨手持的净瓶则像是瓷瓶。大多数供器中的瓶似为陶瓷制品。从唐代考古发掘的情况看，陶瓷的水瓶是较为常见的。壁画中很多表现工匠工作的场面，还为我们提供了古代工艺制作的真实画面。如在第 85 窟窟顶东披壁画中，还可以看到唐代的制陶图：一个旋转承盘上，放着一个大坛子，一人席地而坐，左手扶着陶坛的边缘，右手伸进坛口，显然正在制作一个大坛子。

4. 装饰纹样

石窟中的装饰图案反映着当时的宫殿、寺院乃至居室的装饰特色。唐代的图案装饰达到空前的丰富与繁荣，大致有藻井图案、背光图案、边饰纹样等。还有人物的衣饰中也表现出很多独特的图案。

葡萄石榴莲花图案是初唐流行的藻井纹样。中心多为大莲花，或以葡萄石榴纹构成十字形或米字形图案，向四周呈放射形分布，周围有卷草纹装饰。第 209 窟、322 窟、387 窟等窟的藻井便是代表。

在藻井中心饰以一朵大莲花是绝大多数洞窟的惯例。但唐代的莲花图案由最初较为具象的莲花形逐渐演变为宝相花和团花图案。第 220 窟、331 窟、334 窟等窟中，藻井的图案为一朵盛开的莲花，莲花为桃形花瓣，又与云头纹、叶纹等组合而成。盛唐以后，由莲花与牡丹等花纹组合、变形而形成的宝相花十分流行，有桃形花瓣、碎叶形花瓣、卷瓣等变形组合，花的中心为圆形或四瓣花形、层层向外延伸，外沿有八瓣、十六瓣等。色彩复杂、层次丰富。同一花瓣又往往以同类色叠染，更显得华丽无比。代表性的有第 45 窟、217 窟、166 窟、175 窟等窟的藻井。中唐以后，团花图案更为流行，比起宝相花来，花形较为简洁，整体呈圆形，但其中又有莲花与茶花等花形的组合，四周的边饰出现较多的几何纹。如第 159 窟藻井中心为一朵八瓣莲花，外沿为八朵茶花组成的团花纹。有的洞窟藻井还把鹦鹉、狮子、伽陵频迦鸟等祥禽瑞兽也组合在团花图案中，使图案别具一格，如第 269 窟、360 窟等洞窟。①

唐代的边饰图案以舒展自由的卷草纹为主，呈波浪形或圆形翻卷，常常组合进莲茎、草叶、莲瓣、茶花、石榴等多种花形以至鸟兽等图案，其变化自如、出人意料，气势如流，多姿多彩，代表了中国装饰艺术的成就。唐人以这样的图案纹样装饰在殿堂、居室、各种陈设、用具、器物上，具有富贵、华美的气息。

5. 社会民俗

尽管敦煌壁画是佛教绘画，但在唐代出现的大量经变画中，表现了许多社会生活的场面，这些场面中，有不少是当时的民间风俗的写照。

如在弥勒经变中，为了表现经中所说人寿八万四千岁，女人五百岁出嫁这一主题，大多都绘出婚嫁图，成为唐代弥勒经变壁画中一项重要的内容。从这些画面中我们可以看出唐代婚嫁礼俗的形态。一般婚礼图都以表现婚宴为中心的，新郎新娘向父母礼拜，众宾客围在桌子周围欢宴。有的还有舞者起舞助兴，如第445窟北壁弥勒经变中的婚嫁图就是这样，左侧可见一个庭院的大门，宴会是在大门外搭起的帐篷中进行的。这是唐人风俗，即婚礼要在屋外搭一青庐，这一风俗大约来源于北方游牧民族，汉民族地区把它称作百子帐，寄寓着多子多福的吉祥之意。宴会上，左侧众宾客围坐在食桌旁，中央有一红衣舞伎正在翩翩起舞，后面是乐人在奏乐（图22）。

在第12窟的婚礼图中，则重点表现新郎与新娘拜父母的场面，新郎跪拜于毯上，新娘则站立在侧，这也是唐人结婚时"男跪女不跪"的风俗。在旁边还有一面大镜子朝着新人，

① 关友惠：《莫高窟唐代图案结构分析》，载《1983 年全国敦煌学术讨论会文集（石窟艺术编）》，甘肃人民出版社，1987 年。

这是古代文献中所记的习俗，娶新妇时，用明镜始终对着新娘，具有镇邪的作用。

此外，如第85窟等处的壁画中还画出两只雁，这正表现了唐代婚礼的奠雁风俗，通常有两只雁以喻二人信守不渝，妇人从一而终等。一般来说，新郎把雁放进新房内，由新娘接着。而后，新郎还得用某种物件把雁换回，最后放生。

弥勒经变还有老人自知寿命将至而自己进入坟墓的内容，根据这一内容，壁画中也画出了老人入墓的画面。这一内容虽然根据佛经而来，但画面中往往表现出唐人丧葬的习俗。

四　胡风东渐

唐朝是一个国际化的时代。唐王朝在建立了强大的政治军事力量之后，开始与周围的各国开展了一系列的外交活动。唐朝与各国的交往是十分广泛的，几乎亚洲所有的国家均有人来过中国，对西方的影响还远达欧洲的罗马。在唐朝与外国的交流中，虽说在相当程度上是有政治目的的，但也存在着不少民间的宗教或经济等方面的交流。那时，外国人来到中国有的是带着国家的使命而来，有的是怀着经商谋利的目的，也有的是为了宗教的传播等等，从历史记载来看，来往于中国与周边国家的主要是使臣、僧侣和商人。

随着这些交往的增加，外国人给唐朝带来了诸如祆教、景教等新的宗教，还带来了西域的各种奇异的东西，如狮子、大象、犀牛、孔雀、鸵鸟等珍禽异兽，枣耶树、菩提树、娑罗树、郁金香、水仙花等植物，以及各种香料，葡萄酒、糖、毛皮制品、玻璃制品等等，外国人不断来到中国、大量外国物产相继流入中国，使唐朝掀起了一股"胡风"热。正如元稹诗中所写：

自从胡骑起烟尘，毛毳腥膻满咸洛，

女为胡妇学胡装，伎进胡音务胡乐。①

这种状况不仅反映了人们对异文化的一种强烈的好奇心，而且也表明唐人的一种强烈的优越感，对于外来的东西一概拿来为我所用，丝毫不担心自己会被"胡化"。盛唐以后，所谓"胡服""胡食""胡乐"便广泛地流行起来。如贵族男女们出行时喜欢戴的"胡帽"就是效仿突厥和东伊朗人的服饰。唐前期妇女们常用的"幂䍦"，就是把胡帽与面纱结合，再配合类似披风的外套。这样的服饰既有助于贵族妇女外出时遮风，又可免受外人窥视。可以说是胡服的改革形式。在莫高窟第 217 窟的法华经变化城喻品中，就画出一个骑马穿红色披风的人物，头戴幂䍦，在崇山峻岭中行进。唐代后期，在宫廷妇女们中间还流行把头发高高地立于头上的"回鹘髻"。

在绘画中表现胡人，早在南北朝时期就有记载，唐代阎立德的《职贡图》就描绘了许多外国来的使臣形象。这些绘画最初是为了表现大唐帝国"万国来朝"的政治气象，后来则成为一种绘画的样式在民间流传开了。当时还有不少画家画出表现外国人的作品，如张南本的《高丽王行香图》、周昉的《天竺女人图》、张萱的《日本女骑图》等。画家齐旻"画番马，夷戎部落，鹰犬鸟兽之类，尽得其妙"。从考古发掘的文物中，就有不少唐三彩的外国人物图，如波斯人、大食人、高丽人等，还有很多无法确认其身份的外国人，甚至连佛教壁画中也出现了不少表现众多外国人的场面。

敦煌壁画维摩诘经变、涅槃经变等画面中就有很多表现生动的外国人形象。如第 220 窟东壁的维摩诘经变中，南侧的维摩诘

① 元稹《法曲》，《全唐诗》（上），上海古籍出版社，1986 年，第 1025 页。

像下部画出了各国王子等人物形象。最前面一人较矮小，头顶一个盘，盘内好像是盆景的假山，或是珍宝，紧接其后有两人，卷发，半裸，仅着短裤，身体较黑，类似南印度或东南亚的人物。卷发的人物，常常出现在唐诗中，如李贺诗中写道："卷发胡儿眼睛绿，高楼夜静吹横竹。"文学艺术作品中对于外国人的特征的描绘可能会带有一点怪异色彩，但不能否认它所具有的现实依据。在卷发的二人身后有一人戴毡帽，身体高大，穿长袍，脚穿高筒皮靴，他身旁的一位僧人穿圆领长袍，脚着红色高筒皮靴，此二人像是中亚一带的形象。在红袍僧人的旁边还有一身材高大的人物，上着宽领大衣，下着长裙，头冠上插有两根羽头。这个人物的服装与章怀太子墓中"客使图"壁画中的一个人物十分相似，有的专家认为这种头冠上插有两根羽毛的形象可能是新罗使者，那么敦煌壁画中的这个人物也有可能是新罗人（图56）。

如狮子、大象等动物，当时是从外国传来的，所以表现牵狮、牵象的人物形象也多为胡人形象。佛经中记载为文殊菩萨牵狮的是昆仑奴，应是来自南方昆仑国的人物。历史学家认为唐人所说的"昆仑"，相当于现在的马来群岛的地方。唐代有大量的东南亚的人流入中国，其中有部分成为当时贵族家庭的奴隶。这些昆仑奴以擅长游泳，能驯服凶猛野兽著称。昆仑奴的特征是身材矮小，头上有卷发，眼睛较大，皮肤较黑，习惯裸露上身，只穿简单的短裤。[1]在第172窟、159窟等壁画文殊经变中牵狮的人和普贤变中牵象的人都描绘成昆仑奴的形象。

第103窟的法华经变化城喻品中牵象的人物也是头戴毡帽，

①爱德华·谢弗（Edward Schafer）：《唐代的外来文明》，吴玉贵译，陕西师范大学出版社，2005年。

上身半裸，仅披一条布条（或鹿皮），穿着短裤，令人想起古代印度修行者的形象（图61）。

也许是由于胡人总是与外来的商人有关，壁画中表现商人的形象也多为胡商，如第45窟南壁观音经变中胡商遇盗的场面，描绘一些商人牵着毛驴，驮着货物正在山中前进，突然从山后出来几个持刀的强盗，商人们战战兢兢，诚惶诚恐，只有双手合十念观音（图24）。

唐代壁画中菩萨像大多变成了中国妇女的形象，然而，佛弟子（罗汉）的形象却依然是外国人的形象，大约在当时的人看来，菩萨是一种理想美的象征，以中国人的形象表现，自然会增加无限的亲切感，而罗汉是属于现实的人物，是印度本来就有的历史人物，就得按照他们本来的样子表现吧。所以不论是第45窟、217窟窟龛内的佛弟子像还是第158窟涅槃经变中的佛弟子像都具有明显的外国人特征（图31），高鼻深目，肌肉突出，动作怪异。其实在画家想象的加工中，已经无法确认是哪个国家的人物了，但并非中国人这一点是明确的。

值得注意的是，唐代菩萨手持的玻璃制品，如初唐第401窟南壁菩萨手托一碗，为透明的玻璃碗，碗口上还镶嵌着8颗珠子（图132）。第159窟西壁菩萨手托玻璃盘，盘身透明，盘边沿呈褐色，仿佛有金属边沿。玻璃制品在汉代的出土文物中有已出现，唐代的法门寺地宫也发现了玻璃盘。这些玻璃制品主要产于古代埃及、伊拉克、伊朗一带。随着丝绸之路的发展而传入中国，在唐代应是十分贵重的用品。

以上从四个方面简要地概述了敦煌壁画中所反映的大唐气象。唐代艺术无限丰富多样，这里所谈仅仅是其中极小的部分，希望以一叶而知天下秋，使读者从中体会到唐代文明的宏大与辉煌。

图 132　手托玻璃碗的菩萨　莫高窟第 401 窟南壁　初唐
菩萨身体微微前倾，右手托一透明的玻璃碗款款而行，动态潇洒。

第九讲

敦煌写本书法艺术

　　将近一个世纪以来，敦煌学在佛学、历史学、文学、音乐、美术等许多领域都取得了很大的进展，但书法研究却没有引起足够的重视。这大约是由于敦煌文书大量流散于外国，国内学者难得见真迹，而国外的研究者又往往对于中国书法缺乏研究，因此敦煌写卷书法至今还未被国人所了解。笔者多年来悉心检索了敦煌写卷的缩微胶卷，并参考有关敦煌写本的各种出版物，收集其中较有书法价值的资料，深感像敦煌写卷这样一个古代书法艺术的宝库，不仅可以大大拓宽我们认识中国古代书法的视野，而且对于今天书法艺术的继承和创新，也有着重要的价值。

　　敦煌文书的外形，大部分都是手卷形式，用纸或绢从右至左抄写，然后粘接成长卷，最长的达十几米，所以也叫敦煌卷子或敦煌写卷。通常在尾部有木轴，使全卷可以卷起来存放，较考究的还加以裱背；但也有不少没有轴的。有少部分为蝴蝶装，即在两面书写，然后装订成册。此外还有一些散页。这些古代文书绝大部分是用毛笔抄写的，时代上自东晋，下迄宋初，保存了六百多年间的古代书法墨迹。像这样时代久远、数量巨大、风格多样的写本，可以说是中国书法史上最为珍贵的资料。

　　敦煌卷子的内容90%以上是佛经。对于佛教来说，写经流传是一项十分重要的事。抄写佛经对于信佛的人来说，是一种功德。因此古代的善男信女们要抄写很多佛经，送到寺院里。那些文化水平很低，或者不善于书写的人，就只好请人代为抄写。于是，一种专门抄经的职业就兴起了，这就是"写经手"，也叫"写经生"。南北朝时期，寺院写经有一定的规范，除了书写者要署名外，还要注明用纸多少张，还有校阅者署名等。由于佛教的发展，需要大量的佛经以供各地僧人学习，在印刷技术尚未发明的时代，只能是用手书写。有的地方甚至官府也雇用一些抄经的人，称为"官经生"。如北魏时期出自敦煌的一些写经，在卷末出现"写经生"（或"官经生"）"典经师""校经道人"等名字，说明当时的敦煌官府写经已形成了一定的规范。

隋唐以后，在皇室的支持下，一些大寺院建立了更为严格的抄写审校制度，除了抄写人外，还有"装潢手""详阅""初校""再校""三校"以及监造者署名，而往往有官衔较高的人监制。也就是所谓的"宫廷写经"。宫廷写经通常都要颁行于各地，对各地写经有着规范意义。

写经生是以抄写为职业的，在书法艺术上必须达到一定的水准，另外还必须满足人们的审美时尚。所以，大多数写经反映出那个时代的审美精神，对于我们认识书法艺术发展的历史，具有重要意义。写经生受雇于人，不仅抄写佛经，道经、儒家经典以及文学作品也可抄写。另外，敦煌文书中也有一些儒家经典及文学作品系读书人所写，风格与写经生的书法不一样。总的来说，敦煌写卷大都是名不见经传的书手所写，书法不像书法名家那样富于创造性。但各时代的写本具有各自不同的时代风格，不同地区的写本也体现出不同的地方特色，可以说，数万件敦煌写本构成了一部完整的中古民间书法艺术史。此外，敦煌写本中还有相当数量的名碑、名帖作品，与传世本又有所不同，是探讨书法史上那些名家书风的珍贵资料。下面按时代顺序简要谈谈敦煌写卷书法的特点。

一 魏晋南北朝时期的敦煌写卷书法

魏晋南北朝的敦煌写本书法，大体有三个发展阶段①：

①关于敦煌北朝的写本，藤枝晃先生从纸张的质地等方面作了时代分期，见《中国北朝遗书的三个分期》（白文译，《敦煌研究》1990 年第 2 期）。但本文是从书法史的角度作分期，与藤枝先生的观点有所不同。

第一阶段，是隶书楷化的初期。这时的写本继承了汉简书法的许多特征，但又不是完全的隶书体，出现了一些新的因素，表现出一种不规范的特征。如写于十六国的西凉建初元年（406年）的 S. 797《十诵比丘戒本》（图 133），字形呈纵向结构，笔法多为汉隶的风范，用墨较浓，起笔较轻，收笔很重，特别是捺笔作重顿，成为一字的重心所在。《十诵比丘戒本》是和尚们日常诵读的戒本，从卷末的题记中我们知道这个写卷是比丘德佑所写。西凉是汉族人

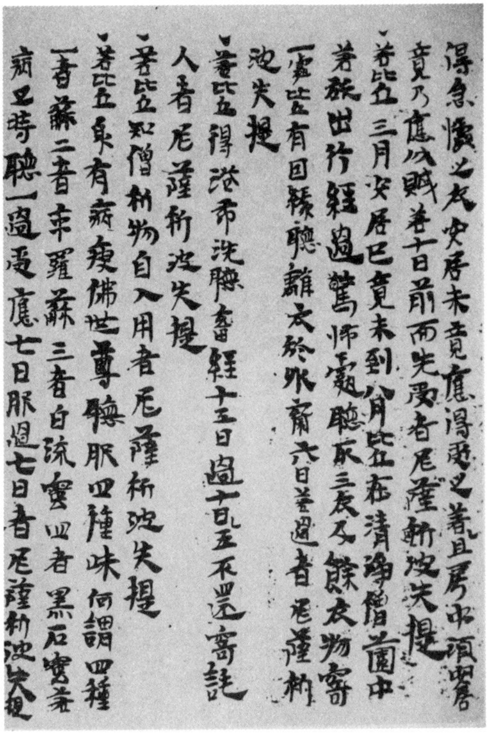

图 133　西凉写本《十诵比丘戒本》S. 797

字体结构呈纵长形，收笔较重，有强烈的顿挫，通篇写得较自由奔放。

李暠建立的政权（400～421 年），势力仅在敦煌、酒泉一带。当时北方大部分地区为少数民族政权，李暠在敦煌以儒家思想治国，并兴办教育文化事业，因此这个仅有 22 年的短暂王朝，却留下了不少文化遗产，深受史家的称道。这件写经无疑也是西凉时代留下的珍贵书法作品。书风类似的写卷，还有敦煌研究院藏《三国志·步骘传》写本，[①]可能会早到东晋时期。新疆吐鲁番出土的《三国志·吴志》写本，其书写的时代相差不会太远。它们与南方

① 参见刘忠贵：《敦煌写本〈三国志·步骘传〉残卷考释》，《敦煌学辑刊》，1984 年第 1期。

的《爨宝子碑》的笔法具有异曲同工之妙，代表从隶书向楷书转化初期的书法特色。

甘肃省博物馆藏001号《法句经》（图134）①、敦研019、020号《大般涅槃经》等，与这个类型相近，但写法较为规整，字形结构也趋向于扁形，更富有隶书的特点。它较多地吸取了汉简的写法，起笔多露尖峰，收笔略作停顿，笔画纤细而流利，由于书写速度快，时见连笔，显得意态开张，灵活潇洒，是这一时期最流行的写法。

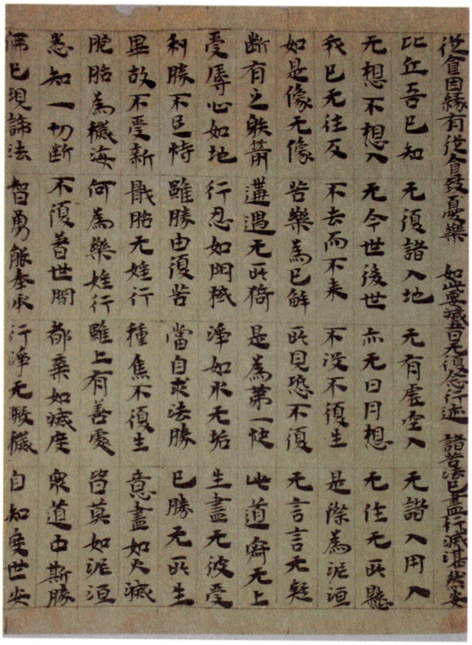

图134　东晋写本《法句经》　甘肃省博物馆藏001号

基本上是规范隶书，横画较少波磔，收笔较重。

敦研007号《大慈如来告疏》（图135），写于北魏兴安三年（454年），仅一纸，是当时传抄用于张贴的宗教宣传品。字写得较随意，字体较方，左侧较低，右部偏高，形成倾斜之势，结构紧凑，间距疏朗，笔致朴拙。P.2570《毛诗》与《大慈如来告疏》书风属同一类型，大约书写者是读书人，所写的内容又是儒家经典，所以相比之下写得更为严谨工整。这个写本首尾均残，写法上具有隶书遗风，我们从中可以看出汉碑《衡方碑》的气度，但笔法的刚健和妍美流畅处则又过之。

①刊于《敦煌遗书书法选》，甘肃人民出版社，1985年。也见于《甘肃藏敦煌文献》，甘肃人民出版社，1999年。

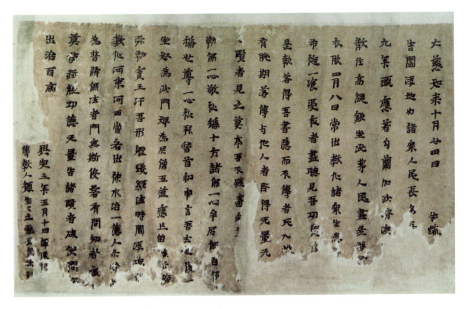

图135　北魏写本《大慈如来告疏》　敦研007号

主要是隶书的写法，但多方笔，有魏碑的某些倾向。

第二阶段是北魏后期至东、西魏时期。这时由于孝文帝改革，学习南方的文化，自然也吸取了南方的书法艺术，所以南方的写经也传入了北方以及敦煌。这时，南方已出现了较为规整的楷书字体，较突出的作品就是S.081《大般涅槃经》（图136）。这个写卷前部已残，卷末有题记："天监五年（506年）七月廿五日，佛弟子谯良颙奉为亡父于荆州竹林寺敬造大般涅槃经一部……"天监是南朝梁武帝的年号。那时的荆州位于今湖北省沙市附近，是南朝的重要都市，说明这个写卷是写于南方，其后不知什

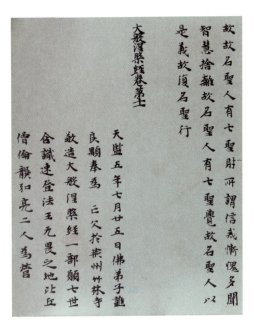

图136　南朝写本《大般涅槃经》　S.081

是较规范的楷书，结体平正，但横画往往露出隶书的一些笔法特征。

么时代传入敦煌。这件佛经抄写极为工整，结体均衡，布局平正，横画的起笔略轻，收笔略重，以适应快速书写的需要。但通篇的写法体现出严谨的楷书作风，再没有隶书的笔意，可以与南方出土的《刘岱墓志》（永明五年，478 年）、《吕超静墓志》（永明十一年，493 年）以及《王慕韶墓志》（天监十三年，514 年）等碑刻书法相媲美，都具有新型楷书的特色，在结构严谨、风神典雅等方面具有异曲同工之妙。具有相同风格的写本，还有天监十八年（519 年）写的《出家人受菩萨戒法卷第一》（P. 2196）等。

这一时期，北方仍普遍存在着早期那种浓厚隶意的写经。但在南方楷书风气影响下，中原一带也出现了新的时代气息，主要是以龙门石刻为代表的"魏碑体"书法兴起，并逐步影响到整个北方的书法。魏碑的书法实际上就是隶书向楷书转型的产物，既不是汉隶的样式，更不是标准的楷书。这样的特征也大量出现在写经中。P. 4506《金光明经》是写在绢上的佛经，由于时代久远，长期反复展开，绢的纹理变斜，字行都变成了弧形。从题记中可知，是北魏皇兴五年（471 年）写于定州（今河北正定一带）的，书法保留一定的隶书特点，结体呈方形，墨色浓重，行笔劲健，富于变化，明显地具有《始平公造像》《杨大眼造像》等魏碑书法的特点。

相比之下，地处西北的敦煌地区，写经书法更多地保留着早期的遗风。S. 1427《成实论》是一个有代表性的写卷（图 137），其字体趋向于方形，笔法更加规范了，形体仍向左倾斜，在撇、捺及转折处可以看出魏碑体的影响，用墨较浓，笔迹流利洒脱，丰圆玉润，气势一贯，既严谨工细，又不失生动活泼的韵味，是写经中的上品。本卷卷首已残，卷末有十分完整的题记："成实论卷第十四。经生曹法寿所写，用纸廿五张。永平四年（511 年）岁次辛卯七月廿五日，敦煌镇官经生曹法寿所写论成讫。典经帅令狐崇哲，校经道人惠显。"这则题记表明这个写卷是由官府所雇的官经生所写。典经帅（师）这个职务，应是在抄经行业中较权威的人物，负责组织抄经工作，审定抄经的内容等。令狐崇哲是北魏时期敦煌的职业典经师，在敦煌有题记的写本中，我们发现在永平四年至延昌三年（511~514 年）年间，署有

典经师令狐崇哲名字的写卷竟达 15 卷，其中有 3 卷就是令狐崇哲
自己写的。①从这些写卷中，我们看出书写风格都非常一致，也许就
是令狐氏的书法风格吧。那时的敦煌，大约有一个专门写经的机构，
令狐崇哲就是作为"典经师"来监督和指导佛经的抄写工作。因此，
形成了书法上统一的风格，也就是敦煌本土写经的风格。

第三阶段，为南北朝后
期。此时，南北方文化已得
到广泛的交流，一种统一的
趋势正在形成。风格纷呈，
品种繁多，是这一时期的特
点。S. 1945《大般涅槃经》
写于北周保定五年（565
年），写卷全篇为工整的楷
书，结构严谨而平正，时露
险劲之势，行笔刚健，波磔
提按，一丝不苟，锋芒外露，
有魏碑特点，笔法不是那么
圆润，而使人有一种"生"
"涩"之感，但在结体上已是
楷书风范（图 138）。撇画常
往回勾，露出一丝隶书的遗

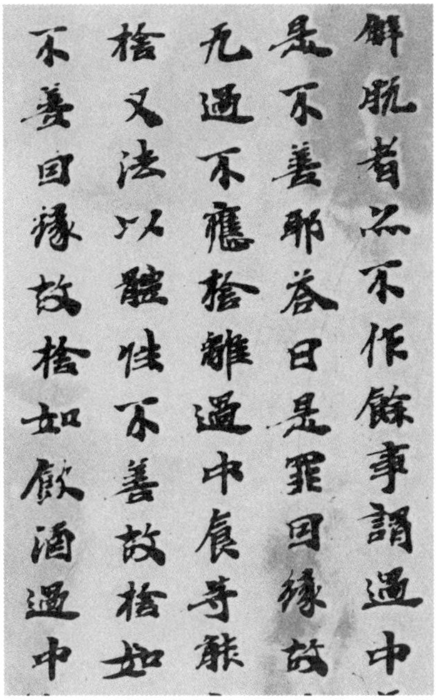

图 137　北魏写本《成实论》　永平
四年（511 年）　S. 1427
结体上部紧而下部宽，显得稳重有力，
与本卷相似的一批写经是北魏晚期敦煌地区
写经的流行风格。

风。从其结体紧凑、笔法奇崛处，我们不难看出后来欧阳询楷书
的风格相通之处。它的磔笔（乀）和擺势（丿）等写法，又可看
出颜真卿《多宝塔碑》的特色，这说明在北朝晚期，北方楷书渐
渐形成，虽然不如南方成熟，没有那种遒媚的风格，却对唐代刚劲、

① 写卷数目依据池
田温《中国古代写
本识语集录》（东
京大学东洋文化研
究 所，1990 年）
统计。

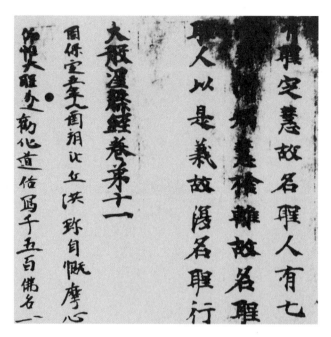

图138　北周写本《大般涅槃经》　北周保定
五年（565年）　S. 1945
此卷也是北朝时期平正一路楷书风范，结体严谨而锋芒外露。

雄浑一路的楷书风格产生了重大的影响。

　　写于陈太建八年（576年）的 P. 2965《佛说生经》是一件成熟的楷书作品（图139），结构平正，但不刻板，起笔极轻，收笔稍作停顿，却不露痕迹，与北魏写本那种锋芒外露、剑拔弩张的风格迥然不同，体现出平和而温润、浑厚而又含蓄的特点。从字体结构到一笔一画笔致，都充满了娴熟而典雅的美。从这件写本书法中，我们差不多可以看到锺、王等书法家们所开创的那种书法艺术的境界了，应是南北朝楷书中较高水平的作品。初唐书法家的虞世南《孔子庙堂碑》等作品中，也正体现出这种平正、宽缓的风格。有研究者认为，虞世南的书法正是与这件写经书法一路的风格。虞世南师从王羲之七世孙智永，应该说得到了王羲之的真传，从虞书中我们可以看到二王书法的某些特征。那么，时代早于虞世南的敦煌写本《佛说生经》，对于研究王羲之一派的书法特征，同样具有重要的意义。

　　汉末至魏晋南北朝时期，是中国书法的一个剧烈变革的时代，书法开始从以写隶书为主逐渐变为以楷书为主。这一时期，产生了像锺繇、王羲之、王献之等一些对书法史具有重大影响的书法大师。在他们的影响下，以建康为中心的南方，书法艺术得到空前的发展；而北方的书法则在一定程度上保存着汉代书法传统，同时又在不停地接受南方的新的书风的影响，体现出一种过渡时期的纷繁局面，以龙门石

刻为代表的碑刻书法，反映
了北方书法的特色。由于北
碑书法大多是名不见经传的
民间书手所写，一直未受到
书法界的重视。直到清代
"碑学"兴起，阮元、包世
臣以至康有为等人大力倡导
碑学，挖掘出大量的碑版书
法，使人们大开了眼界，认
识到在魏晋南北朝时期，除
了二王等书家之外，尚有大
量由民间书法家创作的具有
较高书法价值的作品。当然
在碑学兴起的同时，也有不

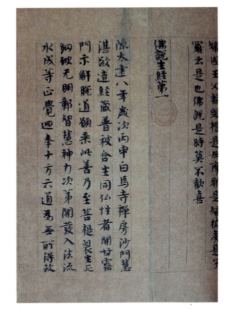

图 139　南朝写本《佛说生经》陈太建
八年（576 年）　P. 2965

这是来自南方的写本，用笔较含蓄，与
敦煌本地的写经有所不同。

少学者提出疑问，其中有两个问题较为瞩目：一是碑刻毕竟是通
过雕刻家加工而成的，终究不能代替亲笔书写的作品，刻工水平
的高低必然会影响到书法的效果，那么有些魏碑的书法特点应是
雕刻的效果还是书写的效果？二是在同一时代，南方二王的书法
已经达到那样高度的成就，而从出土的碑刻中所见的书法与二王
的书法差距却是如此巨大，以至不少人对传世的二王作品真伪产生
怀疑，20 世纪五六十年代对《兰亭集序》进行的争论便是证明。①由
于当时条件所限，学者们对敦煌写本书法缺乏足够的了解，未能
利用大量的敦煌写本进行参照研究，仅仅通过出土的一些碑刻进
行简单的比较，很多观点最终不免流于空谈。但是当时的许多学
者已经看到，要对王羲之的书法真伪做出令人信服的判断，不能

① 《兰亭论辨》，
文物出版社，1977
年。又，参见毛万
宝《1965 年以来
兰亭论辨之透视》，
《美术史论》，1991
年第 1 期。

仅靠有限的碑刻文字，还应当利用当时的手写墨迹。因此，传世的敦煌早期文书，便成为研究当时书法的珍贵资料。因为这些文书都是毛笔所写，而且有相当一部分写卷都有明确的年代题记，不仅对于认识现存王羲之等书法大师作品真伪具有重要意义，而且也大大拓宽了中国书法研究的领域，其价值是不言而喻的。

二　隋代的敦煌写卷书法

隋朝统一中国，结束了南北分裂的局面，在文化艺术上也形成了统一的局面。隋朝两代皇帝都崇信佛教，大兴寺院，广度僧尼，据有关文献记载，隋朝抄写的佛经达十多万卷。这样大规模的抄经，对于写经书法无疑是很大的促进。寺院中一些著名的高僧，对于隋代书法就有着重要的影响。如王羲之的七世孙释智永，便是吴兴永欣寺的和尚，他写《真草千字文》八百余份，布施江东诸寺各一本。《真草千字文》是临摹王羲之的字汇集而成的，在当时是作为书法的范本供僧人学习的，《真草千字文》的流行，推进了楷书、草书向标准化发展。这一时期还有一位善书的僧人叫智果，他著有书法理论《心成颂》，总结了书法结体的十八种方法，对楷书的笔画、结构等方面作了阐述。这些僧人的书法活动，必然对当时的寺院写经书法产生重大的影响，促进了隋朝书法艺术的繁荣发展。

就目前调查所知，隋代敦煌写卷有90多件，有的是敦煌本地的写经，有的传自中原，有的是官府写经，有的是寺院写经，较全面地反映了隋朝写经书法的面貌。从书法的角度看，这些写经大体有三种类型：

第一种，基本上是沿着北朝写经的路子发展起来的，这类写经数量较大，风格也不完全一致。写于开皇三年（583 年）的《大集经卷第十八》（S.3935）（图140），在结体方面保持了魏体书法的特色，质朴而又大方。起笔多方笔，但却非常含蓄，锋芒不露，充分体现毛笔书写的柔韧、丰润的长处。虽有乌丝栏，而绝不刻板。笔画不像魏体书法那样过分强调起笔、收笔的轻重变化，而显得气势雄浑豪放，笔力遒劲，毫不做作。布局上字距疏朗，章法自然，毫无拘谨之态，是一卷成熟的书法作品。

写于大业四年（608 年）的 P. 2117《大般涅槃经》，题记表明是敦煌郡大黄府王海所写，这件楷书写经，结构平正严谨，起笔轻，收笔略重，捺画拖得较长，这些都是早期写经的习气。特别是“外”“一”“男”等字，我们可看到北朝晚期敦煌书法风范。但那种刚挺而锋芒外露的笔法已经减弱，而显得柔和细腻，已体现出隋唐楷书的新气象。

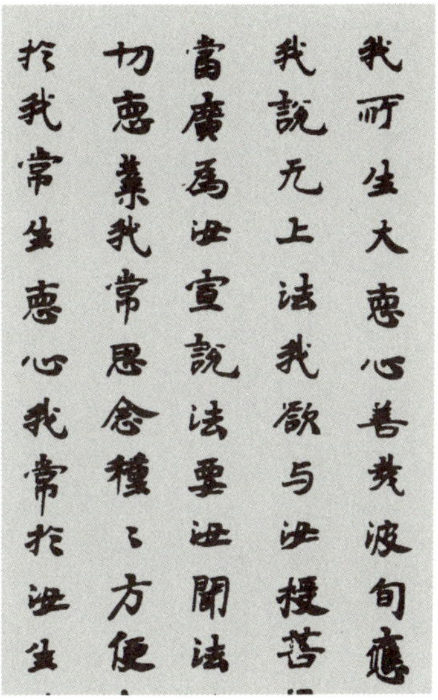
我所生大悲心善哉波旬應
我說无上法我欲与汝授菩
當廣為汝宣說法要汝聞法
切悲藥我常思念種種方便
於我常生悲心我常於汝生

图 140 隋写本《大集经卷第十八》开皇三年（583 年） S. 3935

此卷写得较为豪放自由，也时时露出北朝常见的方笔。

第二种，基本上取法于南朝传统，具有结构平正，笔致温润，字体娟秀等特点。

写于开皇十三年（593 年）的《大智论》S. 5130（图 141），卷末有题记：“大智论卷第卌七。开皇十三年岁次癸丑四月八日，弟子李思贤敬写供养。”通篇为规整的楷书，结构谨严，端庄。起笔有时稍加停顿，不像早期书法那样直接落笔而形成尖锐的笔触，与南朝写卷《佛说生经》等书法笔致柔和、墨色丰润方面是一致的，反映了从南北朝向隋唐书法过渡的特色。

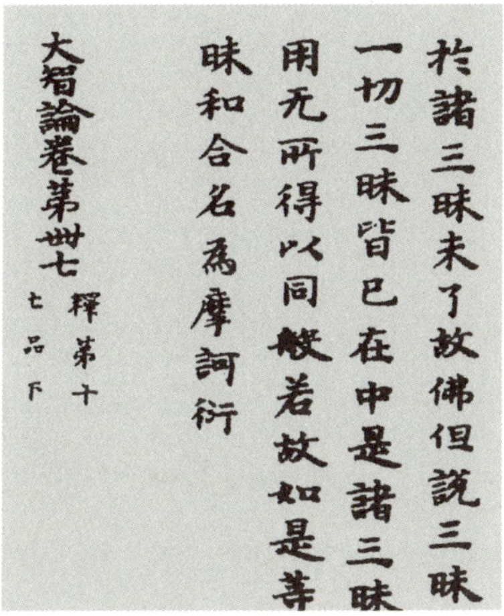
於諸三昧未了故佛但說三昧
一切三昧皆已在中是諸三昧
用无所得以同般若故如是等
昧和合名為摩訶衍
大智論卷第卌七 釋第十七品下

图 141 隋写本《大智论》开皇十三年（593 年） S. 5130

楷书较为平正，表现出从北魏进入隋唐的变化。

第三种，融合了南北书风的特点，既平正、娟秀，又不失浑厚、刚劲，可以说是趋近于规范化的楷书。

P. 2091《胜鬘义记》大业九年（613 年）是隋代楷书的代表，通篇书写工整，结体方正凝重，起笔露锋，收笔重顿，仍存魏书的一些特

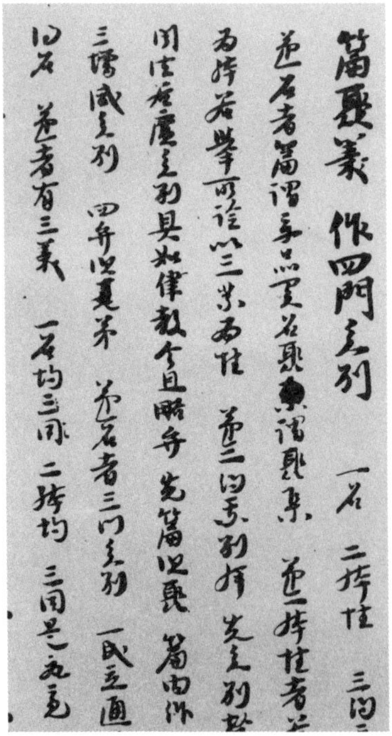

图 142　隋写本《摄论章》仁寿元年
(601 年)　S.2048
通篇气势连贯，一气呵成，表现出
六朝以来草书发展演变的特点。

点，结体方正，略呈条长，紧凑而时见险峻之姿，骨气奇崛，颇有欧阳询楷书之风。这类书法与《董美人墓志》等作品都体现了隋代流行的书风。欧、虞之体多从中而出。

隋朝的行书作品不多，S.2048《摄论章》写于仁寿元年（601 年）（图 142），卷末有题记："摄论章卷第一。仁寿元年八月廿八日瓜州崇教寺沙弥善藏在京辩才寺写摄论疏流通末代。"这段文字写明了本卷是瓜州崇教寺的沙弥善藏所书。隋朝至唐初的瓜州即现在的敦煌。隋朝的京都为长安，那么本卷即是善藏于长安抄写了带回敦煌的。说明当时敦煌与长安之间写经的流通是很频繁的。本卷行书，通篇气势连贯，笔致流畅，又富于节奏和变化。迅疾处，时露章草之气，顿挫时，又可见魏书之遗格，但已基本改变了北魏以来的笔法。

总的来说，隋朝的楷书在继承南北朝书法的基础上趋向统一，北魏那种粗犷豪放之气减弱了，而代之以含蓄沉着的风格。

三　唐代的敦煌写卷书法

唐代是一个雄强宏大的时代，书法也一样，众体兼备，初唐有欧、虞、褚、薛四家，继承了南北朝以来的书法艺术成果，他们大都出于二王，同时又都注意学习北朝的书法，形成了一代新风。过去，通常认为欧阳询等书家，从北碑中吸取了很多成分。实际上，对北朝书法的继承，在很大程度上也来自于写经，从敦煌隋代写

卷中就可看出有类似于欧阳询、褚遂良等名家的书体，时代却早于这些名家。反映
了隋及初唐书法艺术的基本审美趋向。整个唐代，欧、虞、褚、薛等四家的影响极
为广泛。盛唐以后，书法开始崇尚丰肥，以颜真卿为代表的雄强浑厚的书风流行开
来，即便是写经体的小楷，也有写得丰厚凝重者。总之，有唐一代，写经书法艺术
呈风格多样的局面，体现出一种博大恢宏的气象。

　　敦煌写本中的唐代书法材料十分丰富，唐代写经的重大发展体现在中央政府机
构直接参与指导佛教写经，形成了所谓的"宫廷写经"的制度。现存唐代的不少写
经都是经官府监制，并颁行于全国的。我们从写经题记中就可以看出这些写经的独
特之处。

　　如写于咸亨三年（672 年）的 P. 4556《妙法莲华经》卷二末的题记：

妙法莲华经卷第二

咸亨三年二月廿五日经生王思谦写

用纸　二十张

装潢手　解集

初校　经生　王思谦

再校　经行寺　僧　仁敬

三校　经行寺　僧　思忠

详阅　太原寺大德　嘉尚

详阅　太原寺大德　神符

详阅　太原寺主　　慧立

详阅　太原寺上座　道成

判官少府监掌冶署令向义感

使太中大夫守工部侍郎永兴县开国公虞昶　监

　　类似的题记，在唐代写经中还有很多，在卷末罗列这么多人物，有的学者把他

们称为"校经列位"。①从他们的品级就可以看出这样的写经是经过了寺院大德、上座乃至政府部门的官员监制的。这样的写经当然是由那些专职抄经的写经生来写，而佛经是经过众多的专家校对无误，要颁布于全国，具有标准意义的。虞昶为唐初大书法家虞世南之子，在两唐书中还提到虞昶"官至工部侍郎"，则与史书记载一致。虞昶这样的人物监理抄经事业，可知唐代对写经的重视。

以下我们先介绍几件书法名家名作，对于我们认识唐和唐以前的书法名作具有重要的参考价值。

唐人临王羲之《十七帖》残叶，共有三件，巴黎藏一件，为《旃罽帖》（P.4642）（图143），伦敦藏有《瞻近》《龙保》（S.3753）二帖。二者书写风格一致，应出于同一人手笔。唐太宗崇尚王羲之的书法，收集了王羲之的一些字帖共二十八种，并翻刻流传于世，因第一帖首行有"十七"二字，故称"十七帖"。唐以来，《十七帖》对于人们认识和学习王羲之书法具有重大的影响，因而此帖历代翻刻极多，敦煌《十七帖》残卷为唐人临本墨迹，字形结构等方面与传世刻本稍有差异，而用笔浑圆流利，比起刻本更神采生动。与传世的刻本相对照，便能够更全面地理解书法大师王羲之的真实面貌。

《蒋善进临真草千字文》（P.3561），贞观十五年（641年）。隋代智永禅师，深得王羲之的真传，隋唐之际，人们学书法往往以他的《真草千字文》作为临习的范本。他的书法在当时流传很广，但到了唐代，就很难见到真迹了，流传至今的《真草千字文》有两种，一种是日本所藏的唐临本，另外是北宋和南宋刻本。敦煌写卷中的蒋善进临本又为我们提供了一种唐临本。本卷藏法国巴黎，前部从"帷房纨扇"开始至结束，正文共34行，真草各170字。尾存题记：

①见池田温：《中国古代写本识语集录》，东京大学东洋文化研究所，1990年。

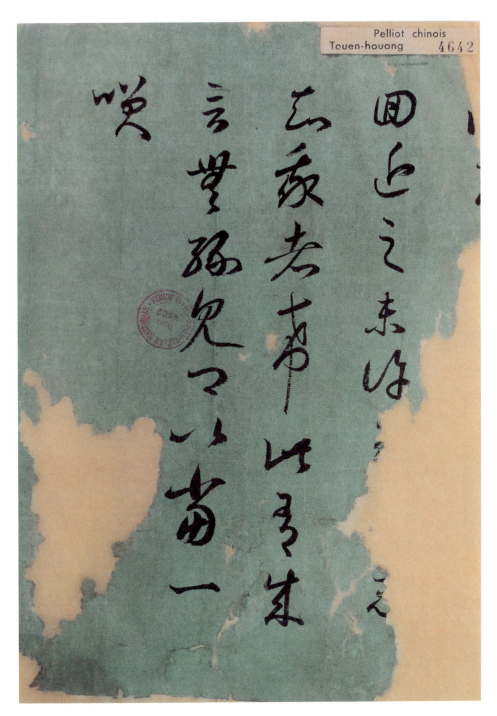

图 143　唐人临《十七帖》　P. 4642
　　王羲之书法在唐代深受人们喜爱，故临本也极多，但传世者亦稀。此件临本用笔流畅，颇得
王书精神，是不可多得的唐代临品。

"贞观十五年七月临出此本，蒋善进记。"结构谨严，刚柔相济，与现行的北宋刻本比较，草书更显得浑厚、雄健。

唐太宗书《温泉铭》（P. 4508）（图144），为唐拓唐裱剪装本，现藏巴黎。温泉，是长安附近的骊山温泉，贞观十八年，把北魏的温泉宫改建为豪华的离宫，又增建了不少宫殿。贞观二十二年（648年）太宗自撰"温汤碑文"，即《温泉铭》，并刻碑保存。原碑早已佚失，宋代以后，人们光知道文献记载，无法见到原件，直到藏经洞的发现，这件作品才公之于世。这件拓本存后半部分计五十行字。尾附墨书"永徽四年八月三十一日圉谷府果毅（下缺）"，永徽四年距立碑后才五年，是最可靠的拓本。唐太宗喜爱右军书，在书法上也颇著功夫，还著有《笔法诀》《论书》等

图 144 唐拓本《温泉铭》 P. 4508
此为唐太宗所书《温泉铭》刻碑而翻拓的。唐碑唐拓，十分珍贵。

理论著作，他的《晋祠铭》《温泉铭》刻碑传世，对于碑刻来说是一大创举，因为碑刻的字体向来是以庄重的隶书和楷书为主，此前没有行草书刻碑的。自太宗以后，行书勒碑之风也渐渐兴起了。《温泉铭》中我们不难看出王羲之书法的深刻影响，其笔迹圆劲流利，遒媚中不乏机敏，秀丽中见出恢宏之气，是行书的上品。

唐拓欧阳询《化度寺塔铭》（P. 4510，S. 5791）（图145）。《化度寺塔铭》全称为《化度寺故僧邕禅师舍利塔铭》，唐李百药撰文，欧阳询书，贞观五年（631年）立石，历来被认为是欧体书法中优秀之作，原石早已佚失，传世有多种本子，大多经历代翻刻，未免失真，只有敦煌本为唐代拓本，最接近原作。此件拓本现存英、法两处，前两页存法国，为 P. 4510 号；后十页存英国，为 S. 5791 号，每页四行，

图145　唐拓欧阳询《化度寺塔铭》（P.4510）

《化度寺塔铭》传世有几种，此件为唐拓真品，从中可以感受到欧体书法的精神气度。

行五字，风格古朴，锋颖如新，从中我们可以看出欧阳询清逸、劲秀而又险峻、奇崛的书风。

唐拓柳公权《金刚经》（P.4503）。柳公权楷书卓然自成一家，素有"颜筋柳骨"之誉，深受时人所重，曾书《金刚经》于西明寺，有多家摹刻本，据《金石录》记载，有会昌四年（844年）刻本，大中十三年（859年）刻本。敦煌本《金刚经》拓本首尾俱全，卷末注明为长庆四年（824年）刻，此本未见著录，而时间又比前两种刻本都早，愈显得珍贵。这件作品笔力瘦硬，字体端严，从中可以体会到柳体书法注重骨法、笔力刚健的风格。

以上碑帖大都是唐时流传至敦煌的法帖，反映了中原最新流行的书法艺术对敦煌本地的影响。除了这些名家的法帖外，中原的写经大量流传至敦煌，而唐代敦煌本地的写经水平也并不亚于中原。敦煌唐代的写本我们从两个方面来介绍：

（一）佛经、道经

以前人们认识唐人小楷，多推重锺绍京的《灵飞经》，而比之敦煌写卷中大量的小楷，不啻是滴水比之于大海。敦煌研究院藏的《佛说大药善巧方便经》（敦研0336）写卷，前残，卷末有后人书上元初的题记，若从高宗上元年算起，至迟在762年以前，本卷已经写成。另外，此卷与法国所藏P.3791为同一写卷，被人为地分成了两段。这个写卷用硬黄纸书写，有极细的乌丝栏，楷则淳熟，章法严谨，笔法刚劲。

P. 2155《唯识二十论序》（图 146）。卷首题："唯识二十论序，沙门靖迈制。"《唯识二十论》为唐玄奘所译，靖迈是活动于贞观中的著名高僧。这个写卷楷书间有行笔，笔致瘦劲，结体疏朗，颇有薛稷《信行禅师碑》的风格。

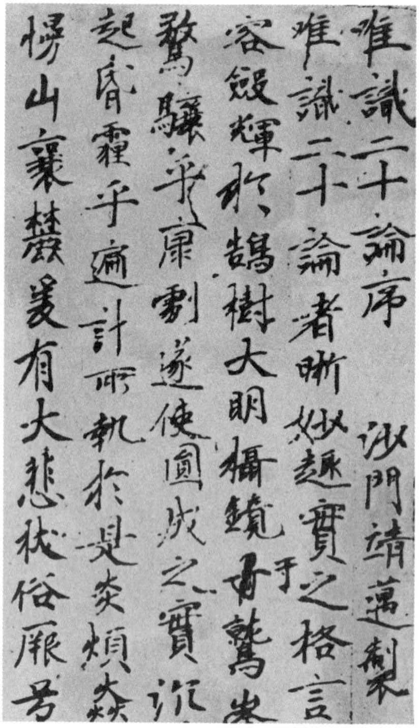

P. 3831《三藏圣教序》。据《佛祖统记》记载，武则天曾于久视元年（700 年）诏义净于东都译《金光明最胜王经》，天后制《圣教序》。这个写本就是武则天时期的写本，前残，存二十二行，尾全，所存的这部分与《全唐文》所录《圣教序》没有大的差别。书法则含蓄润畅，作风和穆，具有褚遂良一路的书风。

P. 2163《金藏论》。内容为《诸经要集·金藏论》，卷末有题记："金藏论。维开元廿有三载（735 年）于幽州写之。"说明是写于幽州（今河北省北部地区）的写本。文中避"世""民"字讳。本卷是一个行书写卷，书法与颜体接近，笔力遒劲，又写得洒脱自然。

图 146　唐写本《唯识二十论序》
P. 2155
行笔瘦劲，风格独异，在敦煌唐代写本中也较少见。

P. 2173《御注金刚经》。据《册府元龟》记载，开元廿三年，唐玄宗亲自注《金刚经》，本卷即是玄宗皇帝御注《金刚经》，卷首题记："御注金刚般若波罗蜜经宣演卷上，敕随驾讲论沙门道氤集。"道氤是唯识宗的大师，因于开元廿三年于青龙寺宣讲御注金刚经，特别有名望，被称为"青龙大师"。本卷书法具有欧体书法结构紧凑、笔力刚健的风致，又墨色浓重，肌肉饱满，神采飞扬。

唐代的道经写卷也具有很高的书法价值，唐朝皇帝认为老子是李家的祖先，所以格外崇奉道教，因而道经也广为传抄流播，敦煌写本中的道经书法水平都很高。

写于开元廿三年（735 年）的《阅紫録仪》（P.2457），卷末有完整的题记：

阅紫録仪三年一说。

开元廿三年太岁乙亥九月丙辰朔十七日丁巳于河南府大弘道观。

敕随　驾修祈禳保护功德院奉为开元神武皇帝写一切经，用斯福力，保国宁民。

经生许子顗写

修功德院法师蔡茂宗初校

京景龙观上座李崇一再校

使京景龙观大德丁政观三校

题记中说明是为皇帝而抄写的，并经法师、上座、大德校对，规格极高，可见书手也不是等闲之辈。本卷书法淳厚流畅，雍容和穆（图147）。

P.2170《太玄真一本际经》。敦煌道经中《太玄真一本际经》保存很多，达一百多件，本卷末题记："太玄真一本际经圣行品。女官赵妙虚敬写。"可知是一位女道士所写，笔力刚劲，结体稳重大方，体现了唐楷端严细腻的风范。在道经中署名女官的还有女官郭金象、女官唐真戒、女官阴志清等。

P.2602《无上秘要》。《无上秘要》是成书于北周时期的道教类书，本卷尾题："无上秘要卷第廿九，开元六年（718 年）二月八日沙州敦煌县神泉观道

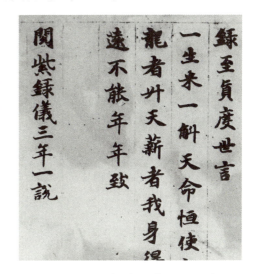

图147　唐写本《阅紫绿仪》开元廿三年（735 年）　P.2457

此卷据题记是写于河南府大弘道观的，说明是来自洛阳一带的写卷，表现当时中原流行的书法风格。

士马处幽并倅马抱一……"神泉观是当时敦煌著名的道观，现存的敦煌写本中尚有马处幽、马抱一抄写的道经多件。他们的书法笔致丰腴，结构端庄，是优秀的楷书写本。从这件写本中我们看到，唐代的敦煌在书法艺术上与中原地区并没有多大的差距。

（二）儒生的写本

儒家经典在敦煌文献中所占的比例很小，但大多往往是文人所书，其中自有一种"书卷气"。此外还有一些文学作品，看起来也是读书人所写，与寺院的写经迥然不同。

P. 2540 和 P. 2562《春秋左传集解》。敦煌所出《春秋左传》写本，杜预集解本达 26 卷，其中有不少与传世本《春秋左传集解》文有出入，可互相校勘，具有文献价值。《春秋左传集解》的写本大多书写工整，P. 2540 和 P. 2562 写卷是较优秀的。这两个写本书法和畅，刚柔和度，结体严谨，气度雍容。P. 2562 写卷中"世"字避讳，有的专家认为是初唐所写，从书法风格来看，两件都是唐前期的风范（图 148）。

写于唐开元二十六年（738 年）的 P. 2617《周易经典释文》结体开朗雍容，笔法刚劲而浑厚，具有颜《勤礼碑》之风，而颜真卿此时还不到二十岁，《勤礼碑》的完成，更比此卷晚了四十年，说明一个时代书法家总是从民间吸取很多有益的成分来丰富自己（图 149）。

敦研 0356《文选·运命论》（图 150）。仅存一纸，共 22 行。据研究，法国藏的 P. 2645 卷《文选·运命论》；正好与本卷相接，法国藏卷存 34 行，为前半部分。这件《文选·运命论》写本笔法劲健而娴熟，间距疏朗，虽小楷而气势开张，颇有褚遂良书法的风致。有的论者认为是隋代的写本，从其字体结构的成熟，楷则的谨严等方面看，恐怕应是初唐的写卷。

P. 3862《高适诗》残卷。共存高适诗三十多首。高适是唐代著名的边塞诗人，曾在河西节度使幕府任职，他的诗流传西域，深受西北地区人民的喜爱。这件写本

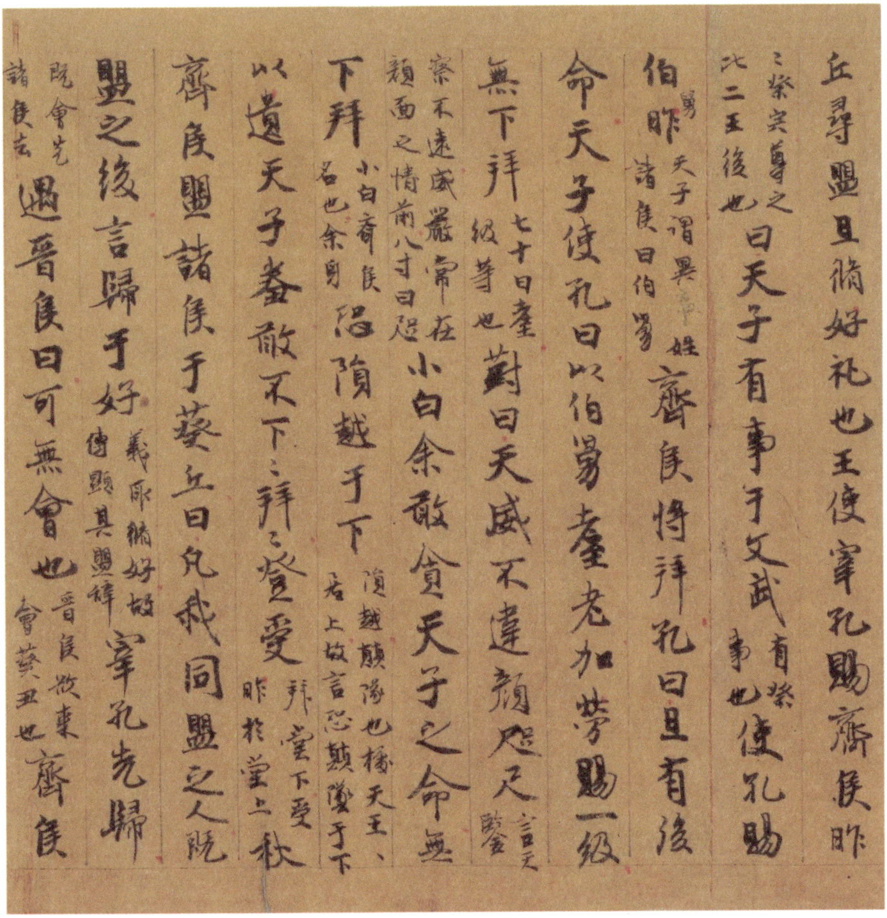

图 148　唐写本《春秋左传集解》　　P. 2562

此件为文人所书，用笔自由，不像写经那样拘束。

墨色丰润，笔致含蓄，章法自然。

唐代还出现大量的草书写卷，如 P. 2063《因明入正理论后疏》就是一篇不可多得的优秀草书作品。贞观廿一年（647 年）玄奘译出《因明入正理论》，许多高僧为之作注，并掀起了学习研究因明学的热潮，当时著名的有窥基、净眼等十余家注本，本卷题下有"慈因寺沙门净眼续撰"，查《大正藏》，净眼所撰的后疏不见著录，敦煌写本是存世的孤本。写本为章草，字与字间笔画不连，但通篇气势雄浑，而又灵动流畅、珠圆玉润。

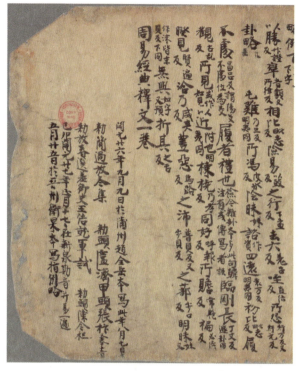

图149 唐写本《周易经典释文》 开元
二十六年（738） P. 2617

这件写卷亦为文人所书，字体结构开张，笔法强健，令人
想到颜真卿的楷书。

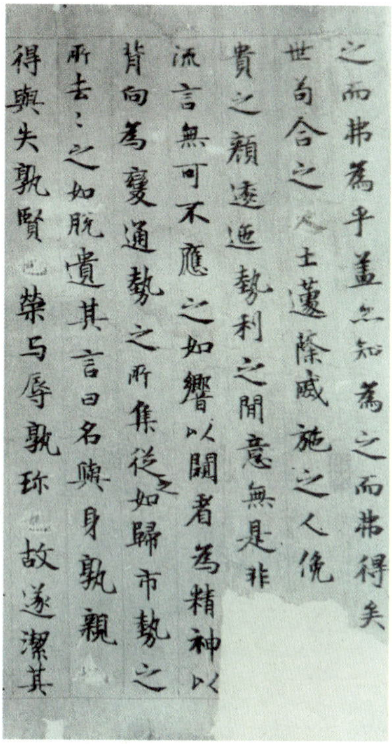

图150 唐写本《文选·运命论》
敦研0356

本件仅存一纸，笔迹劲健，有初唐褚
遂良楷书风范。

P. 2176《妙法莲花经玄赞》。唐玄奘的大弟子窥基曾著《法华玄赞》，这是唯识宗的重要理论之作。这个写卷全用草书写成，笔势流转，生动自然（图151）。

草书写卷尚有 S. 5478《文心雕龙》等写卷行笔流利，气势畅达，跌宕变化，多有奇趣。唐代的敦煌写卷书法风格纷呈，丰富多彩，可以说是中国书法史上十分辉煌的一页。唐以后，五代、宋的写本仍保存不少，但从书法艺术上看已走向了衰落，书法缺少唐代那种旺盛的创造力和严谨而细腻的精神，除了一些官府文件还保持一定的水平，其余不论写经还是世俗文书写本，在书法艺术上可以称道的极少。

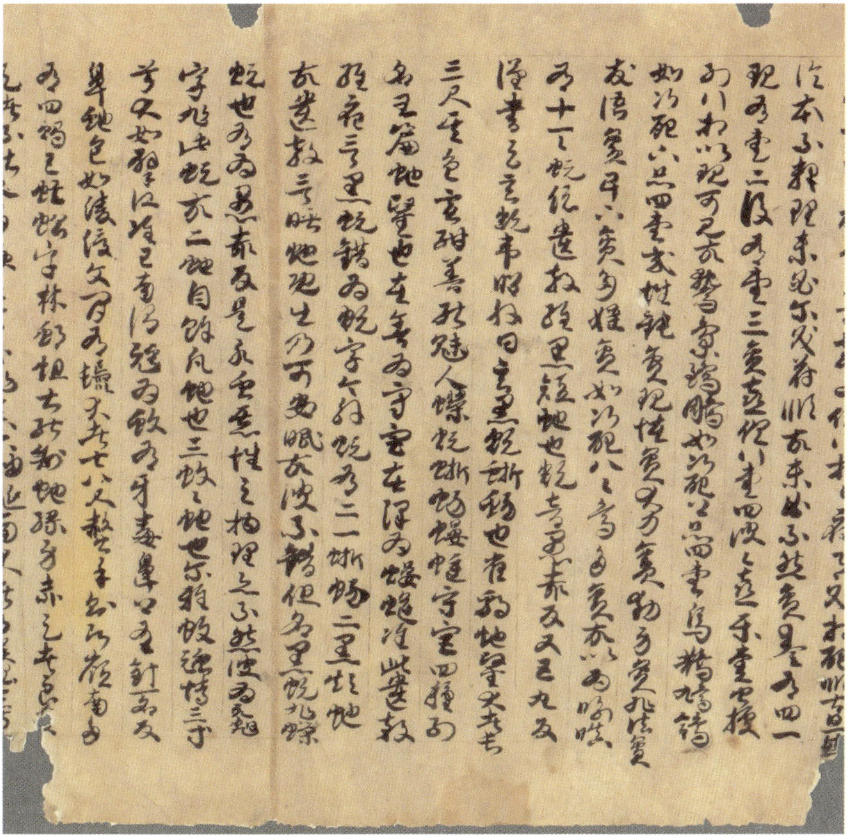

图 151　唐写本《妙法莲花经玄赞》　P. 2176

唐人写卷中出现了一些草书写本，此件用笔圆转流畅，可以窥知唐人草书的特点。

四　敦煌书法研究的历史与现状

1900 年藏经洞发现，大量的古代写本公之于世，最先引起世人注意的还是对其书法的关心。据有关研究，当时王道士曾将敦煌写卷送与肃州某官员，而这位官员却认为写本的书法还不如自己写得好，因而不甚重视。在敦煌写卷发现的初期，王道士虽大量卖与外国人，却为自己保存了不少，保留的标准自然是以书法佳者为准。

然而，颇具讽刺意味的是，在藏经洞发现后几乎长达半个世纪的时间内，国内学者整理敦煌文书，进行研究时，都没有触及敦煌书法的研究。当然，敦煌文书的重要价值和意义体现在很多领域，相比之下，书法价值就不是那么引人注目了。但恐怕还有一种因素，那就是书法研究本身的原因。因为按传统的书法艺术观念，这些名不见经传的写经手所写之物，显然是不能与传世的众多书法家的作品相提并论的。虽说清朝以来，经过一些金石学家和书法家的提倡，开始了对金石碑刻的重视，特别是对大多由无名书家所书的魏碑进行了研究与推广。但人们的兴趣主要在于其有别于柔弱熟腻的毛笔书法，有异于司空见惯了的传世名家之作，推崇于魏碑的粗犷与豪放。以这样的观点来看敦煌写本，则这些似乎布如算子、千篇一律的书法，便不会引起书法家或研究者的重视了。

在日本，从 1914 年开始，就出现了一些介绍敦煌写本书法的文章和图片，如今泉雄作《唐人书写小楷法华经》[①]等。20 年代以后，中村不折等开始较多地介绍包括敦煌写本在内的从中国西域出土文书的书法。中村不折《禹域出土墨宝书法源流考》[②]是最早的一本较多地触及敦煌书法的著作。

中村不折不仅致力于油画和书法艺术，而且花了很大的精力来收集与书法相关的文物资料。他的收集品除了古代书法家的作品外，还有商、周以来的甲骨文、青铜器、玉器、秦汉瓦当、画像砖、铜镜，以及古代的陶瓶、封泥、佛像雕刻、写经、文房四宝等文物总数达 16000 多件。其中有 12 件文物被日本政府指定为"重要文化财"，有 5 件被指定为"重要美术品"。后来，中村不折建立了书道博物馆来收藏和展示这些与书法相关的文物，该博物

① 《书苑》3～9，1914 年。
② 中村不折：《禹域出土墨宝书法源流考》，西东书房，1927 年。中文本，李德范译，中华书局，2003 年。

馆于 1995 年由中村不折的后人捐赠给东京都台东区，继续向世人
开放。

　　《禹域出土墨宝书法源流考》就是中村不折对自己收藏的
与书法相关文物的介绍。其中引人注目的是有不少来自敦煌和
吐鲁番等地的写经，据作者自己序中所述，都是从当时新疆和
甘肃的官员处所得。本书实际上是对这些收藏品图录的说明，
按时代顺序对每一件作品都作简要的介绍，可以说是较早地从
书法的角度披露了敦煌及西域文书中的珍贵作品，当然由于这
些写卷的来路参差不齐，也可能免不了包含着一些赝品，这一
点已有学者指出过。中村不折不只是一般性地介绍这些古写
经，而且往往参照同时期的碑刻及相当的书法家作品进行比
较，注意到了书法发展的阶段性。中村不折在其后的一段时期
还写了不少文章介绍书道博物馆所藏的西域和敦煌写经，如
《支那的写经——书道博物馆藏的部分写经》①《关于西域出土
的写经》②等。

　　与之同时，日本的另一位书法家和学者西川宁也开始了对西
域和敦煌写本书法的研究。西川宁在 1938 年发表的《晋人的墨
迹》《魏晋的书法》③等文章中，利用西域出土的很多写本来说明
中国书法史的发展状况，他的博士论文为《西域出土晋代墨迹的
书法史研究》，虽然不是以敦煌写本为主，但集中地研究西域出土
的出自无名书者之手的墨迹却是第一次，这一著作在 1991 年作为
《西川宁文集》的第 4 卷正式出版。①西川宁的书法史研究在日本产
生了深远的影响。

　　20 世纪 50 年代，中田勇次郎等编《书道全集》时，就选入了
不少六朝到唐代西域和敦煌的写本，使人们在了解中国书法史时，

①《书道》6 ~ 11，
1937 年。
②《书苑》6 ~ 9，
1942 年。
③《书道》7 ~ 12，
1938 年。

自然而然地想到了敦煌和西域写本的存在。1962 年出版了有关西域文化研究的巨著《西域文化研究》，[②]其中第五卷收入了神田喜一郎《从中国书道史看大谷探险队带来的写本》，探讨了大谷文书在书法史上的意义和作用。

此外，藤枝晃先生对敦煌写本中的字体、字形作了深入的研究，发表了一系列论文，后来又结集成《汉字的文化史》[③]出版，这种集中地对字形的研究，对于书法史的探讨是极富有启发性的。80 年代，藤枝晃先生又发表了《敦煌北朝遗书的三个分期》，[④]从书写出的字形及卷面的格式，纸质等方面提出了写本的三个时期。不仅探讨了写本的时代问题，也提出了写本时代编年的较为科学的方法。

80 年代在日本出现了一个敦煌书法研究讨论的高潮。首先，强有力地推动敦煌书法研究的，当推饶宗颐先生编的《敦煌书法丛刊》（全 29 册）。[⑤]这是第一次大规模且有系统地编辑出版敦煌书法，使世人开始得知敦煌书法的异常丰富与壮观。饶宗颐先生早在 1953 年就著文论及敦煌书法，其后，专门在法国巴黎翻检敦煌卷子，择其精华编成 29 卷《敦煌书法丛刊》，分为拓本、经史、书仪、牒状、诗词、写经、道书等七类，对所选每件写卷撰写的解说，渗透了编者对敦煌书法的透彻理解和深入研究，这是本丛书区别于一般书法选本而富有学术价值的特色。如对写本内容及书写者的生平均有所考释，敦煌写卷书写者往往名不见经传，其生平和时代要从大量的敦煌写本中去爬梳，才能得到一些线索。作者还善于利用考古材料作比勘，研究了一些俗字、别字的书写及其地域特征。而对书法特征的品评，用语不多，往往体现着编者深厚的书法鉴赏

①《西川宁文集》，（东京）二玄社，1991 年。
②西域文化研究会：《西域文化研究》第五，（东京）法藏馆，1962 年。
③藤枝晃：《汉字的文化史》，（东京）岩波书店，1971 年。
④藤枝晃：《中国北朝遗书的三个分期》，《古笔学丛林》第 1 号，（东京）八木书店，1987 年。中文刊于《敦煌研究》1990 年第 2 期，白文译。
⑤《敦煌书法丛刊》，（东京）二玄社，1985 年。

力。这套丛书不仅选取了具有书法价值的卷子，而且特别注意到有确切年代及有书写人名者以及一些历史性文献及重要典籍。使这套书的意义远远超出了书法之外。由于本丛书只选取了法国所藏的敦煌卷子，如英藏、俄藏及国内所藏的敦煌卷子中一些具有重要书法价值的作品未能入选。1993 年广东人民出版社出版此书中文版时，改名为《法藏敦煌书苑精华》。

以此相关，日本颇有影响的书法刊物《书道研究》在 1988～1989 年间，分别出版《丝绸之路的文字与书法特集》《敦煌与敦煌文书特集》《赫定与楼兰出土文书特集》等三种特集，集中探讨了从丝绸之路到敦煌等地出土的古写本书法，其中伊藤伸的研究引人注目，他的论文《丝绸之路出土的书法史资料概观》《从中国书法史看敦煌文书》《赫定文书的书法史价值》等从书法史的角度对西域和敦煌的文书进行了绵密的分析，从字体结构、笔法以及南北地域的差异对书法风格的影响等方面作了十分细腻的研究。他的研究显然进一步发扬了西川宁的思想，使敦煌书法研究到了一个新的阶段，即超越了过去那种对书法简单品评的阶段，而进入到了对书法作品的美术样式的分析、对其历史性研究的阶段，也就是从书法艺术史的角度进行分析与研究。所以在池田温先生主编《讲座敦煌》第 5 卷[①]时，又邀请伊藤伸专门写了《从中国书法史看敦煌文书》一文，[①]这也是当时对敦煌书法的一个总结性研究。

但遗憾的是西川宁先生和伊藤伸先生逝世后，敦煌书法研究就出现了沉寂的状态。近年来，虽然也有一些研究者涉及书法领域，如新潟大学的鹤田一雄、冈村浩等学者（参见 2001 年和 2002

① 《讲座敦煌》第 5 卷，（东京）大东出版社，1992 年。

年度《敦煌及出土地域相关的综合研究——新潟大学课题推进经费研究成果报告书》）。但总的来说，再没有出现对敦煌书法的系统研究。

另外，还有一部值得重视的著作就是池田温先生编著的《中国古代写本识语集录》，[②]本书虽然不是书法的著作，但全书收集了现存的有明确题记的中国古写本，按年代汇编而成，对于写本书法的研究来说无疑是十分重要的参考。

相比之下，中国学者对敦煌书法的研究较晚，在 20 世纪 80 年代以前，除了 1959 年饶宗颐先生发表过《敦煌写卷之书法》[③]和紫溪《由魏晋南北朝的写经看当时的书法》[④]外，几乎很难见到有关敦煌书法的研究论文。在 70 年代末和 80 年代初，陆续出版了一些敦煌书法的选本，诸如《敦煌唐碑三种》[⑤]《敦煌本柳公权书金刚经》[⑥]《敦煌遗书书法选》[⑦]等。其中由徐祖蕃、秦明智、荣恩奇选编的《敦煌遗书书法选》，是从甘肃省博物馆、敦煌县博物馆和敦煌研究院藏品中选出的较有特色的书法作品，虽说还没有较深入的研究成果，但毕竟是有意识地从敦煌写本中遴选书法作品，使人对敦煌书法的面貌有所认识。1993～1996 年出版了由敦煌研究院选编的《敦煌书法库》（1～4 辑），[⑧]这是中国大陆上第一次系统地按年代编选敦煌各时期的书法作品集中出版，虽然在图版印制方面还无法跟日本出版的《敦煌书法丛刊》相比，但编选的范围涵盖了英国、法国及中国国内所藏的敦煌卷子。同时，每一卷都有一篇专论从书法史的角度对一个时期的敦煌写本进行系统的研究，第一辑收入了郑汝中《敦煌书法概述》、赵声良《南北朝写经的书法艺术》，第二辑收入赵声良《早期敦煌写本书法的时代分期和类型》，第三辑收入赵声良《隋代敦煌写本的书法艺术》，第四

①伊藤伸《从中国书法史看敦煌文书》，中文刊于《敦煌研究》1995 年第 3 期，1996 年第 2 期，赵声良译。

②池田温《中国古代写本识语集录》，东京大学东洋文化研究所，1990 年。

③《东方文化》5 卷 1～2 期。

④《文物》1963 年 4 期。

⑤《敦煌唐碑三种》，石门图书公司，1979 年。

⑥《敦煌本柳公权书金刚经》，文物出版社，1979 年。

⑦《敦煌遗书书法选》，甘肃人民出版社，1985 年。

⑧《敦煌书法库》，甘肃人民美术出版社，1991～1996 年。

辑收入郑汝中《唐代书法艺术与敦煌写卷》。由于种种原因，这套书并没有完全按计划出版，在出了四辑后便仓促结束，给人以虎头蛇尾之感。但本书的出版无疑对敦煌书法的推广与研究起到了很大的作用。

90 年代后，出版了不少有关敦煌书法的选本，从不同的方面选取敦煌书法作品，除了楷书外，还有一些草书选本，对于传播敦煌书法起到了积极的作用。还有不少学者开始关注敦煌书法的研究，其中王乃栋《丝绸之路与中国书法艺术——西域书法史纲》①和沃兴华《敦煌书法艺术》②是集中研究西域和敦煌书法的著作。

王乃栋的著作广泛地调查了敦煌藏经洞出土的古代书法珍品以及佛经写本的书法艺术，并探讨了历史上丝绸之路与敦煌在书法上的渊源，进而提出了"敦煌书派"说。同时，本书的特色还在于提出了一些以往书法史研究者往往忽视了的问题，如对西域所存碑刻资料以及少数民族书法家的调查研究；对中原赴西域的书法家的调查等。从书法观念上来说，是非常富有开拓性的。但考虑到敦煌书法的复杂因素，比如敦煌的写经并不完全是敦煌本地人所写，有不少实际上来自中原甚至南方，那么敦煌写本从某种意义上代表着当时中国书法的状况，而非敦煌一地的文化，所以是否存在着一个"敦煌书派"，还是值得斟酌的。

沃兴华《敦煌书法艺术》从书法自身的特点来分析敦煌遗书，如按篆书、隶书、楷书、草书分别举例分析，十分有利于读者了解和学习敦煌书法。这一点也许跟作者是一位书法家和书法教师有关。

① 《丝绸之路与中国书法艺术——西域书法史纲》，新疆人民出版社，1991 年。
② 《敦煌书法艺术》，上海人民出版社，1994 年。

此外，在台湾还出版了焦明晨《敦煌写卷书法研究》，[①]本书是作者的硕士论文，按时代从书法史的角度探讨了北朝、隋代、初唐三个阶段的敦煌写卷书法。作者对各时代的敦煌写卷书法，通过选取一些代表性作品从书风、用笔、结体、章法四个方面作分析，在全书的最后一章（第五章）又从书法史的角度总结敦煌书法的特色，对敦煌书法的发展、时代风格流变乃至写经格式、纸张材质等诸方面都做了简要的分析和介绍。像这样较充分地分析介绍敦煌写卷书法艺术，指出敦煌书法在中国书法史上的价值和作用，是十分有益的。不过虽然本书的框架较宏伟，但作者较多地注意于单件作品的分析，从书法史来说，对敦煌书法的时代发展脉络掌握得不甚明了，给人以"只见树木不见森林"之感。作者对写卷的选取只限于魏晋南北朝到初唐，而盛唐以后及五代北宋也还有大量的敦煌写卷未能提及，不能不说是一种遗憾。

90 年代还应当提及的是《敦煌学大辞典》[②]的出版，这本辞典实际上是对迄今为止敦煌学研究各个方面的一次总结。其中专门列出了敦煌书法及印章辞目达 109 条，表明了敦煌书法的研究在敦煌学研究中逐渐取得了应有的地位。

90 年代在《敦煌研究》等刊物上发表了不少敦煌书法研究的论文，从中可以看出一些论文开始从中国书法史的角度来剖析敦煌写本的书法，并在敦煌书法的时代分期方面取得了一定的成果，还有一些论文针对敦煌写卷中的楷书或草书乃至硬笔书法进行研究，或者对单件书法作品作分析，极大地促进并拓宽了敦煌书法研究的路子。

①《敦煌写卷书法研究》，（台北）文史哲出版社，1997 年。
②《敦煌学大辞典》，上海辞书出版社，1997 年。

2002 年出版的《中国书法史·魏晋南北朝卷》①中，对各时期书迹的叙述中，充分注意到了敦煌及西域出土文书的书法价值，并利用这些书法资料分析了楷书形态类型等问题，体现了中国书法史研究已经开始重视敦煌写本书法的意义和价值。

藏经洞发现已经一百多年了，敦煌学研究也在各个领域开花结果。而敦煌书法的研究在很多学人的努力下，取得了重要的成果，并使敦煌写本书法在中国书法史上取得了应有的地位，使敦煌书法的存在深入人心，随着敦煌书法选本的出版，敦煌文书的书法越来越受到人们的注意，并且拥有越来越多的爱好者、研究者。但对敦煌书法的研究实际上还十分不足，至少与从六朝至宋代各时期敦煌写本书法大量存在这一事实是远远不相称的。怎样从书法艺术史的视野，更为系统、更为深入地研究敦煌书法艺术，仍然是摆在当今学者面前的课题。

① 《中国书法史·魏晋南北朝卷》，江苏教育出版社，2002 年。

第十讲

敦煌艺术与中国现代美术

一个时代艺术的变革，必然伴随着思想认识的变革。当五四新文化运动风起云涌之时，中国画坛也在酝酿着一场重大的变革。这期间，如何看待中国传统绘画，是许多画家及相关文化人极为关注的问题。五四运动带来了一股否定传统的思潮，美术方面也经历了这样一种反思，但是在中国数千年文明的传统中到底哪些是可取的，哪些是要扬弃的，并不是一件简单的事，不同的人会从不同的角度来进行思考。

20世纪上半叶，一批批中国的画家留学欧洲和日本，希望通过学习外国的绘画来改变中国画坛的沉闷状况，而另一方面，深受传统国画熏陶的一部分画家则对西洋的绘画抱着怀疑乃至排斥的态度，于是中国的美术界出现了前所未有的活跃气氛，形成了较长时期对中国传统绘画及其在新形势下如何发展的争论。由于五四运动的影响，对传统的批判占主流，然而如果把传统艺术彻底否定之后，就会发现作为中国画家的一种空虚。中国数千年文明中到底有没有值得继承和发扬的艺术？这是包括很多热心于推广西洋艺术的画家们普遍思考的问题。

在中国的画家们开始重新反思中国传统之时，敦煌艺术开始被介绍出来了，人们认识到了像敦煌艺术这样由古代无名艺术家们创造的艺术富有极强的生命力，直到今天仍然可视作取之不尽用之不竭的源泉。张大千、王子云、常书鸿、关山月等富有眼见的画家们看到了这一点，并身体力行，到敦煌进行临摹、研究，不仅自己学习，还把敦煌艺术介绍给世界。使人们对中国传统美术有了新的认识，并从敦煌艺术中看到了过去所忽视了的中国传统美术的意义。

一　20世纪二三十年代中国画坛及对美术发展的思考

20世纪二三十年代，随着五四新文化运动的兴起，在美术领域同样有很多艺术家在思考中国新美术发展的方向。与之同时，由于鲁迅、陈独秀等文化旗手的影响，对中国传统文化的批判与反思成为当时思想的主流。绘画界也不例外，就是对中国传统绘画的批判。而批判的依据往往是由西方绘画而来的一些美学观念，即绘画是否反映社会现实生活。由于对艺术反映社会现实的强调，那么像明清以来以山水花鸟题材为主的文人画，反映的只不过是文人的闲情逸致，表现上又过分注重笔墨形式而缺乏写实性，便成了人们批判的对象。人们向往着一种能反映社会生活的艺术，能反映出现实人生的艺术。这一点在中国处于外敌入侵、民族矛盾激化之时代，尤其显得重要。一些美术界的领袖们，就主张要借西方艺术表现方法来革新中国画。

一般来说，当时较多的人认为西画重写实，有科学性，能表现"真"；而中国画不能写生，画出人物的比例不准确，这就被认为缺少了"真"和不"科学"；更因为中国画的传统题材（如山水、花鸟等）远离社会生活，无法直接反映现实。如此等等，均成了人们对中国画普遍进行批判的理由。提倡艺术反映现实生活，以至干预社会生活，这是与五四运动以来提倡的"科学"与"民主"精神相一致的。作为五四新文化运动的旗手，陈独秀也曾谈过绘画方面的见解：

> 若想把中国画改良，首先要革王画的命。因为要改良中国画，断不能不采用洋画的写实精神。这是什么理由呢？譬如文学家必用写实主义，才能够采古人的技术，发挥自己的天才，做自己的文章，不是抄古人的文章。画家也必须用写实主义，才能够发挥自己的天才，画自己的画，不落古人的窠臼。中国画在南北宋及元初时代，那描摹刻画人物禽兽楼台花木的功夫还有点和写实主义相近。自从学士派鄙薄院画，专重写意，不尚肖物。这种风气，一倡于元末的倪黄，再倡于明代的文沈，到了清朝的三王更是变本加厉。人家说王石谷的画是中国画的集大成，我说王石谷的画是倪黄文沈一派中国恶画的总结束。谭叫天的京调，王石谷的山水，是北京城里人的两大迷信，是神圣不可侵犯的，是

不许人说半句不好的。绘画虽然是纯艺术的作品，总也要有创作的天才和描写的技能，能表现一种艺术的美，才算是好。①

鲁迅先生虽然在批判旧传统上十分坚定，但他与一些过激主义者有所不同，对传统采取了比较审慎的继承态度，他反对把传统的一切都砸烂，反对一味地采用外来的东西以充时髦。1927 年在陶元庆的画展时，鲁迅发表的谈话中特别强调了"民族性"，他认为陶元庆的画摆脱了两种桎梏，一种是三千年历史的桎梏，一种则是一味用外来的标尺而形成的新的桎梏，所以具有民族性。他指出：

> 陶元庆君绘画的展览，我在北京所见的是第一回。记得那时曾经说过这样意思的话：他以新的形，尤其是新的色来写出他自己的世界，而其中仍有中国向来的魂灵——要字面免得流于玄虚，则就是：民族性。
>
> ……
>
> 但我并非将欧化文来比拟陶元庆君的绘画。意思只在说：他并非"之乎者也"，因为用的是新的形和新的色；而又不是"Yes""No"，因为他究竟是中国人。②

在 1934 年在《论旧形式的采用》一文中，鲁迅虽然对米点山水之类持否定态度，但仍然强调了传统艺术的价值：

> 唐以前的真迹，我们无从目睹了，但还能知道大抵以故事为题材，这是可以取法的；在唐可取佛画的灿烂，线画的空实和明快，宋的院画，萎蘼柔媚之处当舍，周密不苟之处

①陈独秀：《美术革命》，《新青年》六卷一号，1918 年 1 月 15 日出版。
②鲁迅：《当陶元庆君的绘画展览时》，载《而已集》，人民文学出版社，1973 年。

是可取的，米点山水则毫无用处。后来的写意画（文人画）有无用处，我此刻不敢确说，恐怕也许还有可用之点的罢。①

20 世纪初，中国的有志之士们纷纷思考着怎样拯救日趋衰退的中国传统文化，那时到西方求学，希望学习西方的文化来改革当时中国现状，便是一大批留学国外学人的共同想法。留学人员不论是学习政治、科学技术，还是文学、艺术等诸学科，大都十分关注国内的发展动向，都希望以自己所学能够报效祖国。而学习西画的画家们更是以改革中国画为己任，他们回国后给中国画坛带来了新的气息。

在法国学习油画的徐悲鸿是最有代表性的画家，他在《中国画改良论》中指出："古法之佳者，守之；垂绝者，继之；不佳者，改之；未足者，增之；西方画之可采入者，融之。"②提出了改良中国画的具体纲领，并身体力行，利用在欧洲留学西画的优势，进行中国画创新。他提倡以写实主义来拯救中国画过去那种远离现实、形式化严重的局面，开创了一条改良中国绘画的道路。应该说这一点征对了当时中国画之弊，是十分有效的办法之一。其他的油画家如颜文梁、吕斯百、吴作人等都是走这一条路的。③

当然同时期还有不少画家，如林风眠、刘海粟，着眼于中西绘画的结合，往往能看出西方现代艺术中与中国传统绘画相通的地方，并努力在绘画探索着中西结合的艺术创作。被称作"新画派"。还有一些画家们不仅引进了西方现代艺术，还创作了很多具有现代派风格的作品，被称作"前卫派"④。

曾在法国留学达九年之久，并已经取得了令人瞩目的成果的常书鸿，却在连年荣获法国各种绘画奖，在法国画坛崭露头角之

①鲁迅：《论旧形式的采用》，载《且介亭杂文》，人民文学出版社，1973 年。
②徐悲鸿：《中国画改良论》，最初发表于北京大学出版《绘学杂志》第一期，1920 年 6 月。后收入《美术史论丛刊》1983 年第 2 期。
③张少侠、李小山：《中国现代绘画史》，江苏美术出版社，1986 年。
④陶咏白：《中国油画二百八十年（上）》，《文艺研究》，1988 年第 2 期。

时，毅然回到了战争乌云笼罩的中国。常书鸿在创作思想上是倾向于徐悲鸿的主张，然而，面对空前活跃的时代和纷纭的艺术思潮，他一直在思考，中国传统艺术到底是怎么一回事，中国传统绘画中真的没有多少值得继承的东西了吗？中国艺术必须要用欧洲艺术中写实主义的技法来改革吗？这一系列问题在当时思想革命的大潮中，往往被人忽略了。

常书鸿长期生活在法国（图152），对西方艺术有着十分深入的理解，他在油画艺术上的成功，使他更关心中国绘画的前途。在《中国新艺术运动过去的错误与今后的展望》一文中，常书鸿冷静地分析了中国新艺术运动以来的错误，提出了一个相对完整的艺术设想。他认为中国艺术之所以衰弱就在于艺术家之不取法于自然，要挽救中国艺术，

图152　常书鸿绘《画家的一家》
1933 年

这是常书鸿在法国画成的油画作品，描绘画家自己和夫人及女儿，以蓝色调为背景，表现出宁静而温馨的情调。

最重要的就是要使中国的艺术家接近自然。因此，以国画、油画等绘画的形式、技法来分别高下是错误的，应该取消这种分别的思想，"无所谓洋画与国画，无所谓新法与旧法，我们需要共同的展进我们新艺术的途径，一个合乎时代新艺术的产生"。①

常书鸿所设想的中国新艺术是什么呢？他认为"所谓新艺术形式的创造，就是现代中国人的灵魂在艺术上的显现，不是洋画

① 《中国新艺术运动过去的错误与今后的展望》，《艺风》1934 年第 2 卷第 8 期。又载《常书鸿文集》，甘肃民族出版社，2004 年，第 43 页。

的抄袭，不是国画的保存，也不是中西画的合璧。只要能显示民族性，只要能够表示时代精神，艺术家个人的风格，不论采取洋法或国法都还是中国新艺术的形式"。[1]这样的思想已经超越了绘画形式之争、流派之争，而是对一个民族艺术的深刻洞察，至今仍然是值得我们思考的。在 1933 年就提出这样高屋建瓴的思想，体现了常书鸿对艺术本质的深入把握。

此外，著名画家傅抱石在 1935 年《文化建设》上也发表了类似的看法，他认为中国文人画艺术虽然有其娴雅精致之美，但不免小气，无法成为中国这样一个伟大民族的代表，他认为要想找到中国民族艺术的代表，应当去找像敦煌艺术、云冈石窟这样宏大的富有人民性的艺术。[2]

> 雕刻的遗迹，随便说吧，如云冈巩县天龙山等多数的佛窟，真不知接受了几何人的瞻仰和崇拜。东方固是第一大艺术，西方也未见得有出其右者。我们要知道，这成千成万的石佛，都是先民一刀一刀，一尊一尊，累月经年所造成，若说是没有伟大力量的民族办得到，那现在也不让云冈独霸一部东方雕刻史了。
>
> 这无量数的遗宝，都是中华民族精神的寄托。唯有这些遗宝，中华民族在世界美术上始值得自豪，值得人家远万里费长久时间，来研究我们一张纸或是一块石头。[3]

这些思想家、艺术家的看法，可以说代表了 20 世纪上半叶那一代文化精英们对中国传统艺术的一种共同认识，即明清以来的文人艺术那一条涓涓细流是不能代表中华民族全部的传统艺术，而且由于文人艺术日趋脱离现实，已不能适应新的时代需要了。这

[1]《中国新艺术运动过去的错误与今后的展望》，《艺风》1934 年第 2 卷第 8 期。又载《常书鸿文集》，甘肃民族出版社，2004 年，第 43 页。

[2]傅抱石：《中华民族美术之展望与建设》，《文化建设》第 1 卷第 8 期，1935 年 5 月。又见《傅抱石美术文集》，上海古籍出版社，2003 年。

[3]傅抱石：《中华民族美术之展望与建设》，《文化建设》第 1 卷第 8 期，1935 年 5 月。又见《傅抱石美术文集》，上海古籍出版社，2003。

时接受外来的艺术，改良中国画就势在必行了。但是代表中国传统艺术的东西到底在哪里？对于 20 世纪初期的大多数艺术家来说，实际上是很空洞的。而在 30～40 年代，随着一些有识之士率先访问中国西北古老的文化遗存，对包括敦煌、云冈、龙门石窟等古代艺术进行考察与学习，敦煌、云冈等古代石窟艺术逐步公之于世，终于使世人开始认识到除了那些文人趣味的书画之外，中国古代文明还有如此辉煌的宝藏。

二　敦煌艺术与 20 世纪中国艺术家

从 30 年代后期到 40 年代，一些画家开始陆续到敦煌实地考察、临摹学习。他们不仅通过对古代艺术的学习使自己在绘画艺术上开阔了视野，开辟了新路，而且通过他们举办的一次次敦煌壁画临摹品的展览把远在西北边陲的敦煌艺术介绍给了世人，在中国民众中特别是在美术界产生了极大的影响。

第一个到敦煌临摹壁画的是李丁陇。从此，拉开了中国画家临摹学习敦煌艺术的历史序幕。

李丁陇，祖籍甘肃陇西，生于河南新蔡县，青年时在上海美专师从刘海粟。

1938 年李丁陇率一行 10 人沿着唐玄奘取经的路线西行。到嘉峪关时，因气候恶劣，大部分人都回去了。李丁陇和另一位画家历尽艰辛抵达敦煌。他每天在洞窟里临画长达七八个小时，以惊人的毅力坚持了 8 个月的时间，完成了宏大浩繁的"极乐世界图"临摹草稿和一百多张单幅画，还有不计其数的飞天、藻井和佛手图案。1939 年 8 月，李丁陇回到西安，举办了"敦煌石窟艺术展"，在当时引起轰动。特别是其中高 2 米、长 15 米的《极乐世界图》巨幅长卷吸引了观众。1941 年初，李丁陇又到成都和重庆办了展览，并与张大千相识。正是因受其影响，张大千也产生了要去敦煌的打算。1944 年，李丁陇第二次赴敦煌，对第一次临摹的画进行了仔细的复核和编号，又临摹了一批新作（图 153）。1946 年和 1948 年李丁陇先后在兰

州、南京、上海等地举办临摹壁画展，使敦煌艺术得到广泛的传播。李丁陇之后，张大千、王子云、关山月等画家也先后到敦煌临摹壁画，敦煌成了 20 世纪中国画家心中的圣地。

1. 张大千对敦煌壁画的临摹与传播

张大千名爰，四川内江人，自幼即聪明过人，学画临摹古人常常达到乱真的程度，据说他临摹石涛的绘画，使鉴定专家也往往真假难辨。为了探求艺术的真谛，他曾遍游名山大川，广泛结交社会各阶层人物，30 年代，他已名扬海内。在人物画与山水画上达到很高的水平。1941 年，他听说敦煌莫高窟有很多古代壁画，便带着儿子张心智，侄儿张彼得，学生肖建初、刘力上等人，离开成都向敦煌进发。他没有料到这里的壁画、彩塑是那样的丰富和精美。对于宋、元、明、清著名画家的真迹，张大千不

图 153　李丁陇临绘
《千手千眼观音》
这是临摹莫高窟元代第 3 窟的千手千眼观音局部画面，表现出高超的线描水平。

知见过多少，却从来没有见过这么富丽辉煌、气势雄伟的古代壁画，他被敦煌艺术震惊和陶醉。他感到这些古代壁画是以前从来没有认识到的，是中国古代艺术的重要作品，却未被世人所认识。于是，决定在敦煌作较长时期的临摹和研究。在到达敦煌的初期，他领着弟子们清理窟内的流沙，为洞窟作了编号，并大致分出了洞窟的时代。在敦煌文物研究所编号没有公布之前，张大千的敦煌石窟编号被学术界普遍采用。在最初到敦煌临摹壁画的画家中，张大千是对敦煌壁画作了深入研究然后再进行有计划的临摹工作的。他对壁画的一些认识至今仍然是富有启发性的。他说：

> 两魏疏冷，林野气多；隋风拙厚，窍奥渐启；驯至有唐一代，则磅礴万物，洋洋乎集大成也；五代宋初，蹑步晚唐，迹渐芜近，亦世事之多故，人才之有穷也；西夏诸作，虽刻划极钝，颇不屑踏陈迹，然以较魏唐，则势在强弩矣。[1]

张大千把敦煌莫高窟编了 309 号，是敦煌文物研究所编号之前最详细的编号，在 40 年代被学术界普遍采用。他还对石窟作了记录，编成《漠高窟记》，[2] 这本洞窟内容总录性的著作直到张大千逝世后才由台北故宫博物院出版，但他对当时的莫高窟状况的记录，今天仍有着参考价值。在《漠高窟记》中，有时还记录了画家对壁画的一些独到的见解，至今仍富有启发性，如他在第 300 窟（敦编第 156 窟）记录后有这样的评述：

> 唐自武德后，画派郁起，风规灿然，逮及开元，将百年间，浸浸乎其入于无极矣。大中以降，风雅顿歇，笔漫意芜，神荒气率。盛衰变易，凄其忽诸，间有清才，稍进情采，外

①引自叶浅予《张大千临摹敦煌壁画画册序》，《张大千临摹敦煌壁画》，四川美术出版社，1985 年。
②《张大千先生遗著漠高窟记》，台北故宫博物院，1986 年。
③《张大千先生遗著漠高窟记》，台北故宫博物院，1986 年。

腴而中疏，文高而质虚，则又比之童蒙芳草，鸿裁巨制，藐尔难任矣。惟此窟张议潮夫妇出行图及第三百有一窟（敦编第 158 窟）涅槃像上声闻菩萨及各国王子等，沈炼敦厚，犹有盛唐余风，亦足为难能矣。[3]

1941 年，张大千临摹了第一批壁画临品，就托人带了 20 幅到成都开办"西行记游画展"。

这年冬天，张大千在兰州稍事修整，第二年初春时节，他又来到了敦煌。这次，画家谢稚柳也被他动员来了。谢稚柳在临摹壁画的同时，对石窟内容进行了详细的考察，后来写成了《敦煌艺术叙录》。张大千还专门到青海请了当地绘制唐卡的喇嘛来帮助他临摹壁画。实际上张大千的临摹小组跟古代画工的工作方法是一样的，由一个老师领头，弟子们分工合作，在关键的线描和色彩上是由张大千主笔，而一些次要的填色工作尽可能让别人去做，所以他能在短时期内临摹出数量较多且画幅较大的临品。比如一些大型的佛像画、经变画等，除了后来的敦煌艺术研究所集体进行的临摹外，别的个人画家在短时期内都是无法完成的。

两年多的时间里，张大千及其弟子们克服无数困难，足迹遍及莫高窟、榆林窟，临摹壁画 200 多幅。张大千采用的临摹办法是尽可能地复原壁画的原貌。他根据自己对壁画的考察和推断，按照自己认定的壁画"原貌"来恢复那些绚丽的色彩（图 154）。

1944 年，"张大千临摹敦煌壁画展"相继在成都、重庆等地展出，在人们眼前展示了一个个清新绚丽、别开生面的艺术境界，这

①转引自杨继仁：《张大千传》（上），文化艺术出版社，1985 年，第 375 页。

图154　张大千临摹敦煌壁画《菩萨》
　这是莫高窟第323窟的菩萨像，原壁全部变成棕黑色，画家按自己的理解将其复原。

新颖独特的风格使人们既感到亲切，又是那样陌生，它与明清以来的画风截然不同，在这宏大精丽的艺术面前，人们只留下了惊叹。书法家沈尹默先生深有感触，挥毫写道：

　　三年面壁信堂堂，万里归来鬓带霜，薏苡明珠谁管得，且安笔砚写敦煌。[1]

　　著名历史学家陈寅恪盛赞张大千的成果，他说：

　　自敦煌宝藏发现以来，吾国人研究此历劫仅存之国宝者，止局于文籍之考证，至艺术方面，则犹有待。大千先生临摹北朝唐五代之壁画，介绍于世人，使得窥此国宝之一斑，其成绩固已超出前人研究之范围，何况其天才独具，虽是临摹之本，兼有创造之功，实能于吾民族艺术上别创一新境界，其为敦煌学领域中不朽之盛事，更无论矣。[1]

　　敦煌之行对于张大千的艺术生涯来说是一个重要的转折点，受到敦煌艺术的熏染后，他的画风为之一变，人物画、水墨画进入了一个新的阶段，开始走向顶峰。多少年以后，当人们追溯这位艺术巨匠所走过的道路时，不能不承认他对敦煌的选择是独具慧眼的。

[1] 引自叶浅予：《张大千临摹敦煌壁画画册序》，《张大千临摹敦煌壁画》，四川美术出版社，1985年。

2. 王子云及西北艺术文物考察团

七七事变以后，由于日本帝国主义的大举侵略，国民政府迁都重庆。大量的文化人士、画家们也纷纷来到了西南。1940年，著名画家王子云向教育部提出了组建"西北艺术文物考察团"赴中国西北考察古文物艺术，并以复制、临绘等手段进行收集保存工作的申请。不久，教育部同意了这一申请，于同年6月正式成立了"西北艺术文物考察团"，王子云任团长。考察团的主要任务是考察四川广元千佛崖石窟、河南洛阳龙门石窟、巩县石窟、渑池石窟、嵩岳寺塔、白马寺雕塑、陕西汉唐帝陵及宗教寺院并建筑雕刻艺术、甘肃敦煌石窟、安西万佛峡石窟、青海佛教寺院等西北古代历史文化胜迹，目的在于"尽量以不同的方式加以采集，或写生、或摄影、或拓、或模铸，务使各种优美之古代珍遗毫无遗憾地呈现在国人目前"。

1940年12月~1941年2月，考察团考察了古都西安和洛阳龙门石窟；1942年3月进入甘肃青海一带考察；1942年5月，考察团成员陆续到达敦煌。直到1943年5月，考察团分两个阶段在敦煌进行了近一年时间的考察，参加者有王子云、雷震、邹道龙、卢善群。他们主要做了如下的工作：

（1）临摹壁画。考察团的工作人员采取了跟张大千完全不同的"临旧如旧"的办法，也就是客观临摹，尽量把敦煌壁画现状的真实面貌保存下来。他们临摹敦煌壁画及写生、速写共130幅。

（2）对洞窟进行考古性的记录。拍摄了120张壁画照片，并通过科学的测绘，采用艺术与写实相结合的办法绘成了高24厘米，长达550厘米的敦煌千佛洞全景写生图（图155）。

（3）除了对美术资料进行收集外，还对相关的历史资料进行收集，如对历代供养人题记的记录，另外如第332窟的《唐武周李君修佛龛碑（圣历碑）》、第148窟的《李氏再修功德碑（大历碑）》、莫高窟《六字真言碑》等。

（4）注重对周边遗存的调查。他们在一些洞窟中收集到佛经残片，还在敦煌附近的汉代烽燧遗址中发现汉代的竹管、钱币及丝织物残片。

图 155　王子云绘《敦煌千佛寺全景图》（局部）

这是以写生加测量的方法绘制的莫高窟全景图，反映了当时莫高窟外景状况，是珍贵的历史画面。

1943 年 6 月，考察团在结束了敦煌的考察后，又到陕西南部一带考察，直到 1944 年底最后结束了考察。考察团在敦煌的重要收获还有以教育部艺术文物考察团名义发表于《说文月刊》1942 年第三卷第六期的《敦煌莫高窟现存佛窟概况之调查》。

考察团在长达四年的考察期间，曾以各地考察收集的资料以及、照片、临摹品举办过 7 次展览，其中如 1942 年底，在重度举办"第三届全国美展"中，以部分敦煌壁画摹本和其他文物资料参展。1943 年 1 月在重庆中央图书馆举办"敦煌艺术展览会"，展出敦壁画临摹品及西北风物、风景写生 300 余件。每次展览都以丰富的调查资料以及各地临摹品、拓片、风景写生等吸引着大量的观众。1943 年 10 月在西安举办的"西北艺术文物展览会"，盛况空前，当时的媒体报道，三天之内参观的"人数逾十万"，并引起了艺术界学术界的广泛关注。当年 10 月 12 日的《华北新闻》上发表了题为《敦煌壁画与汉唐石刻》（署名渝客之）的文章，文中盛赞敦煌艺术，并指出敦煌艺术可以改革当时中国美术之弊端，作者认为：

> 北魏壁画气魄雄伟，用笔泼辣，设色强烈，构图奇特。其作风豪迈，真如天马行空，充分表现了鲜卑深沉粗犷精神。在技巧上，可谓极尽于西洋画。我们常盛赞文艺复兴时期，意大利宗教壁画，若看了比文艺复兴几乎早一千年的敦煌壁画，实令人增无穷之信心，今日国画格局日益狭小，画风日囿于纤巧，药之者唯有敦煌壁画耳！

凡艺术之起，皆与宗教有关，迄今历史上最伟大的艺术，往往都是宗教艺术。敦煌壁画，十九皆宗教美术。唯其与宗教结不解缘，始能将伟大的宗教热情与最强烈的人生色彩摄入其中。……今日国画家多标榜空灵飘渺艺术，要脱离现实人生，自然就缺少活泼泼的生命如火如荼的热情，此种流弊，药之者唯有宗教艺术。[①]

可以看出，当时的人们是以何等惊喜之情来看敦煌艺术的。这种对敦煌艺术的认识，在那个时代应该是具有一定代表性的。

在敦煌的考察，使王子云认识到像敦煌这样的艺术宝库应该由国家管理起来并作为艺术教育的基地，1942 年王子云向国民政府提出了"设立敦煌艺术学院"的建议。而在王子云等人考察敦煌石窟的前后，由中央研究院西北史地考察团的劳榦、石璋如、向达等学者都曾与王子云结伴工作。他们在其后分别发表了有关敦煌石窟研究的重要著作。

3. 关山月、韩乐然等画家们对敦煌艺术的临摹与传播

关山月，1912 年生于广东阳江，1933 年毕业于广州师范本科，1935 年入"春睡画院"随岭南派大师高剑父学画，后来成为岭南派第二代传人，擅长于山水、花鸟及人物画。

关山月到敦煌莫高窟考察、临摹敦煌壁画，是关山月艺术生涯中最为重要的一次临摹活动。1943 年初夏，关山月及夫人李小平与赵望云、张振铎从成都出发，途中分别在西安、兰州举办"赵、关、张画展"筹集旅费，[②]然后坐车经张掖、酒泉，出嘉峪关再入祁连山，深入到祁连山的藏族和哈萨克牧区，体察西北少数民族牧民的风俗民情，写生作画。等到了敦煌莫高窟，已近中秋，刚成立的国立敦煌艺术研究所筹备委员会副主任委员常书鸿先生热忱地接待了他们。[③]

①《抗战中的文化责任——西北艺术文物考察团六十周年纪念图集　叙述文版》，岭南美术出版社，2005 年。
②见程征：《中国名画家全集·赵望云》，河北教育出版社，2002 年，第 32、252 页。
③常书鸿：《敦煌壁画与野兽派绘画——关山月敦煌壁画临摹工作赞》，载《关山月临摹敦煌壁画》，翰墨轩出版有限公司，1991 年。

在莫高窟考察临摹古代壁画的日子时里，关山月历尽了各种艰难，莫高窟是坐西朝东，只有在上午光线比较好，下午就很暗了，因此关山月夫妇，每天早早带着画具进洞窟，靠着妻子手举暗淡的油灯，艰难地进行临摹。我们从《关山月临摹敦煌壁画》的关山月自序中，可略知他们临摹敦煌壁画之辛苦程度：

> 我不计什么是艰苦、什么是疲劳。那里确实很荒凉，幸而我有妻子的协助，由她提着微暗的油灯陪着我爬黑洞，整天在崎岖不平的黑洞里转。渴了就饮点煮过的祁连山流下来的雪水，明知会泻肚子的也得喝下去；饿了就吃点备用的土干粮，就这样在黑洞里爬上又爬下，转来又转去，一旦从灯光里发现了自己喜欢的画面，我们就高兴地一同在欣赏，在分析研究其不同时代的风格，造型规律和表现手法。由于条件所限，只能挑选喜欢的局部来临。有时想临的局部偏偏位置较高，就得搬石块来垫脚；若在低处，就得蹲下或半蹲半跪，甚至躺在地上来画。就这样整个白天在洞里活动，晚上回到卧室还得修修补补。转瞬间一个月的时光过去了，用我和妻子的不少汗水，换来了这批心爱的临画。①

关山月这次临摹敦煌壁画共有 82 幅，他一直视为珍宝，先后在成都、重庆、广州、上海、南京等地展览过，现在由深圳关山月美术馆收藏。作为一个国画家，关山月为什么要到敦煌临摹壁画呢？关山月自己说过：

> 我把敦煌千佛洞的古代艺术看作是人类文明的骄傲，是东方人民的骄傲，是中华民族的骄傲。当时能有机缘到敦煌来参观学习，我也常常感到自豪与骄傲，叫我怎能"如入宝山空手回"呢？②

① 《关山月临摹敦煌壁画》，翰墨轩出版有限公司，1991 年。
② 关山月：《自序》，《关山月临摹敦煌壁画》，翰墨轩出版有限公司，1991 年。

　　常书鸿曾满怀深情地回忆起与关山月、赵望云在敦煌相聚时的情景：

　　我当时和山月、望云两位老画友在塞外会见倾谈时，都把话题着重在如何从敦煌艺术自四世纪到十四世纪的演变发展各个阶段的成就中，吸取借鉴，为现代中国艺术新造起到推陈出新的作用。深得山月、望云二位的赞同。他们到敦煌如入宝山，尤其是山月和夫人，自己背着板凳、画板颜料、水壶、烛火、攀登危崖断壁的石窟间，整日留在黑暗的洞窟间，在破楼残壁不晦暗不定的烛光前，秉笔作画的精神使我们十分感动。①

图156　关山月临摹敦煌壁画佛像
关山月往往选取自己喜欢的画面按自己的方法进行临摹。

关山月在敦煌的临摹，不是客观地表现对象，而是按照他所感受到的敦煌壁画的色彩与韵律来绘的（图156），有人说他是"写"敦煌壁画，他的目的是要找出对敦煌壁画不同时代艺术精神的领悟和把握，这一点对他以后在人物画创作方面产生了重大的影响。特别是他在1947年在南洋写生的许多作品，渗透着敦煌艺术的某些特征。关山月在临摹敦煌壁画之后，对中国传统绘画产生了新的认识。他说：

我自从看过敦煌壁画之后，对于绘画的自身工作，起了更大的信念。中国绘画，自文人画复兴以后，绘画几乎成了一般文人的游戏。……自从五四运动以后，各个部门，都察觉这个病源，便高声疾呼，要根据社会人生做背景，要抓着现实为中心，至绘画方面，自然也不能例外。民国初年，高氏昆仲早已看准了他们自己的使命，一直摇旗呐喊了三十年，渐渐博得一般人的同情协助和鼓励，便奠定了一个很稳固的基础。年来以西画技巧渗入国画境界者日众，从事创作者日多，并不断地有许多成绩表现出来，这当然是一个很好的现象。艺术本来没有国域……回顾一千多年以前的壁画，就可以给我们一个很宝贵的答案：中国画面渗有西画的技巧，一千多年前的古人早已在干着，我们今天这样做，不过是一种还原罢!①

对于当时的很多艺术家来说，敦煌艺术使他们对中国传统绘画产生了信心，同时对画家们如何改革当时中国绘画的道路，无疑具有很大的启发作用。

韩乐然（1898～1947 年）是一个独特的画家，在他短暂的生命中，散发着火一般的热量，他是一个为民族为祖国而奋斗的战士。同时又是一个对中国现代绘画做出突出贡献的画家。

韩乐然 1898 年出生于吉林省延边朝鲜族自治州龙井村（今龙井市）的一个朝鲜族家庭，原名光宇，曾用名素功，字乐然。早年在东北地区从事美术教育，并积极参加抗日民族运动。1929 年秋，韩乐然赴法国勤工俭学。1931 年，考入巴黎卢佛尔艺术学院。1937 年回国。积极参加抗日统一战线工作，曾被国民党逮捕，苦

①关山月：《敦煌壁画的作风——和我底一点感想》，《风土什志》第一卷第五期，1945 年。

度三年铁窗生涯，1943 年初被营救假释出狱。1943～1947 年，韩乐然两赴敦煌，两赴新疆，临摹敦煌壁画，于古高昌国遗址考古，细致考察研究拜城克孜尔佛洞遗迹；于甘肃、青海、新疆作油画、水彩写生；他曾有新疆考古五年计划，建立西北博物馆之设想，但他没有最后实现其夙愿。1947 年 7 月 30 日，韩乐然自迪化（今乌鲁木齐）赴兰州途中因飞机失事遇难。

韩乐然可以说是中国研究克孜尔石窟寺艺术之第一人，不仅在洞窟上留下了宝贵的题记，留下了韩氏的编号，还留下了数十件临摹品，这些壁画临摹包括敦煌莫高窟壁画和克孜尔千佛洞壁画，以克孜尔居多，油画、水彩兼有，以油画居多。

据常书鸿的回忆，韩乐然于 1945 年和 1946 年两次到敦煌写生，常书鸿与韩乐然对敦煌艺术和新疆的壁画相互交谈过，常书鸿看过韩乐然画的水彩画，常书鸿在后来记述道："看着他的画，每一幅都充满了光和色的明快，毫无呆滞和生涩之感。他那纯熟洗练的水彩画技法，已达到了炉火纯青的程度。"[1]当时，常书鸿还请韩乐然为敦煌艺术研究所的同仁们作了一次"克孜尔千佛洞壁画的特点和挖掘经过"的讲演。常书鸿认为韩乐然的工作对敦煌艺术的研究做出了贡献。

此外，在敦煌临摹和工作过，后来在绘画创作上取得较高成就的还有工笔画家潘絜兹、油画家董希文等。

4. 美术史研究家对敦煌艺术的研究与推广

除了很多画家远赴敦煌临摹学习敦煌壁画并介绍给国人外，还应当注意到 40 年代以后，一些治美术史的专家学者们通过实地考察或者通过别人调查的资料，在理论上阐释了敦煌艺术，把敦煌艺术纳入中国美术史的范畴来进行研究，从而充实和丰富了中国美术史。

[1]常书鸿：《怀念画家韩乐然同志》，载敦煌研究院编《常书鸿文集》，甘肃民族出版社，2004 年，第 448 页。

向达（1900～1966年），曾于1935年到牛津大学图书馆工作，次年在英国博物馆调查斯坦因劫走的敦煌写卷，1937年到德国考察被德国人劫走的中国西部地区壁画和写卷。1938年回国，1942年参加由中央研究院组织的西北史地考察团，任考古组组长，1942～1944年对河西走廊及敦煌一带进行考察，曾在敦煌住了9个月，对敦煌石窟及周边的阳关、玉门关遗址作了考古调查。这些调查的成果陆续发表在当时的报刊，引起了社会的强烈关注。向达还发表了《论敦煌千佛洞的管理研究以及其它连带的几个问题》《论千佛洞的管理研究》等文章，对敦煌石窟的管理提出了更为具体的设想。这些都促成了国民政府1944年在莫高窟成立敦煌艺术研究所。向达先生虽然没有专门做中国美术史研究，但他从考古学的角度分析研究敦煌石窟艺术，对中国美术史的研究极富有启发性，包括常书鸿在内的早期研究和临摹敦煌壁画的人都深受向达的影响。

史岩（1904～1994年），1924年毕业于上海大学美术系。1944～1945年在敦煌艺术研究所任职，他对敦煌石窟供养人题记做了调查，编成《敦煌千佛洞概述》《敦煌石窟画像题识》，其后长期在浙江美术学院（现为中国美术学院）从事中国美术史的教学和研究工作，特别对中国古代雕塑进行深入的研究，其学术著作主要有《东洋美术史》《古画评三种考订》《中国雕塑史图录》《中国艺术全集·隋唐雕塑》《中国美术全集·五代宋雕塑》等。其精深独到的见解，向为国内外学者推崇。

李浴（1915～2010年），河南内黄人，1938年毕业于国立艺专，1944年到敦煌艺术研究所工作，对敦煌石窟内容作过深入的调查，完成了《敦煌千佛洞石窟内容》一书。可惜限于当时的条件，未能公开出版。中华人民共和国成立后，李浴长期在鲁迅美术学院从事美术教学工作，并出版了《中国美术史纲》《西洋美术史纲》等重要美术史著作，在中国美术史研究方面产生了重大影响。而他早年对敦煌的调查，积累的丰富资料也在他的著作中表现出来。《中国美术史纲》大量采用了实地调查的石窟艺术等资料，使中国的古代美术在读者的心中有了更直观的印象。

对敦煌艺术有着深入研究的美术史家还有谢稚柳、金维诺、王逊、王伯敏等众多学者，由于他们都撰写了有关中国美术史的著作，又长期从事美术教育工作，敦煌艺术也随着这些众多专家学者的努力而广为人知。

通过一大批画家们前前后后到敦煌临摹学习，人们开始认识到敦煌在中国美术史上的重要地位，更重要的是从敦煌艺术中，广大的中国艺术家看到了中华民族艺术精神的所在，极大地增强了自信心和自豪感。正如常书鸿所说：

> 我们并不缺乏外来文化的影响，我们缺少的是引证历史的实例，找出文化自发的力量，因为只有历史，才能使我们鉴往知今地明白祖国的过去，明白中华民族的精神之所在。

> 敦煌艺术是一部活的艺术史，一座丰富的美术馆，蕴藏着中国艺术全盛时期的无数杰作，也就是目前我们正在探寻着的汉唐精神的具体表现。[①]

三 常书鸿及敦煌艺术研究所对敦煌艺术的研究与推广

在常书鸿的自传《九十春秋》[②]里，他提到了一件事，就是在巴黎街头一个偶然的机会，他看到了关于敦煌艺术的画集——伯希和编的《敦煌图录》，并进而到吉美博物馆看到了那里收藏的被伯希和劫走的大量敦煌绘画。这件事不仅仅是刺激了他作为一个中国人的强烈爱国心，而更重要的是他从这些艺术品中看到了中国传统艺术的精华所在。这是以前对中国传统艺术的认识中闻所未闻、见所未见的。正是这一点促使常书鸿放弃了巴黎安逸的生

[①]常书鸿：《敦煌艺术与今后中国文化建设》，原载上海《文化先锋》第5卷第24期，1946年7月；又载《常书鸿文集》，甘肃民族出版社，2004年，第85页。

[②]常书鸿：《九十春秋》，浙江大学出版社，1994年。

活，而下决心回到祖国。因为他要整理要研究这些古代的艺术品，更重要的是他要把这些伟大的艺术品介绍给世人，让所有学习中国绘画的人们知道真正的中国艺术精华是在敦煌。

早在 1933 年，还在法国留学的常书鸿就曾著文热情洋溢地谈论过中国绘画的前途及中国画发展的方向等问题，在《巴黎中国画展与中国画前途》《中国新艺术运动过去的错误与今后的展望》等文中，对中国绘画的发展方向提出了很多具体的批评与设想，体现出作者对中国艺术发展的热切关注之情，以及从世界的角度，宏观地探讨中国艺术的思想。尽管很多具体的想法也许不完全合乎实际，但常书鸿作为一个艺术家，已站在时代的最前列，他在试图找出一条适合中国美术发展之路。

1936 年，常书鸿回国，任北平艺专教授。次年"卢沟桥事变"，日本大举侵略中国，常书鸿随校迁往重庆。直到 1942 年，国民党政府开始对敦煌石窟进行考察，拟成立敦煌艺术研究所。常书鸿积极参与筹备工作。1944 年敦煌艺术研究所正式成立，常书鸿任所长。

在敦煌成立研究所，对于中国美术的发展来说，有什么意义呢？常书鸿在 1948 年发表的《从敦煌近事说到千佛洞的危机》中，提到了法国培养艺术人才的美帝西学院，在罗马有一个美帝西学院，法国选拔一些艺术人才专门送到那里学习，三年期满后，回到法国为艺术界服务。[①]

欧洲近代艺术的中心移向巴黎，但人们依然把文艺复兴时期的艺术中心罗马看作是传统艺术的一个发源地，所以去意大利游学，接受那里的艺术熏陶几乎是欧洲优秀艺术家们的必修课。常书鸿的一个伟大抱负，就是要通过自己的力量，以敦煌艺术来推动

①常书鸿：《从敦煌近事说到千佛洞的危机》，原载上海《大公报》1948年 9 月 10 日，收入《常书鸿文集》，甘肃民族出版社，2004 年，第 251～264 页。

中国绘画的改革，来促进中国美术走向现代，走向民族化的道路。他把敦煌看作是中国传统艺术的中心，他所理想的敦煌研究所（最初设想是建立"敦煌艺术学院"），就是要建成这样一个中国的"美帝西学院"：由教育部聘请对敦煌艺术有兴趣的教授或选拔研究生到这里作专题研究。这样，敦煌就成为一个培养艺术人才的基地，凡是要学习和研究中国古代美术的，就可以到这里学习，从这里了解到中国古代最纯正的艺术。而酝酿成立敦煌艺术研究所的于右任等人最早的提案其实就是要成立"敦煌艺术学院"，是把研究、保护与培养人才结合起来的一个设想。可以说，当时的有志之士对敦煌艺术的意义是有着许多共识的。

由此我们可以理解常书鸿先生孜孜以求，甚至在某种程度上放弃了自己心爱的油画创作，而尽全力在荒漠中建设一个敦煌艺术研究所，正是从继承并弘扬这一伟大的传统艺术，以期创立中国自身的新的民族艺术这一愿望出发的。因为，他已经看到中国新美术的发展绝不是靠一两个有名的画家就可以改变的，而是要培养一大批真正懂得中国传统艺术的人才，逐渐创立新的时代艺术。

在敦煌艺术研究所创建之初，现实的困难是远远超出了人们的想象。莫高窟位于敦煌县城东南25公里的沙漠之中，当时在莫高窟前只有清朝留下的几所破庙（上寺、中寺和下寺），连起码的办公条件和生活条件都不具备，常书鸿和同仁们就是在这样荒芜之地白手起家，创建了一个对中国学术史和艺术史影响极其深远的研究所。

敦煌艺术研究所的成立，标志着敦煌石窟正式开始受到有计划有目的的保护和研究。常书鸿率领同仁们在石窟外建立了土墙，大部分石窟修建了门，以保护石窟不受人为的破坏。同时也在艰苦的环境中开始了大规模的壁画临摹工作（图157、158）。

临摹的目的，首先是通过临摹而学习掌握古代绘画的技法，进而创作出有时代特色的新艺术；其次是为了给壁画留下副本，同时也便于壁画在外地展出，因为壁画本身是不能移动的，只有通过临摹品把敦煌艺术的形象传达给没有来过敦煌的人们。而在敦煌数年间的实践中，常书鸿先生已经意识到通过临摹品来宣传普及敦煌艺术，以唤起国人的重视，其实是最为重要的事。所以常书鸿花了极大的精力来组织研究人员进行临摹工作。首要的是把临摹工作正规化，在研究所成立之前，已有张大千等画家们来敦煌临摹壁画，但张大千的临摹往往是凭自己的经验而改变壁画原来的形象与色彩，带有一定的主观性。常书鸿认为要向世人传达敦煌壁画的真实韵味，必须要客观地临摹。同时，敦煌艺术研究所明确地禁止了两种损害壁画的临摹方法，一种是用透明纸直接按在壁画上勾线，一种是喷湿了壁画，以看清本来不太清楚的壁画。这样，把保护壁画放在第一位。

图157 敦煌艺术研究所工作人员合影 1946年
这是当时在敦煌艺术研究所工作人员在莫高窟前的合影。

常书鸿还组织画家们对敦煌壁画艺术中的一些专题作了集中的临摹，形成了以临摹品展示一个相对完整的敦煌艺术的体系。1948年，常书鸿在南京和上海筹办了规模宏大的敦煌艺术展，展出了研究所数年来临摹敦煌壁画600多幅，向世人展示了敦煌艺术研究所成立以来的成果，这次展览在当时引起了强烈的反响。在20世纪40年代，常书鸿还相继发表了很多文章，对敦煌艺术进行分析和介绍，并对敦煌壁画在中国美术史文化史上的价值给予高度的评价。

1949年后，敦煌艺术研究所改名为敦煌文物研究所。1951年在北京举办了规模较大的敦煌艺术展览，当时文化部副部长郑振铎对常书鸿率领的敦煌文物研究所的工作人员在极其艰苦的条件下取得的艺术研究成果给予了高度评价。他说："在那里，我们不用花费多少说明，就可以知道敦煌文物研究所的诸位艺术家们和工作人

图 158　常书鸿绘《走向莫高窟》　1951 年

　　这幅画中可见当时在莫高窟外有长长的围墙，还有整洁的道路，这些应是敦煌艺术研究所成立之后，常书鸿率领工作人员逐步修建而成的。

员们如何辛勤、坚忍地在远远的西陲，埋头苦干了八年的光荣经过。我们得感谢他们的努力，使我们能够通过他们的努力，见到古代的劳动人民的艺术家们的那末多的伟大的作品。"[1]

20 世纪 50 年代，敦煌壁画的临摹品分别在国内 8 个城市和 6 个国家的 11 个城市展出，受到了广泛的欢迎，产生了极大的影响。临摹并在各地展出，这一项看似简单的工作，它起到的社会效果是不可估量的，中国乃至外国的许多观众正是通过这些临摹品而了解和认识了敦煌艺术。在国内外无数次的敦煌艺术展览中，常书鸿以敦煌艺术来推动中国美术发展的思想在逐步地实现。虽然，由于"文化大革命"等影响，这样的进程受到了一定的阻碍，但在改革开放以后，由原敦煌文物研究所扩建的敦煌研究院仍然是沿着常书鸿的道路，持续不断地在国内外举办不同规模不同形式的敦煌艺术展览，同时编辑出版了大量敦煌艺术的读物，从而使敦煌艺术深入人心，越来越多的人认识到了敦煌艺术正是中国古代艺术的一个杰出代表，对于认识中国传统艺术特别是传统绘画艺术具有十分重要的意义。

在 1944 年敦煌艺术研究所成立之前，有关中国美术史的著作几乎没有提到过敦煌艺术。而在敦煌艺术研究所成立半个多世纪以来，中国美术史的著作中在不断地强调敦煌艺术的存在，而且论述得越来越详尽，表明研究美术史的学者们对敦煌艺术越来越关注。今天，敦煌艺术在中国美术史的重要地位已经成为一种常识。而我们能获得对中国美术史的这样一种全新的认识，其中就与常书鸿及同仁们孜孜不倦的努力是密不可分的。

①郑振铎：《敦煌文物展览的意义》，《文物参考资料》1951 年第 2 卷第 4 期。

后记

　　从大学毕业到敦煌研究院工作至今已二十多个春秋，每当进入敦煌石窟时，依然会被敦煌艺术的魅力所感动。由于敦煌艺术包容万象，被誉为"墙壁上的图书馆"。经过几代学人的努力，敦煌艺术博大精深的历史文化内涵正在不断地被挖掘出来。然而在石窟中，最使人感动的，还是作为艺术品的壁画、彩塑本身。这些美丽的彩塑和壁画形象，曾经使多少观众流连忘返，使多少艺术家产生灵感，它的魅力到底在于何处？敦煌艺术被认为是中国传统艺术的一个代表，可是为什么它与通常所说的"中国画"完全不同？类似这样的问题不断地促使我思考作为美术的敦煌。

　　对敦煌艺术的研究，当然可以从多方面来进行，诸如佛学、历史学、考古学、图像学等等。我是学美术史的，我只想从形象本身来分析，从中国美术发展的历史以及不同时代的审美精神等方面来考察敦煌艺术。近年来，笔者有机会在台湾和大陆一些大学作讲座，最初只是想从较广的领域来讲敦煌艺术，并把自己正在思考的一些问题讲出来与大家共同探讨。对敦煌艺术的解说，笔者不能满足于仅仅对壁画内容或莫高窟相关的历史作一般的介绍。笔者以为，敦煌艺术的最重要的价值就在于它是中国传统造型艺术的一个代表，是中国传统审美精神的体现，它在美术上取得的成就是巨大的，至今仍然焕发着艺术生命力，感动着一千多年后的现代人。所以，怎样看待敦煌艺术在中国美术史上的价值？怎样继承这些富有生命力的美术遗产从事现代中国的美术创作？

这些问题是我们必须要考虑的。

本书就基于这样的思考，缀成了十篇文章，主要是从美术发展史的角度来探讨敦煌艺术在中国绘画史、雕塑史、书法史乃至中外文化交流史等方面的问题，既涉及敦煌壁画、彩塑、敦煌写本书法等方面，又涉及敦煌艺术与中原地区以及与中亚、印度的比较。由于学识有限，不能说解决了什么问题，只是希望能够引导读者从造型艺术的角度来认识敦煌艺术。希望人们对敦煌艺术的认识不要仅仅停留在对这一人类奇迹的惊叹，而要充分认识到它之所以历经一千多年依然焕发着感人的魅力，就是因为它是中国传统艺术的一个较高层次的代表，对于我们今天借鉴传统，创造具有中国民族精神的时代艺术具有不可估量的价值。

文稿的完成，首先要感谢敦煌研究院院长樊锦诗先生对我一如既往的勉励与支持，樊院长还在百忙中为本书写了序言。由于敦煌研究院派遣，印度国立甘地艺术中心的邀请，我于 2005 年有机会赴印度进行了为时一个月的学术考察，使我能够参观考察向往已久的山奇大塔、阿旃陀石窟、埃洛拉石窟等佛教艺术圣地，使本书的一些篇章能通过一些印度艺术作品打开视野，探讨佛教艺术的渊源问题。在此，向国立甘地艺术中心主任恰克拉瓦提（K. K. Chakravarty）先生，向一直陪同我们辗转于各地考察的拉达（Radha Banerjeen）女士和拉杰斯（Rajesh K. Singh）先生表示诚挚的感谢！

本书部分文稿是 2005 年 4～5 月在台湾的学术交流中完成的，滞留台湾期间，台北故宫博物院的李玉珉先生，南华大学郑阿财教授、朱凤玉教授，台南艺术大学林春美教授、潘亮文教授，鹿野苑艺文之友会的吴文成先生，学友白适铭兄不断给予我支持和帮助。其后在深圳，关山月美术馆陈湘波先生的关照，使我有机会与参与"敦煌与 20 世纪美术"的探讨，并开始思考敦煌艺术与现代美术的关系问题，形成了本书的又一项重要话题。

在此，谨向以上诸先生表示衷心的感谢！

赵声良

2006 年 8 月于敦煌莫高窟

再版后记

《敦煌艺术十讲》出版以来已有十年，学界的一些老师和朋友反映较好，一些在大学工作的同行还把它作为教学参考。说明这本书还是有点用处。尽管如此，如今要再版发行，心中不免有些忐忑。主要是十年来学术研究又有不少新的发展，书中对有些问题的看法可能过时，甚至存在错误。当然从另一个角度来看，既然是旧书再版，并非新作，似乎也可以一仍其旧，作为历史的存在吧。我在这种矛盾的状态下重新审视了这本书，并确定了一个原则：1. 原作中在当时限于条件未能调查清楚，得出不正确结论的，现在既已明确，则应加以改正。2. 原作在引用文献出错，或者印刷排字等错误，均须加以更正。3. 本书为艺术史研究的著作，凡与本书所谈艺术史研究关系不大的问题，即使有新的观点，也不再修改。比如莫高窟第 217 窟南壁的法华经变，已有学者研究证明并非法华经变而是佛顶尊胜陀罗尼经变，但对于这个问题，又有学者提出疑问。因为我所研究的并不是壁画内容的考证，也就不作太大改动。

此书最初构思时，时任敦煌研究院院长的樊锦诗老师就曾提出过很多建设性意见。最初出版时，敦煌研究院施萍亭老师也曾热心地为我提出了不少重要问题，特别是关于佛经中存在"飞天"的问题，使我认识到自己调查的不充分。也使我在 2008 年出版《飞天艺术——从印度到中国》一书时不再犯同样的错误。这次再版也使我有机会对本书中有关飞天艺术部分进行了更正。老一辈敦煌学专家的关爱之情将铭刻于心。

本书初版时，上海古籍出版社责任编辑吴长青先生提出了很多有益的建议，并帮助核实了部分文献。修订再版时，敦煌研究院文物数字化研究所所长吴健及部分工作人员为本书提供了彩色图片，将原书中的黑白照片全部改为彩色照片，并增加了部分插图。另外，李丁陇临摹壁画《千手千眼观音》照片由东华大学包铭新教授提供。文物出版社副总编辑刘铁巍女士对笔者的研究十分关心，由于她的努力，本书得以再版。

在此，向以上关心和帮助本书出版的各位女士、先生和朋友们致以衷心的感谢！

赵声良

2016 年夏于敦煌